KB139478

권력은 사람의 뇌를 바꾼다

권력은 사람의 뇌를 바꾼다

권력자는 민주주의를 어떻게 파괴하는가?

강준만 지음

인물과 사상사

머리말

왜 권력을 누리면 사람이 달라질까?

"권력의 자리에 올랐을 때 인간 됨됨이가 드러난다." (고대 그리스 정치가 피타쿠스)

"거의 모든 사람이 역경을 견뎌낼 수 있다. 어떤 사람의 인간 됨됨이를 알고 싶다면 그에게 권력을 주어보라."[1] (미국 제16대 대통령 에이브러햄 링컨)

* * *

"저 사람 안 그랬는데 권력 맛을 보더니 달라졌네." 우리 주변에서 쉽게 들을 수 있는 말이다. 눈곱만한 권력이라도 갖게 된 사람이 그 권력으로 인해 변하는 모습을 본 적이 있는 사람이라면 쉽게 공감할 것이다. 우리는 궁금하다는 듯 그렇게 말하긴 하지만, 사실 그 이유를 모르진 않는다. 권력이 있는 높은 자리에 오르게 되면 당장 만나는 사람들이 달라진다. 무엇보다도 머리를 조아려가며 아쉬운 소리를 하는 사람을 많이 만나게 된다. 권력의 자리에 오르기 전에 아무리 겸손했던 사람이라도 그런 사람들을 일일이 겸손하게 대하기는 어렵다. 좀 건방지고 거들먹거리는 태도를 갖는 것이 일하는 데에 도움이 된다는 것도 알게 된다. 그렇게 달라진 태도를 한동안 지속하다 보면 자신도 모르는 사이에 그런 태도가 몸에 배게 되고, 이는 오랜만에 만난 예전의 친지들을 대할 때에도 드러나기 마련이다.

사실 그런 정도의 변화야 얼마든지 애교로도 봐줄 수 있는 것이다. 진짜 문제는 권력으로 인해 아예 뇌腦가 바뀌어 전혀 다른 사람이 되어버리는 것이다. 권력 추구를 본업으로 삼는 정치인들이 그러는 거야 익숙했던 모습인지라 크게 놀랄 게 없지만, 특정 권력 진영에 속하는 지식인과 보통 사람들까지 그렇게 확 달라지는 건 다른 문제다. 독선과 오만은 기본이고, 이른바 '내로남불'의 화신으로 변해 자신과 생각을 달리하는 사람들에 대해 비판과 비난, 아니 악다구니를 써대는 모습을 지켜보노라면 새삼 "인간이란 무엇인가?" 하는 의문마저 갖게 된다.

문재인 정권은 훗날 권력 연구에 큰 기여를 한 정권으로 기록될 가능성이 높다. 이른바 '조국 사태' 이후 벌어진 일련의 크고 작은 '정치적 전쟁'은 수많은 명망가를 권력투쟁의 졸卒 또는 사적 이해관계나 정실에 얽매인 '부족주의 전사'로 전락시키는 데에 큰 기여를 했기 때문이다. 물론 그들은 이런 진단에 결코 동의하지 않을 것이다. 그들은 온갖 아름다운 대의大義를 내세우면서 자신의 옳음과 선함을 강변할 것이다. 이들의 강변을 존중하자. 남의 독선과 오만을 비판하는 사람 역시 독선과 오만에서 자유로울 수 없다는 중립 지점에 일단 서기로 하자.

과거 민주화 운동가들은 폭압적인 정권 권력을 상대로 싸워야 했다. 온갖 불이익은 말할 것도 없거니와 온몸으로 모진 탄압을 견뎌내야 했던 그들은 그 사실 자체만으로도 존경을 받기에 충분했다. 문재인 정권은 그런 운동가들이 핵심을 구성한 가운데 탄생한 정권이다. 문재인 정권은 과거의 독재정권들과는 다른 민주 정권이다. 어디 그뿐인가. 문재인 정권은 스스로 '선한 권력'임을 내세운다. 아예 DNA가 다르다고 주장한다. 문재인 정권의 지지자들은 그 '선한 DNA'를 앞세워 정권 권력을 옹호하며, 그 과정에서 비판자들에게 온갖 모멸적인 딱지를 붙여대는 '도덕적 폭력'을 행사하기도 한다. 물론 지지자들로선 '정의로운 응징'이겠지만 말이다.

구경꾼의 관점에서 보자면, 이건 참 흥미롭고도 신기한 현상이다. 정권 권력에 도전하는 게 아니라 정권 권력을 가진 사람들이 '도덕적 우월감'까지 누리면서 그걸 무기 삼아 정권 비판에 호통을 치거나 욕설을 해대다니 이 어찌 놀라운 일이 아니랴. 과거 김대중 정권과 노무현 정권에서도 그런 일이 있긴 했지만, 그 범위와 정도에서 문재인 정권은 압도적이다.

과연 무엇이 문제일까? 나는 이게 이념이나 정치적 지향성의 문제는 아니라고 본다. 권력을 어떻게 이해하고 바라보느냐 하는 권력관의 문제라는 게 내 생각이다. 선한 권력? 그건 이론상으로만 존재하거나 현실 세계에 존재하더라도 극히 제한적인 영역에서나 가능한 것이지, 정권 권력 전체에 대해 감히 적용할 수 있는 말은 아니다. 나는 이 책 전반에 걸쳐 왜 권력을 누리면 개인과 집단이 달라지는지, 왜 권력은 끊임없는 비판과 견제를 받아야 하는지에 대해 이야기할 것이다.

내가 원하는 건 대화다. 대화를 위해선 '추상의 세계'가 필요하다. 존 롤스John Rawls, 1921~2002가 잘 지적했듯이, "갈등이 더욱 깊어질수록 이 갈등의 뿌리에 관한 분명하고 정리된 견해를 얻기 위해 추상의 수준을 높일 수밖에 없다".[2] 싸움을 하는 사람들이 늘 싸움의 이유를 분명히 알고 있는 건 아니다. 겉으로 드러난 이유는 잘 알겠지만, 피상적 수준에서 아무리 공방을 벌여봐야 답은 나오지 않는다. 진짜 문제는 그 이유의 '뿌리'에 있기 때문이다.

즉, 최소한의 소통을 위해선 어느 정도의 추상화가 필요하다는 것이다. 그래서 나는 '아포리즘 에세이'라는 방식을 택했다. 권력에 관한 아포리즘(명언)을 소개한 후 이런저런 이야기를 풀어가는 방식이다. 물론 한국의 현실에 대한 이야기를 곁들이기도 할 것이다. 우리는 권력에 대해 잘 안다고 생각하지만, 그게 성급한 생각일 수 있다는 걸

음미해보는 데에 이 책이 작은 도움이나마 된다면 더 바랄 게 없겠다.

2020년 10월

강준만

차례

01
왜 권력자는 대중의 '사랑'보다 '두려움'을 원하는가?

"지도자는 대중의 사랑을 받는 것보다는 두려움의 대상이 되는 게 더 낫다." (이탈리아 정치가이자 사상가 니콜로 마키아벨리)

* * *

『군주론』(1532)에서 사랑도 받고 두려움의 대상이 되는 것이 바람직하지만, 동시에 둘 다 얻는 것은 어렵다며 한 말이다. 니콜로 마키아벨리Niccolò Machiavelli, 1469~1527는 그 이유에 대해 이런 설명을 내놓았다.

"인간은 두려움을 불러일으키는 자보다 사랑을 받는 자에게 해를 끼치는 걸 덜 주저한다. 왜냐하면 사랑은 일종의 의무감에 의해서 유지되는데 인간은 지나치게 이해타산적이기 때문에 자신들의 이익을 취할 기회가 있으면 언제나 팽개쳐버린다. 그러나 두려움은 처벌에 대한 공포로써 유지되며 항상 효과적이다."[3]

물론 마키아벨리가 처음 발견한 사실은 아니다. 고대 로마의 비극작가 루시우스 아키우스Lucius Accius, B.C.170~B.C.86의 작품 속에 나오는 다음 외침은 이후 권력자들의 금과옥조金科玉條가 되었다. "저들이 나를 미워한다 해도 상관없다. 중요한 것은 오직 저들이 나를 두려워하고, 내 앞에서 겁을 먹는다는 사실뿐이다!"[4]

이 원리를 경영학에 도입한 미국 스탠퍼드대학 경영학자 제프리 페퍼Jeffrey Pfeffer는 『권력의 기술: 조직에서 권력을 거머쥐기 위한 13가지 전략』(2010)에서 "유능해 보이기 위해서는 어느 정도 강인하거나, 심지어 야비하게 보이는 것이 좋다"고 주장한다.[5]

미국 하버드 경영대학원 교수 테레사 애머빌Teresa Amabile은 서평書評에 대한 독자들의 반응에 대해 연구한 「똑똑하지만 잔인한Brilliant but Cruel」(1983)이라는 논문을 통해, 사람들은 긍정적인 서평보다는 부정적인 서평을 쓴 사람들을 더 지적이고 유능하고 전문적인 평론가라고 생각한다는 걸 밝혀냈다. 다른 학자의 연구에서도, 온정적인 사람은 따뜻한 느낌을 주지만, 동시에 나약하거나 똑똑하지 못한 사람으로 여겨지는 경향이 있다는 것이 밝혀졌다.

조지 W. 부시 행정부에서 국무장관을 지낸 콘돌리자 라이스Condoleezza Rice는 예산을 대폭 삭감하고 소수자 우대 정책에 제동을 걸어 많은 사람의 반발을 샀지만, 그는 한 부하 직원에게 자신의 신조에 대해 이렇게 말했다. "지금은 사람들이 당신을 반대할지 몰라도, 당신이 그들을 다치게 할 수 있다는 사실을 깨달으면 곧 당신 편에 설 것이다." 이에 대해 페퍼는 "라이스의 말이 백번 옳다"며 이렇게 말한다.

"당신이 권력을 쥐고 있고 그 권력을 사용할 의지가 있다면 사람들은 분명 당신 편에 설 것이다. 당신이 그들을 해칠까봐 두려워하기 때문만은 아니다. 권력과 성공에 한 걸음 다가서고 싶기 때문이다. 사람들은 성공한 제도나 성공한 사람과 인연을 맺고 싶어 한다. 권력자가 누리는 영광의 반사이익을 기대하는 심리가 있기 때문이다."[6]

그러나 세상에 공짜는 없는 법이다. 프랑스 정치가 샤를 모리스 드 탈레랑 페리고르Charles-Maurice de Talleyrand-Périgord, 1754~1838가 지적했듯이, "인간은 칼로 많은 것을 할 수 있지만 칼 위에 앉을 수는 없다".[7] 권력 행사의 합리성을 결여한 채 반대파를 거친 방식으로 누르거나 관리하면서 기존 체제를 장기간 유지하는 것은 어렵다는 이야기다. 두려움을 불러일으키는 것은 그런 거친 방식과는 전혀 다른 게 아니냐고 볼 수도 있겠지만, 둘 사이의 거리는 그리 멀지 않다.

1990년에 처음으로 '소프트 파워soft power' 개념을 제시한 조지프 나이Joseph S. Nye는 비교적 현실주의적 입장에서 "오늘날은 호감과 함께 두려움의 대상도 되는 것이 최상이다"고 말한다. "사람의 마음을 사는 것은 예나 지금이나 중요한 일이지만 글로벌 정보화 시대에는 더더욱 중요하다. 정보가 곧 파워인데, 오늘날 정보화 기술에 힘입어 그런 정보는 역사상 그 어느 때보다도 광범하게 확산되고 있다."[8]

소프트 파워에 대해선 「13 왜 폭력을 쓰지 않는 권력이 더 강한가?」(88쪽)라는 글에서 자세히 논의하겠지만, 파키스탄의 한 전직 외교관이 『파이낸셜타임스』(2003년 3월 29일) 인터뷰에서 한 다음 말이 그 필요성을 잘 말해주고 있다 하겠다. "미국의 이라크 침공은 이슬람 정당들에게 더할 수 없는 선물이다. 이 전쟁이 벌어지지 않았다면 이슬람 정당에 냉소적이었을 사람들이 이제는 정당의 기치 아래로 몰려들고 있다."[9] 실제로 미국의 이라크 침공 이후 중동 문제가 훨씬 악화되었다는 건 두말할 나위가 없다.

문재인 정권은 어떨까? 마키아벨리는 『군주론』에서 "군주는 미움을 받는 일은 타인에게 떠넘기고 인기를 얻는 일은 자신이 친히 해야 한다"고 했는데,[10] 문재인 정권은 이 원칙을 잘 활용하고 있는 것으로 보인다. 역할 분담 또는 '강온 양면책Good cop-Bad cop routine'을 통해 사랑과 두려움의 결합 원리를 능수능란하게 구사하고 있다.[11] 문재인은 착하고 선한 이미지로 지지자들의 사랑을 받는 역할을 하는 반면, 문재인 정권의 실세 또는 실세가 되고 싶어 하는 이들은 선과 정의의 이름을 앞세워 이의를 제기하는 사람들을 거칠게 공격하는 데에 집요한 면모를 드러낸다.

하지만 그런 이원화 전략이 늘 매끄럽게 작동할 수는 없는 일이다. 더불어민주당의 국회 상임위원장 독식은 문재인의 뜻으로 해석되었고, 이는 정권 권력의 오만으로 여겨져 문재인과 더불어민주당의 지지율을 하락시키는 데에 일조했으니 말이다. 미래통합당 비대위원장 김종인은 그걸 노렸던 걸까? '원조 친노'로 국회 사무총장을 지낸 유인태는 『중앙일보』(2020년 8월 21일) 인터뷰에서 다음과 같이 말했다.

"얘길 들어보니 미래통합당에서 주호영 원내대표는 타협할 생각도 있었다는데 김종인 비대위원장이 '여당이 다 먹게 놔두라'고 했다더라. 여당이 독주하는 모습을 보이는 게 야당에 유리하다고 계산한 것이다. 상대가 그런 전략으로 나오면 여당은 그걸 피하려고 해야지 얼씨구나 하고 다 받아먹으면 어쩌나. 1988년 이후에 한 당이 상임위원장을 다 가진 전례가 없다. 국민들에겐 오만하게 보일 수밖에 없다."[12]

문재인 정권이 정녕 칼 위에 앉아보겠다는 게 아니라면, 권력 행사를 절제하고 또 절제해야 한다는 건 두말할 나위가 없다. 문재인 정권은 "과거 독재정권들과 비교해 우리가 무엇이 폭력적이냐"고 항변하고 싶겠지만, 이게 그렇게 단순하게 볼 문제가 아니다. 그 시절엔 폭력적인 탄압을 받더라도 피해자는 명분과 존경은 누릴 수 있었다. 현재 문재인 정권의 실세들이 대부분 그때 얻은 '상징 자본'을 통해 권력까지 누리고 있지 않은가. 하지만 정의를 독점한 듯이 큰소리를 쳐대는 문재인 정권의 반대파나 비판자에 대한 공격은 그런 '상징 자본'마저 박탈하려는 '도덕적 탄압'이기도 하다는 점에서 매우 고약한 것일 수 있음을 깨달아야 하지 않을까?

02

왜 권력욕은 오직 죽어서만 멈추는가?

"권력을 쉬지 않고 영원히 추구하는 것이 인간의 일반적인 경향이며, 이런 권력 욕구는 오직 죽어서만 멈춘다."[13] (영국 사상가 토머스 홉스)

* * *

『리바이어던Leviathan』(1651)에서 한 말이다. 독일 철학자 프리드리히 니체Friedrich Nietzsche, 1844~1900는 그런 권력 욕구를 '권력에의 의지Will to Power'라는 개념으로 표현하면서 권력의 영역을 크게 확장시켰다. 니체는 『차라투스트라는 이렇게 말했다』(1885)에서 초인의 목소리를 빌려 다음과 같이 말했다.

"나는 생명 넘치는 자를 발견할 때마다 권력을 향한 의지를 보았다. 심지어 하인의 의지에서도 주인이 되고자 하는 의지를 보았다. '약자는 강자를 섬겨야 한다'라고 약자는 자신의 의지를 설득한다. 그러면서 자기도 보다 약한 자의 지배자가 되려고 한다. 약자도 이러한 기쁨만은 버리지 못하는 것이다."[14]

『신약성경』「마태복음」 23장 12절엔 이런 좋은 말이 있다. "누구든지 자기를 높이는 자는 낮아지고, 누구든지 자기를 낮추는 자는 높아지리라." 니체는 이 말은 이렇게 고쳐야 한다고 주장했다. "누구든 자기를 낮추고자 하는 자는 높아지고자 하리라."[15]

니체는 도대체 무슨 말을 하고 싶었던 걸까? 독일 철학자 베른하르트 그림Bernhard A. Grimm은 "니체가 말하는 '권력에의 의지'는 오직 세속적이고 정치적인 권력이나 무절제한 명예욕의 승화만을 뜻하는 것이 아니다. 그것은 또한 성공에 대한 집착이나 타인에 대한 지배욕, 돈에 대한 욕심의 승화를 뜻하는 것도 아니다"며 다음과 같이 말한다.

"니체는 권력을 좇고 권력을 소유하는 데서 오는 쾌락이 모든 예속과 무기력으로 인한 다양한 형태의 불쾌감과 밀접하게 결합되어 있다는 사실을 분명하게 인식하였다. 니체에 따르면 권력은 또한 오직 '더 많은 권력'일 때만 만족을 준다. 그래서 권력을 지닌 자나 그렇지 못한 자 할 것 없이 모두 권력에 집착하게 되는 것이다. 근본적으로 우리에게 기쁨을 주는 것은 권력의 단순한 소유가 아니라 그때그때의 무력감을 극복하게 해주는 권력의 성장과 상승이다. 무력감은 몸에 일종의 독약이 퍼진 것과도 같다. 이를 억누르고 방치하게 되면 우리 내부의 '권력에의 의지'는 종종 타인에 대한 잔혹함과 폭력에서 해독제를 구한다."[16]

미국 철학자 윌 듀랜트Will Durant, 1885~1981는 니체의 사상에 대해 논하면서 "권력을 향한 열망 앞에서는 이성도 도덕도 무력하다. 이성과 도덕은 이 열망의 손아귀에 든 무기이고, 이 열망의 꼭두각시이다. 우리가 보는 것은 진리가 아니라 우리들의 욕망의 반영이다"며 이렇게 말한다.

"우리의 사고를 규정하는 것은 이런 잠재적 욕망, 권력에의 의지의 이런 맥박이다. 사실 의식의 역할은 너무나 과대평가되어왔다. 우리들의 활동은 대부분 무의식적인 것이고 따라서 우리에게 인식되지 않기 때문에, 무의식이 미력한 것 같지만 사실은 의식적 사고가 가장 미약한 사고이다."[17]

우리는 권력욕이라고 하면 매우 부정적으로 보는 경향이 있지만, 그건 우리가 매우 긍정적으로 보는 어떤 사회적 행위에서도 발견할 수 있는 것임을 인정할 필요가 있다. 그래야 권력에 대한 온전한 이해가 가능해지기 때문이다.

미국 신학자이자 정치학자인 라인홀드 니부어Reinhold Niebuhr, 1892~1971는 『도덕적 인간과 비도덕적 사회』(1932)에서 "개인이 대의大義나 공동체에 헌신하기 위해 자신의 모든 걸 바칠 때조차도 권력에의 의지는 여전히 갖고 있다"고 했다.[18]

영국 철학자 버트런드 러셀Bertrand Russell, 1872~1970도 『권력』(1938)에서 그 어떤 숭고한 목적을 내세운 일이라 하더라도 그 일을 이루는 수단이 권력이며, 오래 계속되는 투쟁에서는 목적이 망각될 가능성이 있기 때문에, 특히 투쟁이 격렬하고 오래 계속되는 경우라면, 처음의 숭고성은 점점 단순한 승리를 추구하는 욕망에 압도될 수밖에 없다고 했다.[19]

미국 사회학자 랜들 콜린스Randall Collins는 『사회적 삶의 에너지』(2004)에서 아예 '이타적 권력'의 가능성을 부정한다. "이타적 지도자는 설명하기가 쉽다. 관심과 숭배의 중심에 서는 것은 물론이고 추종자들에게 권력을 행사함으로써 엄청난 정서적 에너지를 얻는다."[20]

사람들의 권력 의지나 권력욕을 인정한다고 해서 대의를 위해 일하는 사람의 헌신이 폄하되는 건 아니다. 아니 오히려 그걸 인정해야 그런 헌신 끝에 권력을 갖게 되더라도 타락할 가능성을 줄일 수 있다. 그들이 가장 경계해야 할 것은 자신의 권력욕을 '신념'으로 포장하거나 착각하면서 권력욕이 없는 것처럼 아예 그걸 지워버리는 일이다. 니체는 "신념을 가진 사람이 가장 무섭다. 신념을 가진 사람은 진실을 알 생각이 없다"고 했는데,[21] 실제로 신념은 진실을 차단하는 방어벽 기능을 하면서 다른 생각을 가진 사람들을 박해하는 도구로 기능하게 된다.

심리학자들의 연구에 따르면, 어떤 신념에 중독되면 우리의 사고방식은 왜곡되어 다른 이들을 깎아내리고 괴롭힘으로써 도취감을 느끼게 된다.[22] 그런 신념 중독자는 "나는 나의 신념이 옳다는 사실을 알고 있다. 나의 머리에서, 가슴에서, 영혼에서 그것을 느낄 수 있다. 다른 이들이 나처럼 믿지 못하는 것은 그들이 틀렸기 때문이다"고 생각한다.[23]

토머스 홉스Thomas Hobbes, 1588~1679, 니체, 니부어, 러셀, 콜린스의 말은 누구나 다 명심해야 할 금언이지만, "나는 예외다"는 생각이 권력의 그런 속성을 외면하게 만든다. 특히 자신이 이타적이라고 믿는 사람들이 그런 착각을 많이 하는 경향이 있다. 겉으로 나타나는 방식이 어떠하건 권력욕 또는 권력 의지는 우리 인간의 본성이라는 걸 깨닫는 성찰 능력이 필요하다. 그래야 스스로 착하다고 자부해서 벌어지는 권력의 오·남용도 막을 수 있을 테니까 말이다.

03

왜 대중은 오늘날에도 영웅을 갈구하는가?

"역사는 위인의 전기다."[24] (영국 역사가 토머스 칼라일)

* * *

『영웅과 영웅 숭배』(1841)에서 한 말이다. 그는 "영웅 숭배는 위대한 인간에 대한 절대적 감탄"이라고 했다.[25] 그는 영웅 예찬의 연장선상에서 이런 명언들도 남겼다. "모든 숭고한 일은 처음엔 불가능한 것처럼 보인다." "약자의 앞길에 장애물이었던 바위 덩어리는 강자의 가는 길엔 디딤돌이 된다."[26] 그는 "셰익스피어와 인도를 바꾸지 않겠다"고도 했는데,[27] 이는 명언이라기보다는 망언妄言이라고 단정해도 무방하리라.

토머스 칼라일Thomas Carlyle, 1795~1881은 단지 영웅 예찬만 한 게 아니라 영웅을 인정하지 않는 사람들에게 짜증까지 냈다. 그는 "사람이 위인을 믿지 못하는 것보다 그 자신의 옹졸함을 증거해주는 것도 없다"며 이렇게 말했다.

"한 시대가 마른 장작더미만을 믿고, 장님처럼 정신적 빛을 보지 못하는 것처럼 슬픈 일은 없다. 그것은 불신이 최고도에 이른 상태다. 세계 역사의 모든 시대에서 위인은 그 시대의 구원자였다. 위인이라는 번개가 없었던들 나무는 결코 불을 발하지 못했을 것이다."[28]

칼라일이 이런 생각을 갖게 된 데엔 당시 영국 의회의 느려터짐에 대해 짜증을 내고 민주주의를 혐오했기 때문이라는 설이 있다. 그래서 이런 말까지 했다. "민주주의는 당신을 다스릴 영웅들을 찾아내지 못한 데서 오는 절망감과 결핍을 참고 견디는 데 만족한다는 것을 의미한다."[29]

이렇듯 역사를 위인의 전기로 보는 칼라일의 시각을 가리켜 '영웅사관Great Man Theory of History'이라고 하는데, 이는 영국을 넘어 세계 각지로 수출되어 수많은 추종자를 양산해냈다. 미국에서 열렬한 추종자는 철학자 랠프 월도 에머슨Ralph Waldo Emerson, 1803~1882과 시인 월트 휘트먼Walt Whitman, 1819~1892이었지만, 영국과 미국의 풍토 차이가 있는지라 이들의 영웅 예찬은 비교적 온건한 형식으로 표현되었다. 예컨대, 에머슨은 "사람들이 위인의 능력을 믿는 것은 자연스럽다"고 했다.[30]

칼라일의 영웅 사관은 조선의 개화기 지식인들에게도 큰 영향을 미쳤다. 예컨대, 단재 신채호1880~1936는 『대한매일신보』 1908년 1월 4~5일자에 쓴 「영웅과 세계」에서 "영웅이라는 것은 세계를 창조한 신성한 존재며, 세계는 영웅의 활동 무대다"라면서 "영웅이 없으면 나라는 어떻게 나라답게 될 수 있겠느냐?"고 주장했다.[31]

신채호는 1908년 8월 『대한매일신보』에 쓴 「영웅을 길러내는 기계」라는 글에선 전 세계를 영웅을 잘 숭배하고 따르는 서구의 우등 민족국가와 영웅을 백안시하고 질시하는 열등 민족국가로 나눈 뒤, 조선은 후자라고 주장했다. 또 그는 1909년 8월 『대한매일신보』에 쓴 「20세기 신동국지영웅」이라는 글에선 미국의 조지 워싱턴George Washington, 1732~1799과 이탈리아의 카밀로 카보우르Camillo Cavour 1810~1861처럼 전 국민의 힘을 결집할 수 있는 국민적 영웅만이 한국의 독립을 세울 수 있다고 주장했다.[32]

이런 영웅 예찬론은 '초기 신채호'의 모습일 뿐, 그는 나중엔 무장 투쟁을 통한 독립운동과 아나키즘 운동에 나서게 된다. 그리고 국가가 몰락의 위기에 몰린 상황에서 나온 영웅 예찬론은 서구의 제국주의적 영웅 예찬론과는 달리 보아야 할 것이다.

중국 정치가 마오쩌둥毛澤東, 1893~1976은 "위대하고 강력한 인물들이 한 시대를 대표한다. 모든 시대는 이러한 대표자들의 부속물에 불과하다"고 했다. 오랫동안 꾸준히 『삼국지연의』 같은 소설에 나오는 전설적인 영웅들을 좋아했던 마오쩌둥은 이렇게 주장했다.

"영웅의 위대한 행동은 모두 그 자신의 것이며, 그가 지닌 원동력, 고결함, 정결함의 표현이다. 그는 어떠한 선례에도 의지하지 않는다. 그의 힘은 깊은 골짜기에서 불어오는 강풍과 같으며 사랑하는 이를 향한 억누를 수 없는 성적 욕망과도 같아서, 멈출 수도 없고 멈추어지지도 않는다. 모든 장애물이 그의 앞에서 저절로 무너지고 만다."[33]

프랑스에서 영웅 사관의 대표적 신봉자는 정치가 샤를 드골Charles De Gaulle, 1890~1970이었다. 그는 "위대한 사람이 없으면 위대한 업적도 없다. 위대한 업적이란 위대한 인물들이 자신의 의지를 부여했기 때문에 위대한 것이다"고 했다. 영웅 사관과 더불어 드골을 추종해 '미국의 드골'로 자부했던 미국 제37대 대통령 리처드 닉슨Richard M. Nixon, 1913~1994은 워터게이트 사건으로 백악관을 떠난 후 집필해 출간한 『지도자들』(1982)이라는 책에서 드골의 이 말을 인용한 후 다음과 같이 말했다.

"스콧 피츠제럴드F. Scott Fitzgerald가 진정한 부자들이란 남다른 자질을 가진 사람이라고 지적했던 바와 마찬가지로, 나는 거대한 권력을 장악한 사람들도 역시 남다른 자질을 갖고 있는 사람들이라는 것을 알게 되었다. 권력투쟁에서 승리를 하려면 특별한 자질을 필요로 한다. 그리고 일단 권력을 장악하면, 권력 그 자체에 의해 더욱 달라지게 된다. 권력이란 길거리나 옆집에 사는 훌륭한 보통 사람을 위한 것이 아니다."[34]

영웅 사관의 모든 신봉자가 그렇듯이, 닉슨은 리더십이란 '한 개인에 의한 권력 행사'라고 본 셈인데, 이런 시각이 모든 사람의 지지를 얻었던 건 아니다. 영웅 사관은 이미 19세기 후반 각기 다른 입장에서 영국 사회학자 허버트 스펜서Herbert Spencer, 1820~1903와 독일 사상가 카를 마르크스Karl Marx, 1818~1883와 프리드리히 엥겔스Friedrich Engels, 1820~1895 등에 의해 혹독한 비판을 받았다.

스펜서는 "영웅 숭배는 자유에 대한 존중이 가장 낮은 곳에서 가장 강하다"고 했고,[35] 엥겔스는 "나폴레옹이 없었다 하더라도 다른 사람이 그의 자리를 메우게 되었을 것이며, 이것은 어떤 인물이 필요한 경우에는 언제나 발견된다(카이사르, 아우구스투스, 크롬웰 등)는 사실로서 증명된다"고 했다.[36] 지그문트 프로이트Sigmund Freud, 1856~1939는 "영웅은 특별한 존재라기보다는 사람들의 잠재의식에 깊이 도사린 이름 모를 불안감과 콤플렉스가 객관화되어 만들어진 환상"이라고 했고, 에리히 프롬Erich Fromm, 1900~1980은 사람들이 영웅을 찬양하는 이유를 "누구나 그들처럼 살고 싶다고 마음속 깊이 느끼기 때문"이라고 했다.[37]

하지만 이들은 예외적 소수에 불과했고, 영웅 사관은 20세기에도 인기를 누렸고, 조금 세련된 형식을 취했을망정 오늘날에도 건재하다. '지도자 추종주의'라고나 할까? 이는 어느 나라에서나 존재하는 것이지만, 번영을 이룬 후에도 늘 생존의 문제로 고민할 수밖에 없는 한국에서 유독 심하게 나타나는 건 아닌지 되돌아볼 필요가 있겠다.

역사학자 이상록은 2005년 한국 사회에 불던 '이순신 열풍'에 대해 "이른바 '민주주의 시대'의 이순신 열풍은 공동체로부터 소속감을 느끼지 못하고 원자화된 개인들의 불안감의 다른 모습이다"며 이렇게 말했다.

"경제 전쟁의 파고를 헤치고 '대한민국'을 경제 대국으로 만들어 줄 카리스마 넘치는 지도자의 출현을 희망하는 대중의 욕망, 그러한 지도자의 일사불란한 지도에 기꺼이 복종할 준비가 되어 있는 대중의 자세가 이순신 열풍 속에는 숨어 있다."[38]

사실 한국인들은 지도자를 필요 이상으로 추종하는 동시에 지도자가 가진 이상의 것을 기대하고 요구하는 유별난 '지도자 추종주의' 문화를 갖고 있다. 북한 주민의 김일성, 김정일, 김정은에 대한 숭배 태도가 과연 남한의 지도자 추종주의와는 전혀 무관한 것일까? 이승만·박정희 시대를 되돌아볼 필요가 있지 않을까? 오늘날에도 지도자 '사모(사랑하는 사람들의 모임)' 회원들을 보면, 그들의 열성적인 참여 정신엔 경의를 표하다가도 광신도狂信徒의 경지에 이른 사람이 적지 않음을 볼 때마다 이건 한국적 문화 탓이라는 생각을 하지 않을 수 없게 된다.

2007년 2월 『한국일보』와 미디어리서치가 실시한 여론조사에 따르면, 한나라당 대선 주자인 이명박이나 박근혜가 탈당해 신당을 만들어 독자 출마하더라도 지지자의 약 70퍼센트가 "계속 지지하겠다"고 답했다. 이건 무얼 말하는가? 한국은 '정당 민주주의' 국가라기보다는 '지도자 민주주의' 국가라는 걸 의미한다. 왜 그럴까? 오랜 세월

동안 정당은 포장마차나 천막과 다를 바 없다는 걸 체험한 학습 효과도 적잖이 작용했겠지만, 그보다는 한국인 특유의 '인물 중심주의' 문화가 더 큰 원인이 아닌가 싶다. 왜 '인물 중심주의' 문화를 갖게 되었을까? 4가지 이유가 있다.

첫째, 고난과 시련의 역사로 인한 '영웅 대망론'이다. 망국 직전의 개화기 조선을 휩쓸던 영웅 사관은 지금도 건재하다. 희망이 없는 상황에서 영웅이 모든 걸 돌파해주길 기대하는 심리다. 지금도 이승만·박정희를 영웅으로 여기는 사람이 좀 많은가.

둘째, 이념과 같은 추상보다는 사람에 더 잘 빠지는 체질과 더불어 한번 마음 주면 웬만해선 돌아서지 않는 정情 문화다. 자신의 감정을 투자한 것에 대한 집착·고집·오기도 대단히 강하다. 이걸 지조 있다고 칭찬하는 사람도 많다. '내부 고발자'를 존경하기는커녕 오히려 탄압하는 한국 사회의 특성도 이런 문화와 무관치 않다.

셋째, 지도자의 강력한 리더십으로 모든 걸 빨리 해결하고 싶어 하는 '빨리빨리 문화'다. 제도와 법의 모든 규정을 따라 일을 처리하는 건 느린 반면, 지도자의 직접 지시는 매우 빠르다. 재벌의 '황제 경영'은 비난의 대상이 되고 있긴 하지만, 총수가 유능할 경우 총수를 황제처럼 받드는 일사불란한 명령 체계는 한국 기업의 '속도 경영'을 가능케 해준 요인이기도 했다.

넷째, 조직·집단의 기득권 구조에 대한 강한 불신과 저항이다. 정당을 비롯한 주요 사회제도·기관 등에 대한 국민적 불신은 세계에서 가장 높은 수준이다. 지도자는 그런 기득권 구조의 일원일망정 민심을 따를 경우 기득권 구조를 해체할 수도 있는 강력한 권력과 더불어 유연성을 갖고 있다고 보는 게 한국인들의 생각이다.

이런 지도자 추종주의는 한국의 장점인 동시에 단점이다. 유능하고 강력한 지도자를 만나면 무서운 힘을 발휘할 수 있지만, 그로 인한 부작용도 만만치 않다. 국민 각자 자기 몫을 할 생각은 하지 않고 지도자에게 의존하려는 심리가 강해지기 때문이다. 그래서 지도자를 필요 이상으로 극찬하거나 정반대로 필요 이상으로 매도하는 양극단의 성향을 드러내 보인다. 이런 역사적 배경을 감안하자면, 이른바 '빠'로 불리는 정치적 극렬 지지자들의 몹쓸 '사이버 테러'에 대해서도 분노보다는 연민의 감정을 느끼는 여유를 가질 수도 있지 않을까?

04
왜 권력의 적은 역경이 아니라 풍요인가?

"역경을 이기는 사람이 백 명이라면 풍요를 이기는 사람은 한 명도 안 된다." (영국 역사가 토머스 칼라일)

* * *

이는 특히 권력자들에게 잘 들어맞는 말이다. 이탈리아 사상가 니콜로 마키아벨리Niccolò Machiavelli, 1469~1527는 『피렌체사』(1532)에서 "정말로 서글픈 현실이지만, 인간은 권력을 가지면 가질수록 그것을 사용하는 방법이 서툴기만 하여 그것으로 점점 더 남이 참기 어려운 존재가 된다"고 했는데,[39] 실제로 우리는 그간 화려한 승리 후에 처참하게 몰락한 권력자를 질리도록 많이 보아오지 않았던가.

미국 프랭클린 루스벨트Franklin Roosevelt, 1882~1945 대통령의 부인 엘리너 루스벨트Eleanor Roosevelt, 1884~1962는 "패배보다는 승리로 인해 망가지는 사람들이 더 많다"는 비슷한 말을 했는데,[40] 이건 불멸의 진리가 아닌가 싶다. "사람들은 승리하는 방법은 알아도 승리를 어떻게 쓸 줄은 모른다"는 말이 있는데, 승리를 '계속 고!'를 외쳐도 된다는 면허로 여기는 건 아닐까?

정치 컨설턴트 박성민은 『경향신문』(2020년 8월 1일)에 기고한 글에서 토머스 칼라일Thomas Carlyle, 1795~1881의 이 말을 인용하면서 이렇게 말한다.

"'혁신'은 내가 변해야 한다고 생각하고, '기득권'은 상대가 변해야 한다고 생각한다. 민주당에서 혁신은 죽었다. 민주당은 기득권이다. 잘못에 대해 인정하지도, 사과하지도, 책임지지도 않는다. 모든 책임은 전 정권 탓, 야당 탓, 보수 언론 탓이다. 절제와 성찰은 보이지 않는다. (개혁이라는 기름을 잔뜩 싣고) 브레이크가 파열된 채 폭주하는 탱크로리 같다."[41]

개탄을 금치 못할 일이지만, 잠시 나라 걱정을 잊고 현상 자체만 놓고 보자면 이런 코미디 같은 일이 없다. 승리의 풍요 후에 몰락하는 패턴이 그간 수없이 반복되었는데도 그걸 까맣게 잊고 선거에서 이룬 승리를 독선과 오만의 면죄부로 활용하다니, 이렇게 어리석을 수가 있는가.

멀리 갈 것도 없이 제17대 총선(2004년 4월 15일)을 보자. 이 선거는 47석의 열린우리당이 과반 의석을 2석 넘긴 152석을 얻은 '대승리'였다. 열린우리당만 열광한 게 아니라 진보 언론까지 열광했다. 『한겨레』 정치부장 성한용은 5월 19일에 쓴 「17대 초선 만세」라는 칼럼에서 "유권자나 당선자들이나 국회의원이 이제 국민 위에 군림하는 '특권층'이 아니라, 국민을 위해 일하는 '머슴'이라는 사실을 자각하기 시작했다"고 주장했다.

하지만 이후 열린우리당이 얼마나 오만했는지 굳이 언급할 필요는 없으리라. 2년 후인 2006년 5·31 지방선거 결과가 그걸 말해주었으니 말이다. 16명의 광역단체장 중 한나라당 12곳, 민주당 2곳, 열린우리당과 무소속이 각 1곳에서 당선되었다. 전국 230개 기초단체장은 열린우리당 19곳, 한나라당 155곳, 민주당 20곳, 국민중심당 7곳, 무소속 29곳으로 나타났다. 광역의원은 한나라당 557명, 민주당 80명, 열린우리당 52명, 국민중심당 15명, 무소속 15명, 민노당 14명 순이었다. 한나라당은 정당 득표율에서도 역대 최고인 53.8퍼센트(1,008만 6,354표)를 기록했다. 열린우리당 정당 득표율은 21.6퍼센트(405만 6,367표)로, 한나라당의 절반에도 못 미쳤다.[42]

2006년 8월 한국사회여론연구소가 실시한 여론조사에서 노무현 대통령의 국정 운영 지지율은 14.6퍼센트로 추락했고,[43] 10월에 이르러 지방선거까지 합친 열린우리당의 재·보선 성적표는 '0대 40'이라는 전패를 기록했으며,[44] 11월 리서치앤리서치의 여론조사에서 열린우리당 지지율은 8.3퍼센트로 추락했다.[45] 2007년 8월 10일 '100년

정당'을 내세웠던 열린우리당은 창당 3년 9개월 만에 사라졌으며, 이 모든 파탄의 과정은 2007년 12월 19일 제17대 대통령 선거에서 '48.7퍼센트(이명박) 대 26.1퍼센트(정동영)'라는 어이없는 격차의 패배로 귀결되었다.

제18대 총선(2008년 4월 9일)은 '진보 162 : 보수 125'라는 권력 구도가 '진보 92 : 보수 200'으로 뒤집어지는 결과를 낳았지만, 권력의 적은 역경이 아니라 풍요라는 진리는 이젠 보수를 향하고 있었다. 박근혜 정권에서 벌어진 국정 농단과 대통령 탄핵 덕분에 등장한 문재인 정권하에서 이명박과 박근혜는 감옥에 갇히는 비참한 최후를 맞이했으니 말이다.

제21대 총선(2020년 4월 15일)에서 문재인 정권은 '더불어민주당 180석', 더 나아가 '범여권 190석'이라는 놀라운 성적을 거두면서 열광했다. 이는 보수가 환호했던 제18대 총선이 정반대로 뒤집어진 결과였다. 따라서 언제 또 뒤집어질지 모른다는 두려움을 느끼면서 겸손하고 또 겸손하게 굴어야 마땅했건만, 문재인 정권과 더불어민주당과 그 지지자들은 그러지 않았다. 이들 역시 권력의 적은 역경이 아니라 풍요라는 진리를 입증하기 위한 제물이 되고 싶은 걸까? 시간이 말해줄 것이다.

생각해보면 참으로 이상한 일이다. 우리는 정치인의 독선과 오만에서 비롯된 거친 언행의 문제를 그간 '싸가지'라는 말로 표현해왔다. 진보 진영이 이 문제를 모르진 않는다. 문재인은 박근혜에게 패배한

2012년 대선 결과를 성찰한 회고록 『1219 끝이 시작이다』(2013)에서 이렇게 말했다.

"혹시 우리가 민주화에 대한 헌신과 진보적 가치들에 대한 자부심으로, 생각이 다른 사람들과 선을 그어 편을 가르거나 우월감을 갖지는 않았는지 되돌아볼 필요가 있습니다. 우리가 이른바 '싸가지 없는 진보'를 자초한 것이 아닌지 겸허한 반성이 필요한 때입니다."[46]

역경이 닥치면 빈말일망정 그런 성찰을 하는데, 풍요가 오면 언제 그랬느냐는 듯 다시 '싸가지 없는 행태'를 집단적으로 해댄다. 문재인의 대통령 당선 후 어떤 일이 벌어졌는지는 굳이 설명할 필요는 없을 것이다. 풍요를 계속 누리기 위해선 총선에서 반드시 승리를 해야 했다. 총선을 하루 앞둔 2020년 4월 14일 저녁 7시 30분 더불어민주당 공동 상임선대위원장 이낙연은 마지막 지지 유세에서 이렇게 말했다.

"저희 더불어민주당 부족한 거 많이 압니다. 때로 오만합니다. 제가 그 버릇을 잡아놓겠습니다. 민주당은 때로 국민의 아픔, 세상물정 잘 모르는 것 같은 언동도 하는데, 이 또한 제가 잡아놓겠습니다."

이런 호소가 먹혔는지는 몰라도 더불어민주당은 대승을 거두고 이전보다 더한 풍요를 누리게 되었다. 어떤 일이 벌어졌는가? '국민의 아픔, 세상물정 잘 모르는 것 같은 언동'은 말할 것도 없고 싸가지 없는 언동의 대량생산 체제가 가동되지 않았던가. 아무래도 "역경을 이기는 사람이 백 명이라면 풍요를 이기는 사람은 한 명도 안 된다"는 말을 진리의 반열에 올려야 할 것 같다.

05

왜 유대인은 40년간 사막을 헤매야 했는가?

"지금 세대의 사람들은 모세가 사막으로 이끈 유대인과 마찬가지다. 이 세대는 새로운 세상을 정복하는 데 그치지 않고 몰락해야만 한다. 그래서 이 세상에 알맞게 성장한 새로운 인간들에게 자리를 내주어야 한다." (독일 사상가이자 경제학자 카를 마르크스)

* * *

이 말을 인용한 독일 작가 로버트 미지크Robert Misik는 『좌파들의 반항』(2005)에서 "실로 어마어마한 은유이다. 왜냐하면 우리는 다음과 같은 역사를 기억하고 있기 때문이다"며 이렇게 말한다.

"신은 유대인들이 이집트에서 벗어난 뒤에도 무려 40년 동안이나 사막을 헤매게 만든다. 이는 그들의 노예적인 특성을 벗어버리고 이집트에서 밴 노예적 습성의 때를 벗게 하기 위한 것이었다. 탈출한 유대인 중에서는 그 누구도 약속의 땅 가나안에 이르지 못한다. 약속된 행복은 오로지 사막에서 태어난 세대만이 누린다. 출애굽기의 역사는 서양의 문화적 기억 속에 깊이 아로새겨졌고, 이는 좌파의 정치적 문화에도 영향을 미쳤다. 이 이야기의 핵심은 이렇다. 더 나은 세상을 만들고 싶은 사람은 자신을 희생하고, 자신을 교육해야 한다."[47]

『구약성경』「출애굽기」가 제시한 어마어마한 교훈인가? 어마어마하긴 하되, 무섭고도 슬픈 교훈이다. 왜 무섭고 슬픈가? 한국의 민주화 투쟁을 예로 들어 생각해보자. 민주화 운동가들은 민주주의를 위해 자신을 희생했다. 그들의 희생 덕분에 민주화가 이루어졌는데, 그 민주화된 세상에선 그들은 권력의 근처에 얼씬거리지도 말고 말없이 사라져 달라고 한다면, 세상에 이보다 잔인한 일이 어디에 있겠는가. 그럼에도 이름 없는 많은 운동가가 실제로 말없이 사라졌다. 그들에게 뜨거운 존경을 보내지 않을 수 없다.

하지만 운동을 이끌던 리더들을 놓고 보자면, 이 교훈이 실천되는 일은 거의 일어나지 않았으니 이론상으로만 존재하는 무서움이요 슬픔일 뿐이다. 세계적으로도 예외를 찾기 어렵다. 쿠바 혁명을 성공시킨 후 차지한 장관직을 내던지고 다시 게릴라 활동을 하다 총 맞아 죽은 체 게바라Ché Guevara, 1928~1967 외에 떠오르는 이름이 별로 없다. 그가 오늘날까지도 젊은이들의 우상으로 대접받는 이유는 그런 희귀

한 예외성 때문이리라. 소설가 공지영이 『세계일보』(2004년 11월 27일)에 쓴 글에서 체 게바라가 "씨를 뿌려놓고 열매도 따 먹을 줄 모르는 바보"이기 때문에 "체 게바라라는 이름을 들으면 나는 아직도 목이 멘다"고 말한 것도 그런 이유 때문이리라.

역사학자 임지현은 "자기희생을 전제로 한 좌파 지식인의 '현실 참여'와 '권력에의 꿈' 사이의 간격은 생각만큼 그리 넓지 않다"며 "왜 마오쩌둥이 중국 황제의 내궁인 중난하이에 자신의 거처를 잡았는지, 레닌은 왜 차르의 유서 깊은 궁전인 크렘린에 입주했는지 나는 아직도 궁금하다. 대의가 승리한 것인지 '권력에의 꿈'이 실현된 것인지, 아니면 둘 다인지 알 길이 없다. 중난하이와 크렘린의 상징적 의미는 후자가 아닌가 하는 의심을 더해준다"고 했다.[48]

유고슬라비아의 독립운동가이자 애국자로 유고슬라비아연방인민공화국의 초대 대통령이자 종신 대통령이 된 요시프 티토Josip Tito, 1892~1980는 어떤가? 유고의 작가이자 정치가인 밀로반 질라스Milovan Djilas, 1911~1995의 『티토 전기』(1980)에 따르면, "티토의 궁중 생활은 곧 그 이전 왕들의 그것과 전혀 다를 바 없었으며 사치적 낭비에 있어서는 심지어 왕들의 그것을 능가하였다. 그는 당시 가장 값비싼 지배자였다".[49]

한국의 민주화 운동가들은 그렇게까지 타락하진 않았다. 다행인 동시에 그들에게 감사해야 할 일이다. 물론 이른바 '386(또는 586세대)'의 리더급 인사들은 대거 정관계에 진출해 권력을 누렸으며 지금도 누리고 있다. 이들의 한결같은 특성은 남들이 일신의 영달을 꾀할 때에 국가와 민족을 위해 자신의 모든 걸 바쳤다고 하는 자부심과 도덕적 우월감이다. 이건 존중하거나 예찬해야 할 것이지 비판할 게 전혀 못 된다.

그런데 우리 인간이라는 게 묘한 동물이어서 그 어떤 미덕도 상황이 바뀌면 악덕이 되고 만다. 진중권은 "(집권한) 586 세력은 자유민주주의 학습을 거의 못했다. 합의가 아니라 척결하는 개념의 군사주의적 마인드를 가졌다. 진위를 따지는 게 아니라 승패의 개념으로 접근한다"고 했다.[50] 그렇게 하지 않으면 군사독재정권의 폭압에 대처하기가 어려웠으리라고 이해할 수 있겠다. 하지만, 그런 선악善惡·승패勝敗 이분법은 민주화 이후의 민주주의 체제하에선 정치의 정상적인 작동을 어렵게 만드는 요인이 된다.

게다가 민주화 투쟁 시엔 '나 홀로'였지만, 세월이 흘러 결혼을 해 가정을 갖게 되면서 학부형이 되면 자신도 모르는 사이에 일상의 속물근성이 지배하는 삶 속으로 빠져들게 되어 있다. 정관계에 진출한 운동권 386은 대부분 막강한 학벌 자본을 자랑하는 사람들인지라 그 누구도 넘볼 수 없는 강력한 인맥의 혜택을 누리면서 강남 좌파로 변신하게 된다. 이들의 일상은 '내로남불'에서 자유롭기 어렵다.

기회만 있으면 '민주화 운동'이라는 훈장을 휘두르면서 도덕적 우월감을 과시하는 이들에게서 '겸손'을 찾기는 어렵다. 민주화 운동에 헌신했던 농민운동가 천규석이 『쌀과 민주주의』(2004)라는 책에서

"지나고 보니, 60~80년대까지의 그 풍성했던 민주화 운동이란 것들도 잘난 놈들에게는 입신출세와 물질적 보상이라는 두 가지의 전리품을 동시에 거두어갈 기회로 활용되었다"고 독설을 퍼부은 것도 바로 그 점을 지적한 것이라 볼 수 있겠다.[51]

신의 뜻에 의해 40년 동안이나 사막을 헤매야 했던 유대인들의 문제는 이집트에서 밴 노예적 습성이었다지만, 민주화 운동가들에겐 도대체 무슨 문제가 있단 말인가? 다시 말하지만, '우리와 그들'을 나누고 반대편을 타도의 대상으로 여겨야만 하는 반反독재 투쟁의 이분법이라는 습성이었다. 세상이 바뀌면 달라지겠지 했는데, 그게 아니었다.

문재인 집권 후 2018년 최고의 명언 중 하나로 꼽힌, 청와대 대변인의 "문재인 정부 DNA에는 민간 사찰이 없다"는 말은 결코 농담이 아니었다. 편 가르기, 그것도 이분법적 편 가르기는 그들의 DNA였다. 권력의 속성은 좌우, 진보-보수, 도덕 세력-부도덕 세력을 가리지 않고 동일하게 작동하고 동일하게 나타나는 것이지, 특정 권력 세력에게 다른 권력 세력과는 다른 DNA 같은 것은 없는 법이다. 하지만 그렇게 믿지 않는 걸 어이하랴.

2019년 9월 진중권은 정의당이 조국 법무부 장관 임명에 찬성한 것에 항의해 탈당 의사를 밝혔다. 체 게바라에 감동했던 공지영이 자신의 페이스북에 진중권을 비판하면서 "돈하고 권력을 주면 (진 교수가) 개자당(자유한국당의 비하 표현) 갈 수도 있겠구나라는 생각이 들었다"고 쓴 걸 보고서 나는 내 눈을 의심했다.[52]

진중권의 요청으로 동양대학교에 강연도 갔던 사이라면 진중권을 웬만큼 알 텐데, 웬 '개자당' 타령이란 말인가. 누가 옳건 그르건, 진중권의 주장을 비판할 내용이 그리도 없었단 말인가. 그런데 이건 공지영 혼자만의 생각이 아니었다는 점이 중요하다. 문재인이 윤석열을 검찰총장에 임명하자 "개자당 너네들, 다 죽었다"고 환호하던 일부 문재인 지지자들은 조국 사태가 터지자 윤석열을 '개자당'과 연계시켜 맹폭격을 가했다.

이후 조국 사태와 관련해 필자가 누구이건 조국에 대해 조금이라도 비판적인 기사나 칼럼에 달린 댓글들엔 어김없이 이 '개자당' 타령이 반복되었다. 조국 사태 이후에도 극소수 더불어민주당 의원들이 문재인 정부에 대해 조금만 쓴소리를 해도 "개자당으로 가라"는 공격이 쏟아졌다. 나는 개인적으로도 내가 사는 전주에서 "하는 짓이 마음엔 안 들지만, 개자당 좋은 일 만들어줄 순 없으니 문 정권을 지지해야 한다"는 말을 지겨울 정도로 많이 들었다.

그런 이분법은 문재인 지지자들의 대체적인 사고방식이다. 『경향신문』의 2020년 9월 10일 1면 머리기사 제목이 「'공정' 강조하던 문 정부의 '불공정'」이다. 이 기사엔 『경향신문』을 비난하는 문재인 지지자들의 댓글이 많이 달렸다. 아니 문재인 정부를 위해 '불공정'하거나 그렇게 보일 일을 하지 말라는 좋은 충언인데, 이게 왜 문제가 된단 말인가? 한 지지자의 댓글 주장은 이렇다.

"문재인 정부를 두고 불공정을 이야기하는 것은 어불성설이다. 우린 아직도 군사독재와 극우보수 정권을 벗어난 지 얼마 되지 않았고, 불행한 기억을 아주 많이 가지고 있다. 대다수 대한민국 국민들은 과거로 회귀하지 않도록 지금도 인내하고 현 정부를 지지하고 있다. 극우보수 세력과 보수 언론들이 거짓 기사로 대한민국 사회를 물 흐리고 있지만, 절대로 국민들은 흔들리지 않는다."

그런데 이 논리대로라면 문재인 정부의 불공정에 대한 비판은 사실상 불가능해진다. 끊임없이 군사독재 시절을 환기시키면서 그 시절엔 말 한마디만 잘못해도 붙잡혀 들어가 고문까지 받았다는 점을 강조하는 사람들에게 불공정을 문제 삼는 건 '배부른 소리'이거나 극우보수 세력을 돕는 이적 행위로 간주되기 때문이다. 2020년을 살면서 비교의 준거점을 1970년대와 1980년대로 삼는 사람들과의 소통은 사실상 불가능해지고 만다.

이런 사고방식이 바로 반독재 투쟁의 습성임은 두말할 나위가 없다. 반독재 투쟁은 '2자 게임'이었다. 우리 편에 문제가 있더라도 그걸 알리거나 비판하는 건 군사독재정권에 유리하게 작용할 수 있으니, 절대 그런 짓을 해선 안 된다. 이게 바로 이른바 '조직 보위론'이다. 이 조직 보위론은 독재정권 시절 진보 진영 내부에서 일어난 성폭력을 은폐하고 오히려 피해자를 비난하는 용도로 사용되었는데,[53] 그게 아직까지도 끈질긴 생명력을 자랑하고 있는 것이다. 더욱 비극적인 건 '조직 보위론 DNA'를 갖고 있는 운동가들이 독재정권을 겪지 않은 젊은 문재인 지지자들에게 이 DNA를 전파시켰다는 점이다.

민주화된 세상은 '2자 게임'이 적용될 수도 없고 적용되어서도 안 되는, 국민이 포함된 '다자 게임'이다. 나라의 장래라고 하는 범위와 시간에 대한 고려가 반드시 필요하다는 뜻이다. 의도했건 의도하지 않았건, 현재 문재인 정권의 기본적인 국정 운영과 정치 프레임은 '적대적 공생antagonistic symbiosis'이다.[54] 강경한 독선과 오만을 저지름으로써 반대편의 강경한 극우보수 세력을 키워주고, 이런 구도하에서 다수 대중이 문재인 정권의 '독선과 오만' 행태를 곰팡이가 필 정도로 낡아빠진 극우보수 행태에 비해 사소한 것으로 보이게끔 만들어 다수 지지를 얻어내는 동시에 장기 집권을 꾀할 수 있다는 셈법이다. 이 셈법은 잘 작동하고 있지만, 문제는 그런 과정에서 나라가 망가지고 있다는 사실이다.

보수의 수준이 진보의 수준을 결정하고, 진보의 수준이 보수의 수준을 결정한다. 어느 한쪽이 저질로 나가면 다른 쪽도 저질이 되고, 고질로 나가면 다른 쪽도 고질이 된다는 것이다. 보수건 진보건 더 큰 책임은 집권 세력에 있다. 문재인 지지자들은 누가 더 저질인지에 대한 평가를 내려 최저질을 공격해야 한다고 주장하지만, 긴 안목에서 나라를 생각하는 사람들은 결코 그럴 수 없다.

이는 초등학생도 쉽게 이해할 수 있는 이치이건만, 문재인 정권에 대한 모든 이의 제기나 비판을 '개자당'에 유리하냐 유리하지 않느냐 하는 기준으로 판단하는 언어폭력이 광범위하게 저질러졌으며, 여전히 현재진행형이다. 이 세상엔 문재인 정권과 '개자당' 이외엔 아무도 없단 말인가? 아무도 없다는 게 문재인 정권 지지자들의 생각인 것 같다. 이들에게 '개자당'은 신인가? 신의 반열에 오른 악마인가? 세상에 이런 우상 숭배가 없다. 『구약성경』「출애굽기」가 제시한 어마어마한 교훈이 부질없는 건 아니었나 보다.

06

왜 부패는 권력의 숙명인가?

"권력은 부패하며, 절대 권력은 절대적으로 부패한다." (영국 정치인이자 역사가 액턴 경)

* * *

1887년 4월 5일 동료 역사가인 크레이그턴Creigton에게 보낸 편지에서 한 말이다. 이어 액턴 경Lord Acton, 1834~1902은 이렇게 말했다. "권위가 아니라 영향력을 행사할 때는 위인들은 거의 항상 악인들이었다. 하물며 당신은 권위에 의한 부패의 확실성의 경향도 지적하고 있으니……." 액튼은 또 다른 기회에 이렇게 말했다.

"사람을 타락시키고 비도덕화시키는 모든 원인 중에서 권력이야말로 가장 부단하고 가장 활동적인 것이다."[55]

이런 권력 부패론은 액턴이 처음 한 말은 아니다. 아마도 원조는 고대 그리스 철학자 디오게네스Diogenes, B.C.412~B.C.323가 아닌가 싶다. "권력은 그것을 소유한 모든 사람을 타락시킨다. 왜냐하면 처음에는 그것을 사용하고 싶고 그다음에는 그것을 남용하고 싶은 유혹이 너무 크기 때문이다."[56] 하지만 아포리즘의 힘으로 보자면 액턴의 말이 더 실감 나고, 그래서 수많은 지식인이 액턴의 권력 부패론에 대해 다양한 말을 했다.

미국 역사가 바버라 터크먼Barbara W. Tuchman, 1912~1989은 『독선과 아집의 역사』(1984)에서 우리는 액턴의 금언을 잘 알고 있지만 "그러나 권력이 독선을 낳고, 국민에게 명령하는 힘을 가지면 안하무인이 되고, 권력을 행사하는 폭과 깊이가 늘어남에 따라 권력에 따르는 책임은 점점 엷어진다는 사실을 자각하지 못하고 있다"고 말한다.[57]

독일 철학자 베른하르트 그림Bernhard A. Grimm은 『권력과 책임』(1996)에서 "권력은 타인에 대한 영향력을 고려하는 것보다 스스로를 유지하는 일에 더 무게를 둘 때 타락한다"며 이렇게 말한다.

"권력은 부패한다. 권력의 부패가 미치는 영향은 권력 유지가 중요할수록 더 확실하고 빨리 나타난다. 지식이나 권력이 타인에 미치는 영향에 대한 성찰보다 권력에 더욱 중요할 때 말이다."[58]

영국 저널리스트 마거릿 헤퍼넌Margaret Heffernan은 『의도적 눈감기』(2011)에서 "권력은 타락한다. 그러나 그 타락은 권력자 스스로도 알아차리지 못할 정도로 은밀하다"고 말한다. 권력자는 그 자리에 오르기까지 험난한 역경을 극복하는 데 필요한 힘을 실제로 자신들이 가졌거나 혹은 가졌다는 생각을 하기 때문에 보통 사람들에 비해 훨씬 낙천적이며, 바로 이런 사고방식의 차이 때문에 권력의 타락을 감지하기가 어렵다는 것이다.[59]

아일랜드 신경심리학자 이언 로버트슨Ian Robertson은 『승자의 뇌』(2012)에서 "권력이 부패하는 이유 가운데 하나는, 권력은 다량을 반복해서 복용하면 중독을 피할 수 없는 강력한 마약과 같기 때문이다"며 이렇게 말한다.

"권력의 중독성과 이것이 인간의 정신에 끼치는 왜곡 효과는 20세기에만도 수억 명의 목숨을 앗아갔다. 스탈린, 마오쩌둥, 김일성, 히틀러, 무가베, 폴 포트 그리고 그 밖의 수많은 독재자들, 권력에 중독되어 늘 도파민 결핍을 느꼈던 독재자들이 그 같은 짓을 저질렀다."[60]

물론 액턴의 금언에 대한 반론도 있다. 영국 작가 조지 버나드 쇼George Bernard Shaw, 1856~1950는 "권력은 인간을 타락시키지 않는다. 그러나 어리석은 자들은 권력을 갖게 되면 권력을 타락시킨다"고 했고, 미국 작가 존 스타인벡John Steinbeck, 1902~1968은 "권력은 부패하지 않는다. 두려움, 아마도 권력을 잃을지도 모른다는 두려움이 부패한다"고 했으며,[61] 미국 사회운동가 솔 알린스키Saul Alinsky, 1909~1972는 "권력의 부패는 권력 자체에 있지 않고 우리 자신에게 있다"고 했다.[62]

하지만 권력을 추구하는 사람들 중 어리석은 자가 다수이고 현명한 자가 극소수라면, 그리고 대부분의 권력자들이 권력을 잃을지도 모른다는 두려움에 떨고 있다면, 어찌 보아야 할까? 권력이 인간을 타락시킨다고 보아도 무방하지 않을까? 권력이 무섭다는 건 권력 행사의 결과를 두고서 하는 말만은 아니다. 인간을 타락시키는 힘, 그게 더 무서운 것이다.

'권력 부패론'에 대해 이런저런 반론이 나오는 건 권력이 필요악必要惡이기 때문일 게다. 미국 심리학자 로버트 무어Robert L. Moore, 1942~2016가 그걸 잘 설명했다. "권력에 대한 욕망을 제거하는 것이 급선무는 아니다. 정작 중요한 일은 그 욕망이 생명을 창조하고 세계를 건설하는 데 유용하게 쓰이도록 지켜보는 일이다."[63] 즉, 선하게 쓰이는 권력을 통해 할 수 있는 일이 너무 많기 때문에 결코 권력을 포기할 수는 없다는 논리다. 비록 그렇게 쓰일 확률이 낮을지라도, 그 꿈마저 포기할 수는 없다는 것이다.

그럼에도 우리는 자주 권력을 선하게 쓸 것으로 믿고 지지했던 권력자들마저 '권력의 주인'이라기보다는 '권력의 노예'가 되는 모습에 절망하기도 한다. 영국 작가 오스카 와일드Oscar Wilde, 1854~1900의 말마따나, "권력은 치사한 것이다". 실제로 권력을 접하거나 상대할 일이 있는 사람들이 한결같이 하는 말이 있다. 그건 바로 "권력이 치사하고 더럽다"는 것이다.

그럼에도, 아니 오히려 그렇기 때문에, 우리는 권력을 탐하는 것인지도 모른다. 권력을 갖고 나면, "내가 여기까지 어떻게 해서 왔는데"

라는 생각에 사로잡혀 스스로 부패와 타락의 길로 내달리는 건지도 모르겠다. 지금 이 순간에도 전국 방방곡곡에서 "너, 내가 누군지 알아?"라는 말이 외쳐지고 있을 게다. 잊지 말자. 부패는 권력의 숙명이라는 것을.

07

왜 한국인의 90퍼센트는 양반 출신인가?

"면허받은 흡혈귀인 양반 계급으로부터 끊임없이 보충되는 관료 계급, 그리고 인구의 나머지 4/5인, 문자 그대로의 '하층민'인 평민 계급이 그것이다. 후자의 존재 이유는 피를 빨아먹는 흡혈귀에게 피를 공급하는 것이다."[64] (영국 여행가 이사벨라 버드 비숍)

* * *

『한국과 그 이웃 나라들』(1898)에서 "개혁에도 불구하고 한국은 아직도 단지 두 계급, 약탈자와 피약탈자로 구성되어 있다"며 한 말이다. 1894년 1월에서 1897년 3월까지 조선을 4번이나 방문했던 이사벨라 버드 비숍Isabella Bird Bishop, 1831~1904의 관찰에 따르면, 탐관오리는 '면허증을 딴 흡혈귀'였다는 것인데, 이는 지나친 것일까? 그렇진 않다.

1896년 만 20세의 나이에 "왜놈에게 시해당한 국모 명성황후의 원수를 갚는다"는 뜻에서 일본인을 죽여 사형선고를 받은 김구1876~1949의 증언도 있다. 그는 1898년에 탈옥해 도망자의 처지로 삼남三南지방(경상, 전라, 충청)을 여행했는데, 상놈이 된 한이 골수에 사무친 김구조차 가장 놀랐던 것은 양반이 농민을 학대하는 것이었다. 그는 "양반의 낙원은 삼남이요, 상놈의 낙원은 서북이다. 그나마 내가 해서海西 상놈으로 난 것이 큰 행복이다. 만일 삼남 상놈이 되었다면 얼마나 불행하였을까?"라고 말했다.[65]

자, 그렇게 살았으니 일반 백성들이 권력에 한恨이 맺히지 않았겠는가. 그래서 생겨난 게 바로 가짜 양반이다. 역사학자 이덕일의 조사에 따르면, 대구 지역에서 1690년(숙종)에는 양반이 9.2퍼센트, 양민이 53.7퍼센트, 노비가 37.1퍼센트였다. 약 100년 뒤인 1783년(정조)에는 양반이 37.5퍼센트, 양민은 57.5퍼센트, 노비는 5.0퍼센트로 되었다. 그 70년 뒤인 1858년(철종)에는 양반이 70.3퍼센트, 양민이 28.2퍼센트, 노비는 1.5퍼센트로 줄었다. 조선 말기에는 양반이 80~90퍼센트가 되었다고 한다. 양반 족보를 돈으로 사거나 위조해서라도 양반 시늉을 내지 않으면 살 수가 없었기 때문이다.[66]

이미 1764년 한양 복판에 인쇄 시설을 갖추고 족보 장사를 하다 적발되는 사건이 터졌을 정도로 족보 위조는 18~19세기에 성행했는데, 본관 갈아타기, 한 세대를 중간에 끼워 넣기, 조선 초 자손 끊긴 이의 후손 되기 등 그 수법이 매우 다양했다. 이는 일종의 처절한 권력 투쟁이었으며, 그 나름의 순기능도 있었다. 양반 출신 아닌 사람을 찾기 어려워지면서 양반 체제 해체를 가속시켰으니 말이다.[67]

족보만 있다고 해서 곧장 양반이 되는 건 아니었다. 남들의 인정이 필요했다. 남들의 눈에 보이게 인정받을 수 있는 최상의 길은 바로 제사였다.[68] 오늘날에도 제사가 많고 제사를 거창하게 올리면서 그걸 남들에게 푸념하듯 교묘하게 과시하는 사람일수록 선대의 조상 중 누군가가 돈 주고 남의 족보를 샀거나 위조했을 가능성이 높다고 보아도 무방할 것이다.

권력에 맺힌 한恨은 일제강점기에 더욱 깊어졌다. 일제의 탄압과 착취로 나라를 빼앗긴 아픔을 혹독하게 겪어야 했기 때문이다. 권력에 맺힌 한은 정치에 대한 굶주림이기도 했다. 자기들의 운명을 스스로 결정할 수 없는 식민통치 체제하에서 오죽 정치가 하고 싶었겠는가. 해방 직후 밀어닥친 정치 홍수 사태는 바로 이런 배경에서 비롯된 것이다.

해방 정국에서 한국 점령군 사령관이었던 미 육군 중장 존 하지 John R. Hodge, 1893~1963는 한국인은 지구상의 어느 족속보다 정치적으로 예민한 종족이며 "한국 사람들만큼 정치를 좋아하는 사람들은 처음 보았다"고 말했다. 하지는 유엔군 최고사령관 더글러스 맥아더 Douglas MacArthur, 1880~1964에게 보낸 1945년 12월 16일자 보고서에선 "한인들은 이제까지 내가 본 사람들 가운데 가장 정치적인 심성을 가진 사람들이다. 움직임 하나, 말 한마디, 행동 하나도 정치적으로 풀이되고 정치적으로 평가된다"고 썼다.[69]

한 미국인 군정 관리는 "한국인들은 식사하려고 두세 명만 모이면 정당을 만들었다"고 꼬집었다. 두 사람이 모이면 정당 3개를 만든다는 말도 나왔다. 두 사람이 각각 하나의 정당을 만들고 두 사람이 합쳐 또 하나의 정당을 만드는 식으로 말이다.[70]

주한 미국 대사관 문정관問情官으로 일했던 그레고리 헨더슨Gregory Henderson, 1922~1988도 1951년 한국 곳곳을 여행한 뒤 "길에서 밤을 지새우는 거지조차도 정치 문제를 명쾌하고 열정적으로 논할 정도였다"라고 썼다. 헨더슨은 한국인의 '정치 과잉'을 한국인들이 중앙 권력의 향배에 따라 생명을 포함해 자신의 운명이 좌우되는 시대를 살아온 오랜 역사의 산물이라고 보았다. 그가 한국의 정치 문화를 중앙 권력에 모든 것이 휘말려 들어가는 이른바 '소용돌이의 정치'라고 표현한 것도 바로 그런 이유 때문이었다.[71]

"한국인들은 식사하려고 두세 명만 모이면 정당을 만들었다"거나 "길에서 밤을 지새우는 거지조차도 정치 문제를 명쾌하고 열정적으로 논할 정도였다"라는 말은 과장된 것일망정 우스갯소리만은 아닌, 당시의 현실이었다. 일제강점기는 한국인들의 정치에 대한 굶주림을 극한에 이르게 했던 것이다.

그러나 정작 비극은 정당의 수가 많은 게 아니었다. 오랜 세월 초

강력 중앙집권 체제하에서 억눌린 탓에, 그것도 한 세대 이상에 걸친 식민 체제하에서 신음해온 탓에, 한국인들에겐 자율과 타협의 기회는 커녕 훈련을 한 경험이 전무했다는 게 비극의 씨앗이었다. 파벌과 분열은 한국 정치의 일상적인 것이 되었으며, 그로 인한 환멸은 정치를 탐욕과 이권의 수단으로 전락시켰다. 그런 전통은 먼 훗날까지도 살아남아 한국 정치를 규정하는 최대 요인이 되었다.

권력에 대한 접근을 가리키는 그럴듯한 사자성어가 있는데, 그게 바로 '입신양명立身揚名'이다. 정치학자 김재영은 입신양명 의식은 그동안 우리 역사에서 어떻게든 높은 지위를 차지해야만 안심할 수 있다는 관료주의적 사고가 그 바탕을 이루고 있다고 지적하면서 "우리가 얼마나 이러한 지위에 집착하고 있는가는 그동안 조상신에 대한 신앙의 형식으로 신주에까지 관직명을 붙이고 비석을 세웠으며, 지금도 가보·명함·각종 모임 등에서 직함을 붙여 호칭을 사용하는 사례를 보면 알 수 있다"고 말한다.[72]

정운찬이 서울대학교 총장 시절 『월간중앙』(2005년 1월호) 인터뷰에서 밝힌 다음과 같은 솔직한 증언은 고위 관직 권력에 대한 한국인들의 열망이 거의 한恨의 수준에 이르렀다는 걸 말해준다.

"조선시대 고위 관료로 출세한 조상분들의 묘를 보고 뿌듯해했던 어린 시절의 기억이 있습니다.……어머님은 항상 저한테 '자네'라는 호칭을 쓰셨습니다. 이를테면 학창시절의 제게 '자네, 우리 집안에 정승이 3대째 끊긴 것을 아는가'라는 식의 말씀을 자주 하셨습니다."

서울대학교 교수 최재천과 경희대학교 교수 도정일의 이야기도 비슷하다. "저희 할아버지도 늘 저만 보면 '언제 강릉시장이 될래?'라고 하셨다니까요. 서울대학을 졸업하고 또 유학을 간다고 하니까 이해를 못하셨어요. 대학교수가 되고 싶다고 했더니, '대학교수 오래 할 것 없다. 사람은 모름지기 나라의 녹을 먹고살아야 하느니라'라고 하시더라고요. '강릉시장이 모자라면 강원도 도지사를 해라' 이러시더라고요.……나도 엇비슷한 이야기가 있어요. 영문과에 간다니까 외삼촌 왈, '그거 해서 뭐가 되는데?' 치과대학에 다니던 외사촌 형이 옆에 있다가 '영어 잘하면 미국 대사도 할 수 있죠'라고 했어요. 그랬더니 외삼촌이 또 말했어요. '그게 다냐?'"[73]

이런 입신양명 권력투쟁은 현재진형형이며, 이는 한국이 세계적인 '시험 공화국'으로 우뚝 서게 된 이유이기도 하다. 서강대학교 사회학과 교수 이철승은 『불평등의 시대』(2019)에서 "과거제로부터 출발한 입시제와 고시제는 '창조'의 선행 단계인 '비판'과 '지적 파괴'를 훈련시키지 않으며, 그에 대한 보상 체계도 존재하지 않는다"며 다음과 같이 말한다.

"위계 구조에서 '앎'이란 단순한 '지식'과는 다른 수준과 차원의 것이다. 여기서 '앎'이란 '권력 혹은 지배의 기예'를 습득하는 것이다.……앎이 추구하는 궁극적 목표는 '권력이 작동하는 방식을 이해'하고 '권력을 획득'하는 것이다. 앎에 대한 보상은 권력에의 접근을 통해 이루어지며, '아는 자'란 '권력에 어떻게 접근하여 그것을 어떻게 행사할지'를 깨우친 자다."[74]

'권력 혹은 지배의 기예'를 습득하는 데 가장 중요한 것은 학연 인맥의 형성이다. 높은 위계에 속하는 그 습득의 공간에서 서로 이용할 수 있는 인맥, 즉 서로 끌어주고 밀어주는 '부족'을 형성해야만 향후 전 분야에 걸쳐 전개될 다양한 유형의 권력투쟁에서 승자가 될 수 있다. 과거의 족보 위조처럼 가끔 학력 위조 사건이 터지면 사람들은 펄펄 뛰며 분개하지만, 진짜 문제는 학력 위조라기보다는 그게 족보 위조처럼 들통날 위험이 없이 비교적 쉽고 광범위하게 저질러질 수 없다는 데에 있는 건 아닐까? 한국의 학벌 권력이 워낙 막강해 '지적 파괴' 차원에서 해본 발칙한 생각이다.

08

왜 권력의 속성은 무한 팽창인가?

"권력은 권력을 확장하려는 경향이 있다. 권력을 수중에 넣은 사람은 자신의 권력을 강화하고 확대하며 권력 지위를 방어하기 위하여 끊임없이 새로운 요새를 쌓아올리고, 대중의 주권과 통제로부터 벗어나기 위하여 노력한다."(독일 출신의 이탈리아 사회학자 로베르트 미헬스)

* * *

『정당론』(1911)에서 한 말이다. 미국 정치학자이자 철학자 해나 아렌트Hannah Arendt, 1906~1975도 "권력은 본성상 팽창주의적이다"고 했고,[75] 독일 철학자 베른하르트 그림Bernhard A. Grimm도 "권력은 오직 더 많은 권력일 때 만족한다. 다시 말해서 권력의 소유가 아니라 권력

의 성장이 기쁨을 주고 쾌락의 원천이 된다"고 말한다.[76]

권력 무한 팽창론은 "인간의 무한한 욕망들 가운데 으뜸은 권력과 영광에 대한 욕망들이다"는 사실에서 비롯된다. 『권력』(1938)에서 이 말을 한 러셀은 많은 사상가와 이론가가 이 간단한 사실을 제대로 인식하지 못하고 있다고 개탄했다.

러셀은 "전통파 경제학자들뿐 아니라, 이런 점에서는 그들과 의견을 같이했던 마르크스도 역시 사회과학에서 기초적인 동기를 이루는 요소가 경제적인 이해관계라고 가정하는 잘못을 범했다. 권력과 영광으로부터 분리된 일상생활만을 위한 욕구들은 유한하고, 적당한 수준의 능력만 갖추면 그런 것은 충분히 만족시킬 수가 있다. 정말로 비싼 욕망은 물질적인 안락함에 대한 욕구에 의해서 유발되지는 않는다"며 다음과 같이 말했다.

"어느 정도의 안락한 생활이 확보된 다음에는 개인이나 사회집단은 다 같이 부유함보다는 권력을 추구하는데, 그들은 권력을 위한 수단으로서 부를 추구할 수도 있고, 권력의 증가를 확보하기 위해 부를 증가시키려고 하기도 하지만, 후자나 마찬가지로 전자의 경우에도 그 기본적인 동기는 경제적인 것이 아니다.……고대든 현대든 간에 역사를 올바르게 해석하려면 사회 활동에 있어서 중요한 사건들을 유발시키는 원인이 권력에 대한 애착이라는 사실을 깨달아야만 한다."[77]

어떤 애착이건 애착이 적정 수준을 유지하는 걸 본 적이 있는가? 그런 법은 없다. 프랑스 사회심리학자 구스타브 르봉Gustave Le Bon,

1841~1931은 『군중』(1895)에서 "지도자는 처음에 대체로 일개 추종자에 불과하다. 그러다가 그는 스스로 사도使徒가 되려는 마음을 품는다"고 했는데,[78] 더 높은 곳을 향한 인간의 애착엔 끝이 없는 법이다. 권력이 없는 사람들은 권력자의 행태에 대해 "왜 저러지?"라면서 도저히 이해하지 못할 때가 있는데, 이런 경우 권력의 무한 팽창 속성이 농간을 부린 탓일 가능성이 높다.

한국의 국회의원 중 대통령 꿈 안 꾸는 사람은 없다는 말이 있다. 여의도에는 "4선選쯤 되면 점차 역사와 대화하게 된다"는 말도 있다. 언론인 송영승은 "국회의원이 그럴진대 대통령이 역사를 생각하는 것은 당연하다"며 "역사와 대화하는 것은 언제나 유용하다. 하지만 그 대화의 결과가 조바심이나 독선으로 나타난다면 그런 따위의 대화는 위험하다"고 했다.[79]

물론 "성공한 사람 모두가 출세주의자인 것은 아니다"는 말이 있기는 하다. 프랑스 격언이라는데, 로베르트 미헬스Robert Michels, 1876~1936는 『정당론』(1911)에서 이 말을 인용하면서 "사실 지도자가 되려는 분명한 의식적, 무의식적 의지를 가지고 입당하는 사람은 그리 많지 않다"고 했다. 하지만 중요한 것은, 우여곡절 끝에 "일단 지도자로 올라선 사람은 결코 정치적 지위가 낮았던 과거로 되돌아갈 수가 없다"는 점이다.[80]

이는 내키지 않았지만, '운명'에 의해 정치 지도자의 길로 들어서게 되었다는 문재인에게도 어느 정도 들어맞는 말이다.[81] '운명'에 의해 대통령이 되었기 때문에 오히려 '역사와의 대화'에 더욱 강한 욕망을 가질 가능성이 높다. 운명이란 무엇인가? 사명이다. 강한 사명을 가졌다고 생각하는 사람들이 사명을 이루기 위해 권력에 깊이 빠져들 가능성이 높다는 이야기다.

역사와의 대화를 쉬운 말로 바꿔 쓰면, 역사의 기록에서 원조元祖가 되고 싶은 욕망이다. 2등은 아무도 기억하지 않는다고 하니, 1등, 즉 창시자가 되어야 하지 않겠는가. 어떤 일에서건 '최초' 또는 '원조'가 되는 건 매우 중요한 의미를 갖는다. 정치 지도자에겐 그것이 바로 자신의 존재 근거라고 해도 과언이 아니다.

60년간 백악관을 출입하면서 대통령 10명을 취재했던 기자 헬렌 토머스Helen Thomas, 1920~2013는 "대통령들은 모두가 하나같이 역사책에 기록되길 원해서인지 그들이 행정부에서 한 일이 '최초'의 것이 되기를 추구했다"며 이렇게 말한다.

"예를 들어 최초의 중요한 법 제정, 최초의 인간 달 착륙, 최초의 예산 균형, 외부 세력과의 최초의 관계 구축 등이 바로 그것이며, 역대 대통령들은 훌륭하게 또는 비열하게 그 일을 추진했다."[82]

슬그머니 웃음이 나온다. 겨우 그 정도로 '최초'를 추구했다니 말이다. 미국 대통령들에 비해 한국 대통령들의 야심이 훨씬 크다는 건 두말할 나위가 없다. 자신이 새 시대를 여는 원조로 기록되고 싶어 하는 대통령들의 야망 경쟁은 한국 정치의 익숙한 모습이다. '문민정부', '국민의 정부', '참여정부'라는 딱지가 그런 야망을 웅변해준다.

이명박 정부는 출범 시 그 어떤 딱지도 내세우지 않기로 했다. 그래서 잘하는 일이라고 박수를 치는 사람들이 있었다. '문민정부', '국민의 정부', '참여정부'라는 딱지는 나름의 근거들이 있긴 했지만, 그건 국민이 알아서 평가할 몫이지 정부 스스로 내세우고 뻐길 일은 아니잖은가. 실제로 세 정부가 공통적으로 보인 독선과 오만엔 그런 '원조 콤플렉스'가 적잖이 작용했다고 보는 게 옳으리라. 그런데 곧 이명박 정부가 박수를 받을 일은 아니라는 게 드러났다. 이명박 정부는 건국 60주년인 2008년을 '선진화 원년'으로 선포하는 것으로 치고 나갔다. '선진화 원년'이라니, 그 이전엔 선진화 시도가 없었던 말인가?

2020년 8월 미국 정치학자 마이클 그린Michael J. Green은 "한국의 정치 지도자들은 마치 자신이 과거의 실패와 상관이 없는, 새로운 구원자인 양 행동하는 경향이 있다. 현직 대통령이 전임 대통령들의 성공 사례에서 배우는 전통이 한국에는 없다. 안타깝다"고 했다.[83] 그게 바로 대통령들이 앞다퉈 자신이 원조가 되겠다는 '원조 경쟁' 때문에 빚어지는 일이다. 문재인은 대통령 취임사에서 "지금 제 가슴은 한 번도 경험하지 못한 나라를 만들겠다는 열정으로 뜨겁습니다"라고 했는데, '한 번도 경험하지 못한 나라'는 이전의 어떤 정권이 내세운 것보다 야심찬 슬로건이었다.

대통령들의 '원조 경쟁'은 국정 운영의 '의제 설정'을 크게 왜곡한다. 역사에 길이 남을 업적 중심으로 의제를 설정하다 보면 민생은 비교적 외면하기 마련이다. 생각해보라. 예컨대, 부동산 가격 잡는 게 무은 역사에 길이 남을 업적이겠는가. 부동산 가격 폭등에 분노한 사람들이 "이게 바로 '한 번도 경험하지 못한 나라'냐?"고 항변하는 것에 대해 무어라고 답할 것인가? 권력의 무한 팽창 속성이 절대 법칙은 아닐 것이기에, 권력으로선 자제하고 또 자제하는 수밖에 없겠다.

09

왜 오늘의 혁명 세력은 내일의 반동 세력이 되는가?

"선출된 자가 선출한 자들을 지배하고, 수임자가 위임자를 지배하며, 대의원이 대의원을 선출한 사람들을 지배하도록 하게 만드는 것은 조직 그 자체이다." (독일 출신의 이탈리아 사회학자 로베르트 미헬스)

* * *

『정당론』(1911)에서 한 말이다. 이어 그는 이렇게 말했다. "어느 곳에서나 선출된 지도자는 선출한 대중을 지배한다. 조직의 과두적 구조는 조직의 민주적 토대에 의하여 숨겨진다. 후자는 당위이고, 전자는 현실이다. 이러한 본질적 차이는 대중에게 철저하게 은폐된다."[84]

이는 자신의 실제 경험을 통해 내린 결론이었다. 로베르트 미헬스

Robert Michels, 1876~1936는 처음엔 독일 사회민주당에 가입했지만, 나중에는 그곳이 목적을 달성하는 과정에서 너무 관료적으로 변질되었음을 깨달았다. 그는 "우리 노동자들의 조직은 그것 자체가 목적이 되어버렸다"며 "조직의 임무를 실행하는 데 완벽한 게 아니라 그 조직을 지키는 데 완벽한 정당이 된 것이다"고 했다.[85]

미헬스는 그다음에 생디칼리즘syndicalism 쪽으로 기울었다. 당시 생디칼리스트들은 의회정치를 거부하고 황제의 독재에 저항하는 한편, 대규모의 노동자 단결과 총파업을 주요 수단으로 여기는 사람들이었다. 독일 좌파 중 가장 철저한 당파인 그 조직에서도 사회민주당과 똑같은 관료주의의 병폐를 목격하고 낙담한 미헬스는 좌파 정당에 대해 이런 의문을 제기했다.

"왜 이념적으로 민주주의와 참여를 중요시하는 좌파 정당이 실제로는 우파 정당처럼 과두 정치를 하고 남을 의식하면서 엘리트 흉내를 내는가?"[86]

그런 의문 끝에 미헬스는 "조직이라는 것은 과두제(소수 독재)로의 경향을 내포하고 있으며 정당이나 노동조합, 또는 다른 어떠한 종류의 단체를 막론하고 모든 조직은 소수에 의해 지배되는 경향이 뚜렷이 나타난다"는 이른바 '과두제의 철칙'을 제창했다. 그는 "'과두제의 철칙'은 선출된 사람들이 유권자 위에 군림하고, 수임인이 위임자 위에 군림하고, 대리인이 임명자 위에 군림하는 조직을 낳는다는 법칙이다"며 "따라서 조직이라는 말은 소수 독재라는 말과 동의어가 된

다"고 했다.[87]

미헬스는 "엘리트 지배는 대중의 무관심에 의해 조장된다. 대부분의 사람들은 지도자들이 대신 결정을 내려주는 걸 선호한다"며 이렇게 말했다.

"대중의 무관심과 지도를 받고자 하는 대중의 필요의 반대편에 지도자들의 권력에 대한 본능적인 탐욕이 있다. 그래서 민주적 과두제寡頭制의 전개는 인간 본성의 일반적 특성에 의해 가속화된다."[88]

또 미헬스는 "대중은 개인숭배에 대한 강력한 충동을 갖는다"며 이렇게 말한다.

"대중의 원초적 이상주의는, 혹독한 일상의 삶이 그들을 고통스럽게 하면 할수록 더욱 맹목적으로 매달릴 세속의 신을 요구하기 때문이다. 버나드 쇼가 귀족정은 우상의 집합인 반면 민주정은 우상 숭배자의 집합이라고, 그 특유의 역설로 꼬집은 데는 진리의 일단이 들어 있다."[89]

그래서 어떤 일이 벌어지는가? 미헬스는 "오늘의 혁명 세력은 내일의 반동 세력이 된다"고 했다.[90] 권력 집단은 겉으로 내건 목적이 아무리 급진적이라도 종국엔 보수적 속성을 갖게 된다는 것이다. 미국 역사가 바바라 터크먼Barbara W. Tuchman, 1912~1989은 이 말을 문학적으로 표현했다. "모든 성공한 혁명은 조만간 자신이 몰아냈던 폭군의 옷을 입는다."[91]

미헬스의 주장은 당시 좌파 진영에 큰 반향을 불러일으켰는데, 강대한 조직을 만들고자 했던 좌파 지도자들에게 찬물을 끼얹는 것이었기 때문이다. 미헬스는 "민주주의는 소규모로 동질적인 사람들의 집단이어야 비로소 정상적으로 기능할 수 있다"고 했다.[92] 민주주의에 대한 기대의 끈을 놓고 싶진 않았던지, 그는 "과두적 현상이 역사적으로 필연이라고 해서, 민주주의자들이 그에 대하여 투쟁할 필요가 없다는 것은 결코 아니다"며 이런 문학적 표현으로 결론을 맺는다. "역사 속의 민주주의의 흐름은 몰려오는 파도와 같다. 파도는 항상 바위에 부딪쳐 깨진다. 그러나 파도는 영원히 다시금 몰려온다."[93]

파도는 영원히 다시금 몰려오긴 하지만, 이후 전개된 10여 년간 세월의 풍파는 미헬스에게 그 어떤 강한 피로감을 안겨주었는지도 모르겠다. 미헬스는 1924년 베니토 무솔리니Benito Mussolini, 1883~1945를 노동계급의 진정한 염원을 담아낼 그릇으로 보고, 무솔리니가 이끌던 파시스트 정당에 참여했다.

오늘날의 관점에선 미헬스가 엄청난 변절을 한 것처럼 보이겠지만, 1920년대만 해도 무솔리니는 '새로운 사회주의의 영웅'으로 이탈리아는 물론 세계적으로 인기를 누리고 있었다. 훗날 이탈리아 공산주의 운동의 이론가이자 활동가로 주목받는 안토니오 그람시Antonio Gramsci, 1891~1937까지도 자신을 '무솔리니주의자'로 칭할 정도였다.[94]

1930년대에도 파시즘은 공산화를 막아줄 수 있는 유일한 '구원의 사상'으로 여겨지기도 했다. 인도의 마하트마 간디Mahatma Gandhi,

1869~1948는 무솔리니를 '이탈리아의 구세주'로 보았고, 영국의 윈스턴 처칠Winston Churchill, 1874~1965은 그에게서 '아주 유쾌하고 우호적인 인상'을 받았다고 했다. 미국 대통령 프랭클린 루스벨트Franklin Roosevelt, 1882~1945도 1930년대 중반까지 무솔리니에게 '호감과 신뢰'를 표현했다.[95]

물론 무솔리니의 파시즘은 그런 모든 기대를 배반하지만, 미헬스가 내세운 '과두제의 철칙'은 그의 '변절' 또는 '좌절'과 무관하게 오늘날까지도 관료제의 위험을 경고하는 이론으로 살아남았다. 반면 1906년에서 1915년까지 미헬스와 편지 132통을 주고받았을 정도로,[96] 서로 영향을 주고받은 학문적 동료였던 막스 베버Max Weber, 1864~1920는 미헬스와 달리 관료제의 명암明暗을 동시에 보고자 했다.

그러나 베버가 관료제의 긍정적인 측면에 주목하면서 기대를 걸었던 '카리스마적 지도자'의 한계와 더불어 오늘날 분명하게 드러나고 있는 정당의 한계를 보고 있노라면, 미헬스의 비관론이 더 현실적인 게 아닌가 하는 생각을 지우기 어렵다. 물론 오늘의 혁명 세력이 내일의 반동 세력이 되는 이유는 관료제 이외에도 많이 있겠지만 말이다.

'과두제의 철칙'은 비단 정당 조직에만 국한되는 건 아니다. 사회학자 마틴 마거Martin N. Marger의 해설에 따르자면, "엘리트는 권력을 잡으면 그들이 이끄는 조직의 표면상 목적을 위해 일하기보다는 자신들의 지위를 유지하는 데에 전력하게 된다. 어떤 의미에선 조직이 목적 그 자체가 되며, 조직의 영속화가 지상 목표가 된다. 사회학자들은 이런 조직 현상을 '목표전치目標轉置, goal displacement'라고 부른다."[97]

지금 우리가 목격하고 있는 것은 바로 그런 '목표전치' 현상이다. '목표전치'가 발생하면 정치집단들이 겉으로 내세운 명분은 아무런 의미를 갖지 못하고 양쪽 모두 비슷한 '인간 본성'만을 드러내게 된다. 이와 관련, 미국 정치학자 배링턴 무어Barrington Moore, Jr., 1913~2005는 "엘리트들이 매우 비슷한 목표와 이해관계를 갖고 있을 때 엘리트들 내부의 경쟁은 서민들에게 아무런 의미가 없다. 오늘날의 미국이 바로 그런 경우다"고 했다.[98] 물론 한국도 그런 경우다. 서민들에겐 별 의미가 없는 그들끼리만의 '혈투血鬪', 이게 바로 한국 정치권력의 현실이 아니라고 말할 수 있겠는가.

10

왜 '책임 윤리' 없는 '신념 윤리'만 판치는가?

"세계가 어리석고 야비한 것이지, 내가 그런 것이 아니다. 결과에 대한 책임은 나에게 있는 것이 아니라 내가 봉사하는 다른 사람들에게 있다. 그래서 나는 그들의 어리석음이나 야비함을 뿌리 뽑을 것이다."[99] (독일 사회학자 막스 베버가 지적한 '신념 윤리' 정치인들의 자세)

* * *

1919년에 행한 '직업(소명)으로서의 정치'라는 강연에서 한 말이다. 그는 이 강연에서 정치인의 윤리를 '신념 윤리'와 '책임 윤리'로 나누었다. 신념 윤리는 행위의 동기와 의도를 중시하는 윤리인 반면, 책임 윤리는 행위의 결과와 그에 대한 책임을 중시하는 윤리다.[100] 종교적으로 말하자면, "기독교도는 올바르게 행할 뿐이며, 그 결과는 하나님에게 맡긴다"는 식으로 행동하는 게 '신념 윤리'이지만, 정치는 종교가 아니며 따라서 자기 행위의 예측할 수 있는 결과에 대해 책임을 져야 한다는 게 '책임 윤리'다.[101]

이 두 태도 사이에 존재하는 한없이 깊은 대립에 주목한 막스 베버 Max Weber, 1864~1920는 신념 윤리를 신봉하는 확고한 생디칼리스트에게 "당신의 행동의 결과는 반동反動의 가능성을 증대시킬 것이며, 당신의 계급에 대한 탄압을 강화시켜서 당신의 계급이 상승하는 것을 저해할 것"이라고 말해주어도, 이 말은 그들에게 아무런 감명도 주지 못할 것이라며, 다음과 같이 말했다.

"순수한 신념에서 나오는 행위의 결과가 나쁠 경우, 생디칼리스트는 그렇게 된 책임을 행위자에게 돌리는 것이 아니라 세계, 다른 사람들의 어리석음 또는 그 사람들을 그렇게 창조한 신神의 의지에 돌립니다. 이에 반해 책임 윤리를 따르는 사람은 인간의 바로 저 평균적인 결점을 고려하며, 또한 자기 행위의 결과를 예측할 수 있었던 한에서는 그 결과를 다른 사람들에게 떠넘길 수 없다고 생각합니다. 그는 '이런 결과가 된 것은 나의 행위의 탓'이라고 말할 것입니다."[102]

베버는 1917년에서 1919년에 이르는 동안 독일이 신념 윤리의 폭발의 위험에 처해 있다고 보았으며, 이를 크게 우려했다. 그래서 그는 신념 윤리 정치인들은 "십중팔구의 경우는 자기가 지니는 책임을 진정으로 느끼지 못하고 오히려 낭만적인 감동에 취한 허풍쟁이들"

이라고 비판했다.[103] 사회학자 볼프강 슐루히터Wolfgang Schluchter는 「가치 자유와 책임 윤리: 막스 베버에게 있어서의 학문과 정치의 관계에 대하여」(1971)라는 논문에서 다음과 같은 해석을 덧붙인다.

"책임 윤리를 지닌 사람은 정치 행위의 제한 조건에 따르지만, 신념 윤리를 지닌 사람은 따르지 않는다. 왜냐하면 신념 윤리의 준칙은 실로 당위는 능력과는 상관없이 행해져야 한다는 것으로 특징지어지기 때문이다. 그러나 그럼으로써 신념 윤리를 지닌 사람은 근대과학이 함께 운반해온 문화 전통의 밖에 서 있게 된다."[104]

또 슐루히터는 "신념 윤리는 특히 강제력을 수단으로 하는 정치에서는 선善에서 악惡이 생겨날 수 있으며 또 그 반대도 있을 수 있다는 것을 알아차리지 못한다. 신념 윤리는 특수한 의미에서 현실에 대해 눈이 멀었다"며 이렇게 말했다.

"정치를 지향하는 신념 윤리적 행동이 어떤 근거를 갖고 있든 간에 또 그 내용이 무엇이든 간에, 그 행동은 현대의 조건에는 적합하지 않다. 그 행동은 지성의 희생을 강요하거나 '경험'의 희생을 강요하며 또 그렇지 않으면 그 둘 모두를 동시에 강요한다. 정치를 지향하는 신념 윤리적 행동은 분극화分極化한다. 즉 그 행동은 정치적 추종자를 사도使徒로 만들며 정치적 반대자를 적敵으로 만든다."[105]

사회학자 김덕영은 앞서 거론한 미헬스를 '신념 윤리가', 베버를 '책임 윤리가'로 보면서 두 사람을 대비시킨다. 그는 "왜 전형적인 시민계층의 세계관과 가치관의 소유자인 베버는 그 대척점에 서 있는 사회주의자, 그것도 급진적인 생디칼리스트이자 아나키스트인 미헬스와 그토록 친밀하고 강도 높은 관계를 유지했을까?"라는 질문을 던지면서 이런 답을 제시한다.

"베버는 미헬스에서 자기 자신에게는 결여된 타자他者를 발견했기 때문이다. 신념 윤리적 타자 말이다."[106]

그렇듯 베버는 철저하게 책임 윤리를 고수했으면서도 강렬한 에너지를 뿜어낼 수 있는 신념 윤리의 의미나 가치를 모르진 않았다. 카리스마적 리더십에 애착을 가졌던 베버가 정치인이 책임 윤리만을 내세울 수도 없는 게 현실임을 몰랐을 리 없다. 슐루히터가 잘 지적했듯이 "왜냐하면 오늘날에는 그 어떤 정치가도 책임 윤리적 신념이 제아무리 선명하다 하더라도 '선동' 없이는 성공할 수 없기 때문이다. 현대정치가 지적 훈련과 감정의 억제를 요구하고 있다 하더라도, 정치는 여전히 '당파성, 투쟁, 정열'이다."[107]

베버의 주장은 오늘날에도 널리 사용되고 있지만, 베버가 처해 있던 시대적 상황은 감안할 필요가 있겠다. 100년 전에 했던 말을 오늘의 정치 상황에 그대로 대입해 "정치적 책임을 지기 위해선 기만이나 무력 같은 수단을 사용하는 것도 필요하다"는 식으로 주장하는 건 곤란하지 않겠느냐는 것이다. 예컨대, 베버가 "급진적 좌파 구성원들을 정신병원이나 동물원, 혹은 총살 집행대에 보내야 한다"고 주장했다고 해서,[108] 이걸 곧장 책임 윤리와 연결하는 건 지나치다는 이야기다. 지난 100년간 이루어진 세상의 진보를 감안하는 '민주주의적 방법론'을 전제로 하면서, 오늘날에도 '책임'보다는 '신념'에 큰 의미를 두는 정치인이 많다는 점에 주목하는 게 올바른 '베버 읽기'일 게다.

사실 감정과 정열에 사로잡힌 사람들은 책임 윤리를 높이 평가하지 않거나 아예 관심조차 없는 경우가 많다. 영국 수상 클레멘트 애틀리Clement Attlee, 1883~1967는 "정치가는 그가 성취한 것에 의해서뿐 아니라 그가 무엇을 성취하려고 했던가에 의해서도 판단되어야 한다. 우리는 그가 일할 때의 상황 조건, 즉 상황이 그에게 허락하는 가능성의 정도도 고려하여야 한다"고 말한 바 있다.[109] 이는 1947년 12월 13일 전前 수상 스탠리 볼드윈Stanley Baldwin, 1867~1947의 서거 시에 나온 말인지라 특수 상황에서 한 덕담으로 이해하는 게 옳겠지만, 일반적인 상황에서도 정치인의 '의도'를 중시하면서 신념 윤리에 과도한 의미를 부여하는 사람이 의외로 많다.

미국 제35대 대통령 존 F. 케네디John F. Kennedy, 1917~1963가 대통령에 취임한 지 얼마 되지 않은 1961년 4월 17일 감행한 쿠바 피그스만 침공 사건이 좋은 예다. 이는 대실패로 돌아간 어리석은 짓이었지만, 케네디가 다음 날 텔레비전 방송에 출연해 자신의 실수를 인정하자 케네디의 지지율이 수일 만에 72퍼센트에서 83퍼센트로 뛰는 이상한 일이 벌어졌다. 케네디를 포함해 모든 사람이 이 결과에 깜짝 놀랐다. 이걸 어떻게 설명할 것인가? 여론조사 전문가인 조지 갤럽George H. Gallup, 1901~1984은 이런 설명을 내놓았다.

"사람들은 목표가 무엇이며 무엇을 하려고 애썼는가에 의해 어떤 사람을 평가하려는 경향이 있다. 꼭 그 사람이 무엇을 성취하고 어떻게 성공했는가에 의해 평가하는 건 아니다."[110]

정치인이나 지도자의 '신념 윤리'와 '책임 윤리'에 대해 균형 잡힌 평가만 내려주어도 좋겠지만, 이 또한 기대하기 어려울 때가 많다. 슐루히터의 말처럼, 정치는 여전히 '당파성, 투쟁, 정열'이기 때문이다. 문재인 정권은 압도적으로 '신념 윤리'에 충실한 정권이며, 경로를 수정할 뜻은 없는 것으로 보인다. 어쩌겠는가. 신념인 것을.

미국의 뇌과학자 조나스 캐플런Jonas Kaplan은 "정치적 신념은 비정치적 신념보다 훨씬 바뀌기 어렵다"고 했고, 서울대학교 심리학과 교수 김명언은 "신념이 공격받았을 때 인간은 전 재산을 잃은 것보다 더 큰 고통을 느낀다"고 했다.[111] 그래서 '책임 윤리' 없는 '신념 윤리'만 판치는 일이 벌어지는 것인지도 모르겠다.

11

왜 정치인의 허영심은 죄악인가?

"정치가는 매일 매순간 매우 경박하고 너무나도 인간적인 하나의 적敵을 마음속에서 극복하지 않으면 안 되는데, 그것은 바로 아주 세속적인 허영심이다." (독일 사회학자 막스 베버)

* * *

1919년에 행한 '직업(소명)으로서의 정치'라는 강연에서 한 말이다. 그는 이 강연에서 정치인의 주요 덕목으로 공평무사公平無私를 꼽았으며, 이를 위해선 사물과 인간에 대해 '거리 두기'를 할 수 있어야 한다고 주장했다. 그는 정치가에게 결정적인 3대 자질로 정열, 책임감, 목측 능력目測能力을 들었는데, 이 가운데 '목측 능력'이 바로 '거리 두기'와 관련된 것이다. 막스 베버Max Weber, 1864~1920는 '거리 두기'가 무너지면 '허영심'의 수렁에 빠지게 된다며, 다음과 같이 말했다.

"목측 능력이란 내적인 집중력과 평정함을 갖고서 현실로 하여금 자기 자신에게 영향을 미치도록 하는 능력, 요컨대 사물과 인간에 대해 '거리를 두는 것'입니다. '거리 상실'은 그 자체만으로도 모든 정치가에게는 큰 죄 중의 하나입니다.……문제는 바로 어떻게 하면 뜨거운 정열과 냉철한 목측 능력이 동일한 정신 속에 함께 자리 잡도록 할 수 있는가라는 것입니다."

이렇게 말한 후에 허영심을 경계하라는 이 말을 한 것인데, 그는 허영심을 "자기를 될 수 있는 대로 뚜렷하게 돋보이게 하고자 하는 욕망"으로 정의하면서 "이것이 정치가를 가장 강하게 유혹해서 두 큰 죄(객관성의 결여와 무책임) 중의 어느 하나를 아니면 그 둘 모두를 범하게 합니다"라고 말했다. "그는 항상 배우가 될 위험 속에 있을 뿐만 아니라, 자기 행동의 결과에 대한 책임을 가볍게 생각하면서 자기가 주는 인상印象만을 중시 여길 위험 속에 있다"는 것이다.[112]

옳은 말이긴 한데, 너무 근엄하다는 생각이 든다. 현실주의적 관점에서 보자면, 허영심은 정치의 동력이 아닐까? 나폴레옹 보나파르트Napoleon Bonaparte, 1769~1821는 "허영이 혁명을 일으켰고, 자유는 오직 그 구실에 지나지 않았다"고 했다. 그대로 다 믿을 말은 아니지만, 그런 점도 있었다는 걸 부인하긴 어려울 것이다. 프랑스 작가 앙투안 드 리바롤Antoine de Rivarol, 1753~1801은 상처받은 자기애와 질투가 프랑스혁명의 증오에 영향을 미쳤다며 다음과 같이 말했다.

"국민을 가장 분노하게 만든 것은 세금도 아니었고, 왕의 명령서도 아니었고, 다른 권력의 남용도 아니었다. 또 관리들의 죄도 아니었고 정의의 구현이 오랫동안 지체되어서도 아니었다. 국민이 가장 혐오했던 것은 귀족의 편견이었다. 이를 확실히 증명하고 있는 것은 도시의 가난한 주민들과 농촌의 농민들이 들고 일어나도록 자극한 사람들이 바로 학식 있고 돈 있는 사람들, 말하자면 귀족을 시샘하던 부르주아들이라는 사실이다."[113]

혁명이 그럴진대, 평상시의 정치는 더 말할 것도 없을 게다. 허영심을 명예욕과 구분할 수 있느냐도 문제다. 위대한 정치인으로 평가받는 영국 정치가 윈스턴 처칠Winston Churchill, 1874~1965에게 명예욕이 없었다면 많은 이에게서 칭송받는 업적을 이룰 수 있었을까? 처칠은 이미 30대부터 지독하다고 해도 좋을 정도로 명예욕이 강한 사람이었다. 웨일스 출신의 영국 총리 데이비드 로이드 조지David Lloyd George, 1863~1945는 1912년 "의회에서의 박수갈채는 처칠의 콧구멍으로 들어가는 공기와 마찬가지이다. 그는 마치 배우 같다. 그는 관객의 주목과 칭찬을 좋아한다"고 말했다.

미국 정치학자 월러 뉴웰Waller R. Newell은 "나치의 위험 앞에 놓인 영국인의 정신을 몸소 구현하려던 처칠의 멈출 줄 모르는 추진력을 설명할 수 있는 것은 정치적 행위를 통해 명예를 추구하려는 엄청난 갈망밖에 없다"며 이렇게 말했다.

"드골과 링컨이 그랬듯이 처칠도 언제나 스스로를 기성사회의 이방인으로 느꼈다. 그의 부실한 학벌과 열렬한 명예욕은 주변 사람들에게 욕심 많고 이기적인 사람이라는 인상을 줄 수 있었다. 그는 다음과 같이 말하곤 했다. '어차피 세상은 밀어붙여야 한다. 밀어붙이지 못하면 밀린다.' 이처럼 적극적인 자세는 그의 어머니가 미국 출신이었다는 점과 관계 있을지 모른다."[114]

명예욕과 허영심의 거리는 그리 멀지 않다. 게다가 정치인이라는 직업 자체가 허영과 불가분의 관계라는 것도 감안할 필요가 있겠다. 영국 언론인 줄리언 크리츨리Julian Critchley, 1930~2000가 지적했듯이, "허영은 배우, 목사, 정치가가 거의 똑같이 지닌 자질이다. 자기 목소리를 듣는 건 기분 좋은 일이다".[115] 미국 작가 토머스 울프Thomas Wolfe, 1900~1938는 "허영심에 대한 가장 확실한 치료법은 외로움이다"고 했는데, 정치인은 직업의 속성상 외로움을 느낄 시간조차 없는 사람들이 아닌가.

그렇다면, 허영심을 정치인의 죄악으로 본 베버의 견해가 잘못되었다는 것인가? 그게 아니다. 공익 추구를 위해 어느 정도 불가피한 허영심과 공익 추구에 해가 되는 나쁜 허영심을 구분해서 보자는 것이다. 한국에서 정치인의 나쁜 허영심은 자주 '도덕적 우월감'으로 나타난다. 정치평론가 이철희는 『이철희의 정치 썰전』(2015)에서 "진보가 보여주는 꼴불견 중에 하나가 도덕적 우월 의식이다"며 다음과 같이 말한다.

"도덕적 우월 의식은 윤리적으로 볼 때 진보는 선the good이고, 보수는 악the bad이라는 생각이다. 이는 진영 논리, 이분법의 표현이자 무능의 발로다. 무능한 사람일수록 편을 따지고, 실력이 없을수록 진영에 매달리기 마련이다. 선한 편과 나쁜 편으로 나누어서 생각하면 선하다는 이유만으로도 얼마든지 버틸 수 있다. 굳이 실력을 키우려고 노력하지 않아도 된다. 상대를 열심히 비판하고, 부정하면 그것으로 족하다."[116]

그렇다. 바로 이것이다. 자기 성찰은 필요 없다. 책임 의식도 필요 없다. 상대를 열심히 두들기면 된다. 이런 일에 허영심이 작동하면 정치인들은 연기를 하는 배우가 된다. 누가 더 과장된 연기를 잘하느냐 하는 경쟁이 벌어진다. 이에 대해 이철희는 이렇게 개탄했다.

"배우들이 허영심에 빠져 책임 없이 독자적인 주장을 앞세우고, 자해自害의 이미지 정치에 빠진 모습, 이런 권력 정치가 새정치민주연합에 득세하고 있다. 이들이 득세하도록 만든 것은 열린우리당 시절 그들이 주도한 정당 개혁이다. 이런 슬픈 코미디가 또 있으랴 싶다."[117]

물론 오늘의 더불어민주당은 바로 이 전통을 그대로 이어받아 허영심 경쟁을 벌이고 있다. 그러면 안 된다고 쓴소리를 하는 극소수 의원들에겐 몰매를 주면서 말이다.

12

왜 '정치 팬덤'은 순수할 수 없는가?

"(권력감정은) 사람들에게 영향력을 갖고 있다는 의식, 사람들을 지배하는 권력에 참여하고 있다는 의식, 역사적으로 중요한 사건의 신경의 줄 하나를 손에 쥐고 있다는 감정이다." (독일 사회학자 막스 베버)

* * *

1919년에 행한 '직업(소명)으로서의 정치'라는 강연에서 한 말이다. 그는 형식상으로는 보잘것없는 지위에 있는 경우에도 일상생활을 초극超克하게 할 수 있는 힘이 바로 권력감정에서 나온다고 했다.[118] 이 주장을 원용하자면, 권력감정은 "모든 종류의 권력에 대한 직·간접적인 향유·참여를 통해 느끼는 자기 우월감"으로 간단히 정의할 수 있겠다.

이런 권력감정의 메커니즘은 국제 관계에서 잘 나타난다. 미국 정치학자 한스 모겐소Hans Morgenthau, 1904~1980는 『국가 간의 정치』(1948)에서 "대다수 국민은 권력 행사의 주체가 되기보다 타인이 추구하는 권력의 대상물이 되는 경우가 훨씬 많다"며 다음과 같이 말한다.

"이렇게 국내적으로 자신의 권력욕을 충족시킬 수가 없기 때문에 사람들은 만족되지 못한 권력욕을 국제 무대로 투사한다. 국제 무대에서 개인은 국가의 권력 추구와 자신의 권력욕을 동일시함으로써 대리 만족을 얻는 것이다. 미국 국민이 자기 국가의 권력을 생각할 때면 옛날 로마 시민이 자신을 로마와 로마의 권력과 동일시하고 나아가 자신을 이방인과 대비해 '나는 로마 시민이다'라고 얘기할 때 필시 느꼈을 기고만장한 기분과 비슷한 감정을 맛보게 된다."[119]

권력욕은 자주 비판의 대상이 되지만 권력감정은 아예 논의조차 되지 않고 있다. 이건 바람직하지 않다. 권력감정은 정치인뿐만 아니라 스스로 '순수'하다고 주장하는 일반 시민의 정치 참여 행위에서도 나타나고 있으며, 이게 바로 '정치 과잉'과 '정치 왜곡'의 주요 이유가 되고 있기 때문이다. 권력감정에 도취된 사람이 자기희생을 면죄부 삼아 끊임없이 비생산적인 갈등과 분란을 일으킨다고 생각해보라. 아무리 뜻이 좋다 해도 끔찍하지 않은가.

변호사이자 새정치민주연합 당원 금태섭은 2015년 8월에 출간한 『이기는 야당을 갖고 싶다』에서 "비선에서 일하는 사람들의 근본적인 문제는 '공적인 영역에 있어서의 책임'을 이해하지 못해서 자신들이 하는 일을 '순수하다'고 착각하는 데 있었다"며 이렇게 말한다.

"말하자면 공식적으로 캠프에서 직책을 가지고 활동하는 사람들은 뭔가 바라는 것이 있는 사람들인데 반해서 자신들은 아무런 대가나 '자리 욕심' 없이 순수하게 돕는다고 여기는 것이다. 그러나 이 사람들이 실제로 순수한가 하면 그렇지도 않았다."[120]

국정감사 때만 되면 여의도에 불붙는 '첩보 대전'은 국회의원 보좌관들마저 눈코 뜰 새 없이 바쁘게 만든다. 공무원들은 물론이고 대기업 관계자들이 정보를 캐기 위해 보좌관들에게 접대를 하겠다고 줄을 서기 때문이다.[121] 일부 보좌관들은 이때에 만끽하게 되는 '권력감정' 하나만으로도 결코 화려하지 않은 일상생활을 초극超克하게 할 수 있는 힘을 얻게 되지 않을까?

미국 백악관에서 일한 바 있는 대니얼 핑크Daniel H. Pink는 자신의 허리춤에는 언제나 정부가 지급한 호출기가 대롱대롱 매달려 있었다며 당시를 이렇게 회고했다.

"어떤 동료는 그 조그만 진동 상자를 지위의 상징쯤으로 생각하기도 했다. 그리고 솔직히 말하자면 한동안은 나도 그랬던 것 같다. '실례합니다.' 그리고 공손히 식당 테이블에서 몸을 일으켜 세우고는, 식사 상대가 경외감을 갖기를 은근히 바라면서 목소리를 한층 더 낮춰 이렇게 말하곤 했다. '백악관이 부르는군요.'"[122]

물론 보통 사람들도 다르지 않다. 미국의 백악관은 정기적으로 각

분야에 재능이 있는 학생들을 초청해 대통령을 만나는 기회를 제공한다. 유명 인사들이 쓴 자서전엔 자신이 학생 시절 대통령 누구를 만났는데 그때의 감정과 느낌이 오늘의 자신을 만든 계기가 되었다는 식의 이야기가 심심치 않게 등장한다. 보통 사람들의 일상적 삶에서 권력을 가진 누구와 만나 밥을 먹었다거나 술을 한잔했다는 이야기는 그 이야기를 듣는 사람들에게 부러움을 자아내고 권위를 행사할 수 있게 해준다. 권력자와 사진을 찍어 그걸 걸어둘 수 있다면 더욱 좋은 효과를 낼 수 있을 것이다.

이런 권력감정은 매우 다양한 방식으로 사람들에게 영향을 미친다. 정치가의 팬클럽이 곧잘 보여주는 헌신적인 열정도 전부는 아닐망정 상당 부분은 그런 권력감정과 관련된 것이다. 자신이 누군가를 대통령 또는 국회의원으로 만드는 데에 일조했다는 자긍심은 권력감정의 대리만족일 수 있는 것이다.

개혁적이거나 진보적일 뿐만 아니라 매사에 사려 깊고 공정하던 사람들도 권력감정을 느끼면서 그걸 계속 추구하게 되면 사람이 달라질 수 있다. 권력이 마약과 같다는 건 권력자들에게만 해당되는 건 아니다. 권력감정은 천사마저도 변화시킬 수 있을 만큼 강력한 마력을 갖고 있는 괴물일 수 있다.

이런 이해는 정치적 팬덤, 속칭 '빠'의 문제를 이해하는 데에 긴요하다. 아주 쉽게 말하자면, 이런 이야기다. 어떤 연예인을 열광적으로 좋아하는 '오빠부대' 소녀들에게서 '권력'이란 개념을 떠올리긴 쉽지 않다. 그러나 이들이 "우리 오빠 이외의 다른 오빠를 섬기지 않는다"는 신조를 넘어서 '우리 오빠'를 위해 '남의 오빠'를 비난하거나 '우리 오빠'를 비난하는 모든 사람을 적대 세력으로 돌린다면, 이건 '권력투쟁'이 된다. 정치적 빠 역시 자신의 권력감정을 극대화하기 위한 권력투쟁에 임하고 있음은 두말할 나위가 없다.

노르웨이 오슬로대학 교수 박노자는 『한겨레』(2020년 7월 22일)에 기고한 「병리가 되어버린 한국형 팬덤 정치 문화」라는 칼럼에서 "권력이 '다'인 철저한 위계 서열에 익숙해진 사회에서 자신과 특정 권력자를 상상 속에서라도 연결시켜 동일시하려는 욕망은 어쩌면 당연한지도 모른다. 그렇게 해서 권력을 영원히 가질 일이 없는 자신에게 위안을 주는 셈이다"고 말한다. 그는 "최근에 벌어진 서울시에서의 성추행 의혹 사태와 관련해 나를 놀라게 한 것은 그 의혹 자체는 아니었다.……나를 정말 놀라게 한 것은, 고인이 된 가해 지목인의 일부 극렬 지지층, 그리고 전체적으로 그가 속한 진영의 일부 열성 지지층의 '태도'였다"며 다음과 같이 말했다.

"박정희 공포정치의 피해자들에 대한 고려 없는 박정희 숭배, 박근혜 적폐 정권의 피해자들에게 적대적일 뿐인 태극기 집회의 분위기와 마찬가지로 자유주의 진영의 극렬 팬덤도 기본적 인권 의식조차 결여하고 있다. 그저 명망가나 권력자와의 무한한 자기 동일시만이 보일 뿐, 권력의 부작용이나 남용 문제에 대한 비판 의식은 전혀 보이지 않는다. '우리 편'의 권력자가 무조건, 늘 옳다는 맹신만이 있을 뿐이다."[123]

여기서 중요한 건 '이익'의 정의다. 사람들이 흔히 말하는 권력욕과 재물욕의 관점에서 보자면 이들은 이익을 탐하지 않는 자기희생적인 사람일 수 있다. 그러나 사람에 따라선 속물적인 권력욕과 재물욕엔 관심이 없어도 자신의 뜻을 다른 사람들에게 관철시키고 자신의 꿈대로 세상을 뒤흔드는 데에서 삶의 의미와 보람을 찾기도 한다. 그런 다양성을 인정한다면, 이들은 누구 못지않게 자기 이익에 투철한 것이다. 이런 오해를 피하고 싶다면, 자신이 지지하는 정치인이 권력을 잡을 때까지만 지지하고 권력을 잡은 후엔 팬덤을 해체하는 게 좋다. 권력을 지켜주겠다며 '어용 시민' 행세를 하려 드는 순간 '순수'는 온데간데없이 사라지고 만다.

그러나 이들은 "나는 나를 위해 이러는 게 아니다"라는 걸 자신의 언행을 정당화하는 심리적 기제로 삼을 것이다. 그렇기 때문에 독선과 독주로 일관하면서 포용과 타협을 적대시할 가능성이 높다. 이들의 뜻과 꿈은 사회적 검증의 대상이 되기 어려울 뿐만 아니라 좌절될 경우 남들 또는 세상 탓으로 돌려질 것이다. 자기희생과 순수성의 함정을 경계하면서 권력감정을 권력욕 못지않게 자기 통제의 대상으로 삼아야 할 이유가 바로 여기에 있다. 권력감정 중독은 권력욕 못지않게 위험하다. 우리가 선의의 '광신도狂信徒'를 경계해야 할 이유도 바로 여기에 있다.

13
왜 폭력을 쓰지 않는 권력이 더 강한가?

"권력은 총구에서 나온다."[124] (중국 정치가 마오쩌둥)

* * *

마오쩌둥毛澤東, 1893~1976이 1927년에 한 말이다. 그의 뒤를 이어 소련 독재자 이오시프 스탈린Iosif Stalin, 1879~1953은 영국 수상 윈스턴 처칠Winston Churchill, 1874~1965에게서 바티칸 교황의 비위를 맞추려면 러시아에서 가톨릭교회를 도와야 한다는 말을 듣고 이렇게 반문했다. "교황이요? 그 사람한테 도대체 몇 개 사단이나 있는데요?"[125]

미국 사회학자 찰스 라이트 밀스Charles Wright Mills, 1916~1962는 『파워 엘리트』(1956)에서 "모든 정치는 권력 장악을 위한 투쟁이다. 권력의 최종적인 형태는 폭력이다"고 했다.[126] 불가리아 출신의 노벨문학상 작가인 엘리아스 카네티Elias Canetti, 1905~1994는 『군중과 권력』(1960)에서 "폭력과 권력의 구분은 고양이와 쥐의 관계를 가지고 매우 간단하게 설명할 수 있다"며 다음과 같이 말한다.

"고양이는 쥐를 잡아 발톱으로 움켜쥐었다가 결국 죽일 때는 폭력을 사용한다. 그러나 고양이가 쥐를 가지고 놀 때는 다른 요소가 나타난다. 고양이는 쥐를 얼마쯤은 도망치게 내버려두기도 하고 쥐에게서 등을 돌리기까지 한다. 이때는 쥐가 폭력의 지배를 받지 않는다. 그러나 쥐가 고양이의 권력의 테두리 안에 있는 것에는 다를 바가 없으며 쥐는 다시 고양이에게 잡힐 수 있는 것이다. 만일 쥐가 그 테두리를 뛰쳐나오면 고양이의 권력의 범위를 벗어나는 것이다. 그러나 잡힐 수 있는 한계를 벗어나기 전에는 그 권력의 테두리 안에 있는 것이다."[127]

권력은 언제든지 폭력으로 변할 수 있는 잠재적 폭력이라는 점을 잘 말해주는 것으로 볼 수 있겠다. 같은 맥락에서 미국 정치학자 셸던 월린Sheldon S. Wolin, 1922~2015은 "권력의 본질적인 핵심은 폭력이며 권력의 행사는 종종 누군가의 신체나 재산에 폭력을 가하는 것이라는 원초적인 사실"을 무시하면 안 된다고 경고한다.[128]

물론 폭력과는 거리가 먼 권력의 이상을 상상한 이들도 있었다. 그 대표적 인물 중의 하나가 미국 정치학자이자 철학자 해나 아렌트Hannah Arendt, 1906~1975다. 『폭력론』(1970)에서 권력과 폭력을 구분한 아렌트는 "폭력은 언제나 권력을 파괴할 수 있다. 이를테면 총구로부터, 가장 빠르고 완전한 복종을 가져오는, 가장 효과적인 명령이 나올 수 있다. 총구로부터 결코 나올 수 없는 것은 권력이다"며 "권력과 폭력은 대립적이다. 전자가 절대적으로 지배하는 곳에서 후자는 존재하지 않는다. 폭력은 권력이 위태로운 곳에서 나타나지만, 제멋대로 내버려둔다면 그것은 권력의 소멸로 끝난다"고 했다.[129] 즉, 권력은 총구가 아닌 소통에서 나온다는 것이다. 물론 그리 되어야 한다는 당위론이지만, 이른바 '소프트 파워soft power'의 득세는 소통 없는 권력의 한계를 잘 말해주는 것으로 볼 수 있겠다.

교황 비오 12세Pope Pius XII, 1876~1958는 "교황이요? 그 사람한테 도대체 몇 개 사단이나 있는데요?"라는 스탈린의 버르장머리 없는 말을 나중에 전해 듣고 "하나님의 아들 스탈린에게 이렇게 말하세요. 내 사단은 하늘나라에 있다고요"라고 단호하게 반박했다고 한다.[130] 군사력은 최후의 수단일 뿐, 이 세상이 늘 최후를 위해 존재하는 건 아니다. 국제 관계에서건 국내 정치에서건 무력에 의존하는 정치가 성공하는 법은 드물다.

1990년에 처음으로 '소프트 파워' 개념을 제시한 조지프 나이Joseph S. Nye가 잘 지적했듯이, "바티칸의 소프트 파워는 19세기에 교황 국가의 영토가 줄어들었다고 해서 쇠퇴하지는 않았다. 캐나다, 스웨덴, 네덜란드는 비슷한 경제적, 군사적 능력을 가지고 있는 국가들보다 더 많은 영향력을 가지고 있다. 제2차 세계대전 이후 소련은 유럽에서 상당한 소프트 파워를 가지고 있었으나 1956년의 헝가리 침공과 1968년의 체코 침공으로 이를 탕진했다".[131]

조지프 나이는 소프트 파워를 "강제나 보상보다는 사람의 마음을 끄는 힘으로 원하는 것을 얻는 능력"으로 정의한다.[132] 그렇다면 소프트 파워는 영향력인가? 나이는 영향력이란 위협이나 보상과 같은 하드 파워에도 의존하기 때문에 소프트 파워를 단순히 영향력과 동일한 것으로 보기는 어려우며, 소프트 파워는 설득이나 논쟁으로 다른 사람을 움직이는 능력만을 뜻하지는 않는다며, 다음과 같이 말한다.

"그런 능력이 소프트 파워의 주된 요소 중 하나임에는 분명하지만, 그 밖에 사람을 사로잡는 능력도 포함되어 있다. 이런 매력이 군소리 없이 그대로 따르는 묵종默從을 이끌어낼 때가 많다. 행위 면에서 보자면 소프트 파워란 한마디로 매력적인 파워인 것이다. 자원 면에서 보자면 소프트 파워 자원은 그런 매력을 만들어내는 자산인 것이다."[133]

권력의 최종적인 형태는 폭력일망정 폭력으로까지 나아가지 않을 때에 비로소 권력은 더 큰 힘을 발휘할 수 있다. 이는 국내 정치에서도 마찬가지다. 국내 정치에서 국제 정치의 군사력에 해당하는 건 '다수결 만능주의'나 검찰과 경찰 등의 공권력이라고 볼 수 있는데, 이런 '다수결 만능주의'나 공권력은 합법적일망정 항상 오·남용의 위험을 안고 있는 것이기에 권력자로선 주의하고 또 주의해야 한다.

14

왜 촛불 집회는 인원 동원 경쟁을 벌이는가?

"자신의 정치적 입장과 반대의 입장에 있는 데모 행진을 만나게 되면, 아무리 기가 센 사람이라 하더라도 자신이 아주 고립된 존재라는 의식을 강하게 느끼게 된다." (미국 정치학자 찰스 에드워드 메리엄)

* * *

『정치권력』(1934)에서 한 말이다. 그는 정치권력이 인간 심리에 기초한다는 것을 표현하기 위해 미란다miranda와 크레덴다credenda라고 하는 두 가지 용어를 만들어냈다. 미란다는 권력을 미화시켜 감탄과 찬사를 자아내게 하는 다양한 내용, 즉 피지배자의 심성에 대해 공감을 불러일으키기 위한 수단을 말한다. 반면 크레덴다는 피지배자에게 권력의 존재를 정당한 것으로 인식시켜 그 존속에 동의하게 하는 것으로 존경, 복종, 희생 등을 말한다.

시위와 데모는 미란다 효과를 낳는다. 나치가 지배하던 독일에서 청년들이나 어린이들이 열을 지어 행진하면서 아돌프 히틀러Adolph Hitler, 1889~1945에게 일제히 거수경례를 하는 광경을 보고 있노라면, 그의 권력은 아주 뿌리 깊게 대중들 속에 퍼져 있는 것처럼 느껴질 가능성이 높다. 찰스 에드워드 메리엄Charles Edward Merriam, 1874~1953은 바로 이런 상황을 염두에 두고 위와 같이 말한 것이다.[134]

실제로 히틀러는 그런 효과를 잘 알고 있었다. 그는 "대중 집회는 다음과 같은 이유만으로도 필요할 것이다"며 이렇게 말했다.

"즉, 새로운 운동의 지지자가 되는 데 있어서 고독함을 느껴 외롭게 되는 공포에 사로잡히기 쉬운 개인은 대중 집회 속에서 처음으로 보다 큰 공동체의 모습을, 즉 대부분의 사람을 강하게 하며 용기를 북돋아주는 것을 알게 된다. 만일 개인이 자기의 작은 공장과 자기를 무척 작은 존재로 느끼게 하는 대기업체로부터 처음으로 대중 집회에 발을 들여 놓아 수천 명에 이르는 사람들 사이에 둘러싸이게 되면, 그는 우리가 대중 암시라고 부르는 마술적인 영향에 압도당하게 된다."[135]

끊임없는 권력의 추구와 그에 수반되는 '힘의 숭배와 힘을 과시하려는 취향'은 정치권력의 속성이다.[136] 대중의 미란다에 대한 집착이 완강하다는 걸 잘 알기 때문일 게다. 손뼉도 마주쳐야 소리가 나는 법이 아닌가. 일본 정치학자 마루야마 마사오丸山眞男, 1914~1996는 "미란다란 일반적으로 피지배자에게 지배자 혹은 지도자에 대한 숭배·동경을 불러일으키는 것이다"며 다음과 같이 말한다.

"즉 군주가 신으로부터 유래한다든가 가뭄 때 하늘에 기도하여 비를 오게 하는 힘을 가지고 있다든가 하는 신화 혹은 군주의 권위를 치장하기 위한 다양한 의식儀式 같은 것은 모두 미란다이다. 사람의 지혜가 진보됨에 따라 일반 민중들이 과학적·합리적으로 사고하게 되자 마술적인 요소는 점점 더 없어지고 옛날의 미란다는 점차 통용되지 않게 되지만, 그럼에도 불구하고 새로운 옷을 걸치고 계속 나타난다. 국가가 하는 여러 가지 의식 혹은 축제일이라든가 국기國旗와 같은 요소는 오늘날에도 여전히 정치적 지배자에게 중요한 미란다를 형성하고 있다."[137]

마술적인 요소가 점점 더 없어지면서 오늘날 미란다는 주로 집회의 형식을 통해 표현되고 있으며, 동시에 권력을 저항과 대항의 대상으로 삼는 '반反미란다'도 활발해지고 있다. 미국 작가 애스트라 테일러Astra Taylor는 『민주주의는 없다』(2019)에서 "민주주의의 반항적이고 길들여지지 않은 표출들에 쉽게 감화받는 사람들이 많다. 그들은 다음번 가두시위나 해시태그의 물결을 기다린다. 그런 운동들에는 즉흥적으로 끓어오르는 에너지가 있으며, 그것은 결코 예측 가능하게 이용되거나 유지될 수 없다. 이것이 그런 운동들의 매력 중 하나다"며 다음과 같이 말한다.

"민주주의는 본질적으로 야성의 현상이기에 투표함에 틀어박히

거나 심하게 조직화되면 고사하고 만다. 떠들썩하게 발현하고 때로는 증오에 불타는 즉흥성에는 분명 중요한 순기능이 있다.……하지만 부작용도 있다. 최근 수십 년간 민주화의 즉흥성이 사회 변화 방식에 대한 대중의 인식을 지배하게 된 반면, 장기적 조직화 전략과 승리를 제도화할 방도에 대한 관심은 희미해졌다. 정치 구조에 대한 믿음은 돌이킬 수 없는 쇠퇴기에 접어든 반면, 반란의 민주주의는 번창하고 있다. 즉흥성은 정치 스펙트럼의 양편 모두에서 번창하고 있다."[138]

오스트리아 저널리스트 이졸데 카림Isolde Charim은 "관심을 끌고자 하는 행동은 그 안에 승인의 가치가 포함된 화폐와 마찬가지다. 시위자들은 과격한 행동을 근거로 관심을 배분 받는다"고 했지만,[139] '시위 공화국'인 한국에선 '과격한 행동'보다는 '스펙터클한 퍼포먼스'가 대접을 받는다. 이른바 '조국 사태' 시에 찬반 양측이 치열한 인원 동원 경쟁을 벌이고, 언론과 대중이 이에 주목한 이유도 바로 여기에 있다고 하겠다.

2019년 9월 28일 서울 서초동 검찰청사 앞에서 열린 '촛불 집회' 참가자 수를 놓고 일어난 논란을 보자. 더불어민주당 측은 "200만 명이 참여했다"고 주장했다. 친문 네티즌들은 MBC가 드론으로 집회 현장 상공에서 사전 허가 없이 불법 촬영한 영상을 인터넷에 퍼 나르며 "200만이 참가한 것이 확실하다"며 "MBC가 돌아왔다", "MBC는 믿을 수 있는 유일한 언론"이라고 찬양했다.[140]

이에 반해 자유한국당 의원 박성중은 시위자들이 있던 누에다리에서 서초역까지의 도로 길이(560미터)와 도로 폭(40미터)을 곱하면 시위 공간은 2만 2,400제곱미터로, 여기에 들어설 수 있는 사람은 3만 3,000명에서 5만 명 수준이라며 "촛불 집회 참석자 수는 많아야 5만 명"이라고 말했다. 논란이 확산하자 더불어민주당 원내대변인 박찬대는 "언론들은 150만 명, 180만 명, 200만 명까지 얘기하지만 정확한 집계가 아니어서 논평을 통해 100만 명 이상으로만 잡아놨다"고 했다.[141]

9월 30일 MBC 보도국장 박성제는 김어준이 진행하는 교통방송 라디오에 출연, 28일의 '조국 지지 집회'에 대해 " '이건 10만 명 이상 올 수도 있겠다. 드론 촬영을 한번 해보자'고 했던 것"이라며, "고故 노무현 전 대통령 장례식을 다 봤지 않나. 100만 명 정도 되는 숫자가 어느 정도인지 느낌이 있다. (집회를 드론으로) 딱 보니까 '이건 그 정도 된다'"라고 했다.[142]

같은 날 문재인은 "검찰 개혁을 요구하는 국민의 목소리가 매우 높다"며 '검찰 개혁'을 강조했으며, 『한겨레』는 「검찰·국회, 100만 촛불 '검찰 개혁' 외침 직시해야」라는 사설을 게재했다.[143] 10월 1일 『한겨레』는 다시 「검찰, 수사 관행 개혁하라는 '촛불 요구'에 답해야」라는 사설을 게재했다.[144] 반면 『조선일보』(10월 1월)는 「200만 모였다는 '조국 집회'…지하철 하차 인원은 10만 명」이라는 기사를 통해 당일 도로가 통제되어 지하철이 사실상 유일한 접근 수단이었으며, 대형 버스를 수십 대 동원했다지만 추가 인원은 많아야 4,000명 선이

라고 했다.[145]

또 『조선일보』(10월 2일)는 "KBS·MBC 등은 그날 저녁 뉴스에서 '주최 측 추산 100만 명이 모였다'고 보도하고 자막까지 띄웠다. 다음 날 뉴스에선 두 배로 뛰어 '200만 명이 모였다'고 했다"며 이렇게 말했다.

"MBC 보도국장은 라디오에 출연해 '느낌'으로 100만이라고 했다. 울산시 인구가 100만을 조금 넘는다. 울산에 사는 남녀노소가 어린아이까지 다 서울에 와야 100만이다. 울산과 대전 인구가 다 모여야 200만이다. 몇 배 부풀리는 것은 '과장'이라고 한다. 그런데 몇십 배 부풀리는 것은 과장이 아니라 이성을 잃었다고 할 수밖에 없다."[146]

개천절인 10월 3일 서울 광화문광장 일대에선 조국 법무부 장관 사퇴를 촉구하는 대규모 집회가 열렸다. 자유한국당은 광화문 집회 참석 인원을 300만 명으로, '문재인 하야 범국민투쟁본부'는 200만 명으로 각각 주장했다.[147] 더불어민주당 지도부가 "서초동은 국민 집회, 광화문은 동원·폭력 집회"라고 주장하자, 『조선일보』는 「파렴치 조국 지지 집회는 '민심', 퇴진 집회는 '폭력'이라니」라는 사설을 통해 비판했다.[148] 국회의장 문희상은 "정치 지도자들이 집회 숫자 놀음에 빠져 나라가 두 쪽이 나도 관계없다는 것 아닌가"라며 "국회가 이를 부추기는 행태에 심각한 우려를 표한다"고 개탄했다.[149]

이후로도 이런 공방은 한동안 계속되었는데, 이걸 '미란다 전쟁'이라고 해야 하나, 아니면 '숫자 놀음 추태'라고 해야 하나? 미란다를 염두에 둔 세 대결 또는 기싸움으로 볼 수 있겠지만, 한 가지 분명한 사실은 양측 모두 여론의 향배가 어느 집회의 인원이 더 많은지에 큰 영향을 받는다는 믿음이 그 바탕에 깔려 있었다는 점이다.

문재인·조국 미란다는 별 효과가 없었던 걸로 밝혀졌다. 문재인 지지율이 취임 후 최저치인 30퍼센트대로 떨어지는 여론조사 결과가 나왔고,[150] 결국 조국은 법무부 장관 내정 66일, 법무부 장관 취임 35일 만인 10월 14일에 사퇴했으니 말이다. 사퇴 직후 리얼미터 조사에선 '잘한 결정'이라는 긍정 응답은 62.6퍼센트로 '잘못한 결정'이라는 부정 응답(28.6퍼센트)의 2배가량이었으며,[151] 한국갤럽 조사에선 '64퍼센트 대 26퍼센트'였다.[152] 이 수치가 조국 임명 반대 의견이 찬성보다 2배 이상 많았던 8월의 여론조사 결과와 비슷하다는 게 흥미롭지 않은가? 이를 '실패한 미란다' 시도라고 해야 할까?

15

왜 노벨상을 만든 건 악마의 짓인가?

"알프레드 노벨이 다이너마이트를 발명한 것은 용서할 수 있지만, 노벨상을 만든 것은 인간의 탈을 쓴 악마만이 할 수 있는 일이었다."[153]
(영국 작가 조지 버나드 쇼)

* * *

노벨상이 서열주의를 조장한다는 이유로 한 말이다. 1976년 노벨경제학상 수상자 밀턴 프리드먼Milton Friedman, 1912~2006이 수상자 발표 후 8주간의 시간을 보낸 다음에 가진 수상 연설에서 한 다음과 같은 말은 조지 버나드 쇼George Bernard Shaw, 1856~1950의 주장에 상당한 근거가 있음을 잘 말해준다.

"노벨상 수상자로 발표되는 순간부터 모든 일의 전문가로 통하고 전 세계의 신문과 TV방송국의 기자와 사진기자들의 표적이 되는 것은 노벨상의 전 세계적인 명성에 대한 찬사이다. 나 또한 평범한 감기에 대한 치료에서부터 존 F. 케네디의 서명이 담긴 편지의 시장 가치에 이르기까지 실로 다양한 문제에 대한 의견을 내놓을 것을 요청받았다. 두말할 필요도 없이, 특정 사람에 대한 타인의 관심은 그 사람을 우쭐하게 만들기도 하지만 그 사람을 타락시키기도 한다."[154]

프랑스 작가 미셸 투르니에Michel Tournier, 1924~2016는 『외면일기』(2002)에서 이렇게 말했다.

"사실 그 유명한 상(노벨상)을 받는다는 것은 필경 무시무시한 일일 것이다. 그렇게 되면 가면을 쓰는 꼴이 되어버린다. 그 상을 받고 나면 내 말은 내가 하는 말이 아니라 노벨상이 하는 말이 된다. 내가 손에 쥐고 재미있게 놀기도 하고 또 세상 사람들을 재미있게 해주기도 하는 이 가벼운 붓은 그만 무거운 몽둥이로 변해버릴 것이고, 나는 그걸 가지고 나 자신도 모르는 사이에 무겁고 살인적인 무기인 양 휘두르게 될 것이다." 그는 이런 말도 덧붙였다. "사르트르가 화를 내던 모습이 기억난다. 그가 어떤 인터뷰에서 프랑스 음악 방송의 프로를 호되게 비판했다. 그러자 문제의 프로를 제작한 책임자는 즉시 해고되었다."[155]

아닌 게 아니라 노벨상의 후광효과가 부여해주는 '명성 권력'의 위세는 대단하다. 프랑스 실존주의 철학자 장 폴 사르트르Jean-Paul

Sartre, 1905~1980는 노벨상이 서구 작가들에게만 치우쳐 있어서 그 공정성을 잃었다는 이유로 1964년 노벨문학상을 거절했으니, 웬만한 노벨상 수상자보다 더 큰 '명성 권력'을 누린 인물이었다.

서열주의를 조장하는 '명성 권력'의 문제엔 흔쾌히 동의하면서도 마음에 걸리는 건 과연 서열 없는 인간 세계가 가능하겠느냐는 의문이다. 캐나다 인류학자 제롬 바코Jerome H. Barkow는 『마음의 진화』(1992)에서 "인간이 높은 사회적 서열을 추구하는 영장류의 경향을 공유하고 있다는 가정은 논쟁의 여지가 없다"며 이렇게 말한다.

"유치원에 들어가면서부터 계속 우리는 집단 속에서 자신의 상대적 지위에 크게 관심을 가지며 지위를 향상시키기 위해 다양한 노력을 기울이고 다른 이들과 의사소통을 통해서 나의 지위가 경쟁자의 지위보다 높다는 사실이 일반적으로 용인되고 있음을 확인하고자 한다."[156]

인간에겐 그런 '서열 DNA'가 있다는 걸 말해주는 몇 가지 증언을 감상해보자. 모두 다 씁쓸한 이야기지만, 사회적 차원에서 나타나는 서열주의의 폐해를 넘어서기 위해선 우리가 반드시 이해해야 하는 동시에 각오해야 하는 현실이다.

1990년 10월 4일 당시 대한민국 육군 이등병 신분으로 국군보안사령부 민간인 사찰 내용을 폭로해 2년간 억울한 감옥 생활을 했던 윤석양은 2004년 고참 수감자들의 말 못할 횡포와 뻔뻔스러움, 신참들의 공포와 비굴함 등이 그를 못 견디게 만들었다며 이렇게 말했다.

"감방 서열이란 게 따지고 보면 죄를 먼저 지은 순서지요. 그게 무슨 자랑이라고……. 고참의 등에 증오의 눈길을 보내던 신참도 똑같아집니다. 그럴 위치가 되면 남을 괴롭히는 재미와 쾌감을 포기하지 못하는 거지요. 인간 모두의 본성이라는 생각이 들었어요."[157]

2005년 국회의원 김근태는 "운동권은 학번 체계가 권력의 수단이며, 행정부는 행정고시 몇 회냐가 위계질서가 된다. 검찰을 보면 재미있고 큰일이다. 동기가 (검찰총장 등이) 되면 다 나가는 것은 경직된 사회이고 사회를 유지하게 어렵게 하는 만큼 이를 극복해야 한다"고 했다.[158]

사회학자 오찬호는 2013년 "고작 스무 살에 불과한 친구들이 입학과 동시에 서로를 외고 출신인지 아닌지, 외국에서 살아본 적 있는지 없는지, 그리고 강남 3구에 사는지 안 사는지에 따라 서로를 '당당하게' 구분 짓는다.……어떻게든 '나'의 가치는 드러내야 하고 남의 가치는 밟아야 한다"고 개탄했다.[159]

전 환경부 장관 윤여준은 2019년에 이런 말을 했다.

"민주주의를 이야기하다가도 제가 아주 절망적인 걸 느끼는 게 제가 시골에 집이 있어서 자주 가거든요. 면장이 자기들이 선출하는 군수나 시장에 의해서 임명되는 자리 아닙니까? 면장이 그 동네에 온다고 그러면 농사짓던 노인네들이 그 시간 맞춰서 경로당에 줄을 섭니다. 그럼 제가 '아니 지금 이게 무슨 짓이냐? 이 사람은 당신네들이 뽑은 사람에 의해서 임명된 사람이다'라고 하면 '그게 무슨 소리냐? 사또가 온 거다'라는 거예요."[160]

이 정도면 '서열 DNA'가 괜한 말은 아닌 것 같다. 노벨상은 단지 그런 '서열 DNA'를 인정하는 차원에서 만들어진 것뿐인데, 그게 그렇게 욕먹어야 할 짓인가? 그런 의문이 들긴 하지만, 우리 인간이 꼭 DNA에 복종하면서 살아가는 건 아니다. 바람직한 건 키우고 바람직하지 않은 건 억누르려고 애쓰는 게 문명사회 아니겠는가. "너, 내가 누군지 알아?"라고 외치는 사람에게 DNA에 충실한 사람이라고 박수를 보낼 수는 없는 일 아닌가 말이다.

16

왜 침묵은 권력의 최후 무기인가?

"침묵은 권력의 최후 무기다."[161] (프랑스 정치가 샤를 드골)

* * *

나폴레옹 보나파르트Napoleon Bonaparte, 1769~1821에게 배운 걸까? 침묵을 카리스마 창조의 비법으로 잘 써먹은 대표적 인물이 나폴레옹이었으니 말이다.[162] 그런데 침묵이 어떻게 권력의 무기가 될 수 있는 걸까? 불가리아 출신의 영국 작가이자 문화인류학자인 엘리아스 카네티Elias Canetti, 1905~1994가 『군중과 권력』(1960)에서 그 이유를 잘 설명했다. 그는 "권력은 그 내면을 간파당해서는 아니 된다"며 다음과 같이 말한다.

"권력자는 다른 사람을 꿰뚫어볼 수 있지만 다른 사람이 권력자를 꿰뚫어보아서는 아니 된다. 그는 누구보다도 말이 적어야 하며 그의 신조나 의도는 아무도 몰라야 한다. 침묵의 힘은 언제나 높은 평가를 받는다. 그것은 입을 열게 하려는 무수한 자극을 물리치고, 질문을 무시하며, 다른 사람의 말이 어떤 감정을 불러일으켰든 그것을 밖으로 드러내지 않을 수 있는 사람이라는 것을 뜻한다."[163]

이 원리는 전 세계 곳곳에서 지금도 실천되고 있는 권력의 법칙이다. 김지은의 『김지은입니다: 안희정 성폭력 고발 554일간의 기록』(2020)엔 이런 이야기가 나온다.

"지사가 말을 하지 않아도 기분을 알아야 했다. 눈빛이나 호흡만으로도 기분이 나쁘다는 것을 충분히 표현할 수 있다. 안희정은 침묵만으로도 권력을 행사할 수 있는 사람이었고, 침묵만으로도 불편한 의사를 표현할 수 있는 지위를 갖고 있었다. 문자 연락에 답이 늦으면 바로 '...'라는 메시지를 보내왔다. '...' 이 메시지는 내 전임자들에게도 사용하던, 무언의 질책이 담긴 불편한 심기의 표현이었다."[164]

특별한 상황에선 최고 권력자의 침묵은 역사의 퇴행을 낳기도 한다. 미국 역사학자 마이클 베슐로스Michael R. Beschloss는 1950년대 매카시 광풍이 불던 시절의 대통령이었던 드와이트 아이젠하워Dwight D. Eisenhower, 1890~1969는 "놀라울 정도로 침묵을 지켰다"며, 그가 만약 광풍이 극성을 부리던 1953년에 다음과 같이 단호하게 말했다면 "역사가 바뀌었을지도 모른다"고 개탄했다.

"매카시즘은 우리 사회에 독毒입니다. 여러분 나를 믿으십시오. 나는 이 나라가 내부의 공산주의자로부터 해를 입지 않도록 반드시 지켜낼 것이지만, 그렇다고 이 나라를 찢어놓아서는 안 됩니다."[165]

이른바 '조직 침묵organizational silence'이라는 것도 있다. 조직 구성원들이 조직 내부의 문제를 못 본 척 외면하는 현상으로 가파른 계층 구조를 가진 조직에서 많이 나타난다. 마거릿 헤퍼넌Margaret Heffernon은 "조직 침묵 현상에 대한 연구를 보면 대부분 간부들은 절대로 입 밖으로 내지 않는 정보, 이슈, 걱정거리를 가지고 있다고 한다. 침묵하는 이유는 응징을 받지 않을까 하는 두려움이나 자기가 아무리 떠들어봤자 아무런 변화도 없을 것이라는 절망감 때문이다"며 다음과 같이 말한다.

"우리는 이런 현상을 영국의 국민건강서비스National Health Service, BBC, 가톨릭교회, 의회, 은행, 보험회사 등에서 발생한 스캔들을 통해 여러 번 반복 목격해왔다. 풍부한 지식을 가지고 있음에도 그 누구도 감히 입 밖에 내려 하지 않는 것이다. 계층 구조가 가파를수록 이런 목소리를 듣기도, 지식이 수면 위로 떠오르기도, 논의가 이루어지기도 어렵다. 대신 거리감, 공포, 무기력에 의해 악화되는 수렴적 사고convergent thinking가 만연하게 된다."[166]

바로 이런 '조직 침묵' 때문에 '조직은 괴물'이라는 말이 나온다. 자신이 몸담고 있는 조직에 인격을 부여해 절대 복종해야 할 의리가 있는 것처럼 맹신하는 사람들의 심리는 간단하다. 자신의 이익이 조직의 권력과 위세와 평판에 직결되어 있기 때문이다. 안희정 사건과 박원순 사건 때 이런 '조직 침묵'이 두드러지게 나타났는데, 안희정 사건에선 '조직 보복' 의혹마저 제기되었다.

2020년 8월 31일 JTBC 뉴스에 따르면, "안희정 전 지사가 성폭력으로 유죄 확정판결을 받은 게 지난해 9월입니다. 대법원은 폭행뿐 아니라 눈에 보이지 않는 사회·경제·정치적 힘으로도 상대를 제압할 수 있다고 했습니다. 오늘 뉴스룸은 피해자인 김지은 씨 측의 증인으로 섰던 사람들이 그동안 어떻게 지냈는지 주목하려고 합니다. 어떤 증인은 여당의 유력 당대표 주자의 캠프에 들어갔지만, '항의가 심하니 숨어 있으라'는 말을 들은 뒤에 물러나야 했습니다. 또 다른 증인은 결국 한국을 떠났습니다. 법적 판단은 끝났지만, 피해자와 증인에겐 여전히 사회적 그리고 정치적 압력이 살아 있는 현실을……."[167]

어디 그뿐인가. JTBC 뉴스에 따르면, "이번엔 안희정 전 지사와 가까웠던 한 교육감의 이야기입니다. JTBC 취재 결과 이 교육감은 생활비로 쓰라며 김지은 씨에게 성금을 보낸 걸로 확인됐습니다. 그런데 이 사실이 알려지자, 배신자라는 비난이 이어지고 있습니다". 안희정 지인과 팬클럽 회원 등 지지자들의 비난과 더불어 해당 교육감이 "안 전 지사와 오랜 친분이 있는데 어떻게 이제 와서 등에 칼을 꽂느냐"는 항의도 있었다고 하니, 참으로 유구무언有口無言이다.[168]

문재인 대통령의 '선별적 침묵'도 자주 논란거리가 된다. "페미니스트를 자처했던 문재인 대통령은 공개 입장을 표명하지 않았다. 국회 개원 연설에서 박원순 전 시장의 사망 사건, 고소인, 광범위한 젠더 이슈에 대해서 언급하지 않았다." 2020년 7월 16일 미국 CNN 기사의 일부다. CNN은 문재인이 안희정 전 충남지사, 오거돈 전 부산시장, 박원순 전 서울시장의 피소에 대해 침묵했다고 지적하면서, 국민적 분노를 불러일으켰다고 말했다.[169]

그간 이런 비판적 여론을 수도 없이 접했을 청와대 대변인으로선 가만히 있을 순 없었을 게다. 7월 23일 청와대 대변인 강민석은 『한국일보』와 통화하면서 "피해자 입장에 공감하며 위로의 말을 전한다"고 했다. 그러나 그는 그날 오후 곧바로 기자들과 만나 "진상 규명 작업이 끝나야 공식 입장 표명이 있을 것"이라고 물러났다. 이는 문재인의 뜻으로 간주되었고, 정의당은 이런 대통령의 태도를 "외면과 회피"라고 표현했다.[170]

미국에서 흑인 조지 플로이드George Floyd 사망 사건 때 인종차별에 침묵하는 방관자들의 참여를 독려하기 위해 시위대는 이런 구호를 외쳤다. "침묵은 폭력이다Silence is Violence." 이 말을 인용한 『중앙일보』 수석논설위원 고대훈은 「문 대통령의 비정한 침묵」(7월 24일)이라는 칼럼에서 "문 대통령의 침묵은 선택적이다. 적과 동지, 네 편과 내 편에 따라 결정된다. 지난해 3월 이른바 '적폐'들을 겨냥한 장자연·김학의 사건의 재수사를 지시하던 때는 다들 보란 듯이 소리쳤다. '사회 특권층에서 일어난 사건의 진실을 규명하지 못한다면 정의로운 사회를 말할 수 없다'고 일갈했다. 그런데 어찌 된 일인지 지난 9일 박원순 서울시장의 죽음 이후 2주가 지나도록 아무런 말이 없다"며 다음과 같이 말했다.

"가해자를 동정하는 듯한 대통령의 침묵은 무언無言의 신호를 보내고 있다. 문빠 세력은 '우리 진영을 사수하라'는 메시지로 이해한다. 대통령의 침묵 속에 나라를 두 동강 낸 조국·윤미향 사태의 판박이처럼 흘러가고 있음이 그 방증이다. 진저리나는 진영의 이분법 논리가 작동하고 어용 나팔수들이 음모론을 퍼뜨리며 설쳐대는 현상도 똑같다.……힘을 가진 자만이 말할 권리와 말하지 않을 권리를 독점하는 게 침묵의 법칙이다. 무섭도록 차가운 대통령의 권력형 침묵은 정권 차원에서 몸을 사리도록 조직적 침묵으로 이끄는 묵시적 압박이다.……문 대통령의 비정한 침묵은 2차 가해와 다름없다."[171]

정의당도 24일 대변인 논평에서 "(박 전 시장 성추행 피해자에 대한) 2차 피해가 난무한 지금과 같은 상황에서 문재인 대통령은 누구 곁에 설 것인지 명확히 입장을 낼 것을 촉구한다"며 "외면과 회피는 대통령의 책임 있는 모습이 결코 아니라는 것을 알길 바란다"고 했다. 이 논평은 "청와대는 피해자에 대한 2차 가해가 있어서는 안 된다고 하면서도 진상 규명 결과가 나와야만 공식 입장 표명이 있을 거란 허술한 답변을 일삼았다"며 "지난 2018년 미투 운동이 시작될 무렵 '피해 사실을 폭로한 피해자들의 용기에 경의를 표하며, 미투 운동을 적극 지지한다'고 말했던 문재인 대통령의 모습과 대비될 뿐"이라고 했다.[172]

7월 29일 『경향신문』 사회부 데스크 백승찬은 "대통령이 침묵하는 사이, 공공기관장, 현직 검사, 여당 의원 등은 피해자와 그 조력자들을 의심하고 조롱하고 비난한다"고 개탄했다.[173] 대선 3개월 전인 2017년 2월 "저는 페미니스트 대통령이 되겠습니다. '사람이 먼저'인 세상은 바로 성 평등한 세상입니다"라고 외쳤던 문재인의 '페미니스트'와 '성 평등' 개념은 과연 어떤 것이었을까? 그의 침묵 역시 권력의 최후 무기인가? 과연 무엇을 위한 무기일까?

17

왜 진짜 권력은 '관료 권력'이라고 하는가?

"그는 이 자리에 앉으면 '이거 해! 저거 해!'라고 말하겠지만, 아무 일도 일어나지 않을 것이다. 불쌍한 아이젠하워는 여기가 군대와는 다르다는 걸 알게 될 것이다."[174] (미국 제33대 대통령 해리 트루먼)

* * *

1952년 해리 트루먼Harry Truman, 1884~1972 대통령이 당시 대선에서 대통령 당선이 유력한 군인 출신 공화당 후보 드와이트 아이젠하워Dwight D. Eisenhower, 1890~1969와 관련, 정부의 관료주의는 대통령 권력조차 보잘것없게 만들 정도로 막강하다면서 한 말이다.

조직의 위계질서, 업무 분담, 광범위한 규칙, 전문화, 대인관계의 비인격성, 기술적 능력에 근거한 채용과 승진 등의 요소들로 이루어진 관료주의bureaucracy는 효율적인 일 처리를 하는 데 큰 기여를 했다.[175] 그러나 바로 그 성공이 관료주의가 비판받는 주된 이유가 되었다. 관료주의적 권위는 규칙에 따르고 표면적으로는 합리적이기 때문에 권력의 자의적 행사로 여겨지지 않는다. 또 의사결정의 책임도 불분명해지며 인간적 요소에서 분리된 논리를 갖게 된다. 관료주의적 조직의 마력은 그것의 구조와 전반적 목적이 실제로는 비합리적이고 비유효적일지라도, 합리성과 유효성이라는 절대 명제에 대한 어필을 통해 권력의 행사를 감출 수 있는 능력을 갖고 있다는 데에 있다.

막스 베버Max Weber, 1864~1920가 사회주의를 받아들이지 않았던 것은 관료주의 문제 때문이었다. 사회주의는 자본주의와 비교해서 형식 합리성을 얻기 위해 더 높은 관료주의가 필요하기 때문이라는 것이다. 베버는 민주주의와 관료주의가 서로 긴장 관계에 있다고 보았다. 서규환의 해설에 따르면, "관료화는 기술 전문성이 없는 특권 집단들이 권력을 장악하는 것을 방지하는 경향이 있으므로 민주주의는 관료주의를 추진한다.……민주주의는 관료주의를 창출하지만 이렇게 창출된 관료주의는 민주주의를 허물어뜨린다. 이런 면에서 민주주의는 자기파괴적이다".[176]

해나 아렌트Hannah Arendt, 1906~1975는 "관료제는 모든 사람이 정치적 자유와 행동할 수 있는 힘을 박탈당하는 정치 형태"이며 '통치자가 없는 통치'와 '폭군 없는 폭정'을 낳는 체제라고 했지만,[177] 국가에 따라 차이가 있다는 점을 인정했다. 그는 유대인 학살 시 유럽 각국의 관료제 조직이 수행한 것을 문화적으로 비교했다. 독일에서는 관료제가 완전무결하게 작동했지만, 이탈리아와 덴마크에서는 그렇지 않았다. 불가리아에서는 주민들이 항의 시위를 벌이는 바람에 유대인 학살이 지체된 반면, 루마니아에서는 독일에서보다 훨씬 더 원만하게 수행되었다.[178]

미국 행정학자 랠프 험멜Ralph P. Hummel, 1937~2012은 『관료제 경험』(1977)에서 많은 사람이 관료에 대해 크게 오해하고 있다며, 5가지를 지적했다.

"첫째, 사회적으로 관료는 사람을 다룬다고 생각하는데 그것은 오해이며 그들은 사람이 아닌 사례를 다룬다. 둘째, 문화적으로 관료는 우리처럼 정의·자유·폭력·억압·병폐·죽음·승리·패배·사랑·증오·구원·저주 등에 관심을 갖고 걱정하는 것 같지만, 그게 아니라 그들은 통제와 능률에만 관심을 가질 뿐이다. 셋째, 심리적으로 관료는 우리들과 같은 인간이라고 생각하고 있지만 실은 '머리와 영혼이 없는 새로운 퍼스낼리티'이다. 넷째, 언어적으로 관료는 우리와 같은 말을 쓰기 때문에 의사소통이 가능하다고 생각하겠지만, 그것은 착각이고 오히려 그들만이 통하는 비밀 언어를 쓰면서 무엇을 해야 할 것인가에 관해 의견을 나누기보다 이를 어떻게 꾸미고 알리는가에만 관심을 갖는다. 다섯째, 정치적으로 공공 관료제는 사회에 대해서 책임을 지는 봉사 기구라고 생각하겠지만, 그보다는 점차 사회를 지배하는 통제 기구라고 보는 것이 정확하다."[179]

정치·행정의 현장으로 돌아가보자. 빌 클린턴Bill Clinton 대통령의 핵심 참모였던 정치 컨설턴트 딕 모리스Dick Morris는 "관료제하에서 정년이 보장된 공무원들은 대개 투표로 선출된 그들의 우두머리를 무시하는 태도를 보인다. 많은 관료들은 변화에 대한 압력을 견뎌내고 시류에 민감한 의욕적인 정치인들의 간섭에 맞서 자기가 축적해온 방식을 지켜내는 데 거의 사명감까지 느끼는 것처럼 보인다"며 다음과 같이 말한다.

"지도자들은 이렇게 자신을 포위하고 있는 굳건한 관료주의를 변화의 적으로 간주해야 한다. 또한 자기들이 임명한 사람들도 막강한 관료주의 앞에 쉽게 무릎을 꿇고 그리고 결국 변화를 포기하리라는 것도 깨달아야 한다. 그렇지 않다면 그가 변화를 이루기 위해 여러 요직에 임명한 사람들이 스톡홀름 신드롬(인질로 잡힌 사람들이 차츰 인질범의 입장을 두둔하게 되는 비정상적 심리 상태)에 빠져버리기 십상이다."[180]

그래서 나온 게 "진짜 권력은 '관료 권력'"이라는 말이다. 한국도 그런가? 상당 부분은 그렇지만, 좀 생각해볼 점이 있다. 한국은 좀더 정교한 분석이 필요하다. 관료 조직의 정파적 이용이라는 문제가 있기 때문이다. 한국에서 널리 쓰이는 '영혼 없는 공무원'이라는 말에 주목해보자. 이는 공무원이 어느 정권에서건 친親정권 세력으로 존재할 수밖에 없다는 걸 의미한다.

보수와 진보를 막론하고 한국의 정권들은 관료 조직이 친정권이냐 아니냐에만 관심을 기울일 뿐, 관료 조직 개혁엔 아무런 관심이 없다. 그래서 한국 관료 조직의 최대 병폐라 할 '전관예우前官禮遇' 관행에 눈을 감는다. 정권을 위해 충성만 하면 무슨 짓을 해도 괜찮다는 식이다. 게다가 선거 공신들의 공기관 낙하산 인사를 위해서도 관료 조직을 껴안아야만 한다. 관료는 각 정책 분야의 전문가들이지만 그들을 좋은 쪽으로 활용할 생각도 하지 않는다. 모든 걸 청와대에서 컨트롤하면서 그들을 종처럼 부리면 된다는 생각이다.

역대 모든 정권이 다 그랬지만, 그로 인한 폐해는 자신들이 강력한 적들에 둘러싸여 있다는 이른바 '피포위 의식siege mentality'이 강한 문재인 정권 들어 두드러지게 나타나고 있는 것으로 보인다.[181] 부동산 가격 폭등만 해도 그렇다. 문재인 정부는 정치학자 박상훈이 지적한 것처럼 명실상부한 '청와대 정부'였기에,[182] 고위 관료만 탓할 수는 없는 일이다. 정파성에 중독된 무능한 권력 체제하에선 국정 운영의 주요 의제 설정 자체가 민생과는 거리가 먼 방향으로 왜곡되기 마련인바, 적어도 현 상황에선 진짜 권력은 '관료 권력'이라고 말하기가 어렵게 되었다.

18

왜 권력과 멀어지면 갑자기 늙거나 병이 날까?

"나는 알지. 권력, 그 권력이 사람을 젊게 만드는 거야!" (영국 정치가 윈스턴 처칠)

* * *

윈스턴 처칠Winston Churchill, 1874~1965이 81세가 된 1955년 제2차 세계대전 당시 동맹이었던 유고슬라비아의 초대 대통령이자 종신 대통령이 된 요시프 티토Josip Tito, 1892~1980를 만난 자리에서 한 말이다. 당시 정계를 은퇴한 처칠은 건강상의 이유로 좋아하던 시가cigar와 술을 절제하지 않으면 안 되는 상태였다. 반면 18세 연하이긴 하지만 63세였던 티토는 시가를 뻐끔뻐끔 빨아대고 자기 몫은 물론 처칠의 위스키 잔마저 비워버렸다. 이 모습을 물끄러미 쳐다보던 처칠은 꽤 나 부러운 듯이 "도대체 어떻게 그런 젊음을 과시할 수 있는 거요?"라고 물었다. 처칠은 티토가 대답할 틈도 주지 않고 위와 같이 말했다는 것이다.[183]

티토의 부인에게서 들은 이야기라며 이 일화를 소개한 미국 제37대 대통령 리처드 닉슨Richard M. Nixon, 1913~1994은 병을 앓고 있는 정치인을 만나면 "병세가 어떠냐"라는 질문을 하지 않고, 정치에 관한 질문을 던진다고 밝혔다. 병세에 대해 물으면 분위기가 우울해지지만, 정치 이야기를 꺼내면 앓던 사람이 자신의 전성기를 회상하면서 눈을 반짝거리며 금세 원기를 회복하기 때문이라는 것이다.[184]

권력이 사람을 젊게 만든다는 건 굳이 더는 사례를 거론할 것도 없이 상식으로 통용되는 분명한 사실이다. 한국의 여의도에도 "금배지를 달아본 뒤 두 번 연거푸 낙선하면 갑자기 늙거나 병이 생긴다"는 속설이 있다. 이 속설을 거론한 언론인 박제균은 2008년에 쓴 칼럼에서 이렇게 말했다.

"교수, 국회의원, 장관, 대통령 비서실장, 부총리에 이어 국무총리까지, '하나'만 빼고 다 해본 한승수 국무총리에게 총리가 되기 전 '뭐가 가장 좋았느냐'고 물어본 적이 있다. 그도 주저 없이 '국회의원'이라고 답했다."[185]

『경향신문』 논설위원 이승철은 "왜 잘난 사람들이 여의도만 바라보고 있을까. 이들의 변辯은 똑같다. 모두들 '국민'을 판다. 그렇지만 이를 액면 그대로 믿는 국민은 없다. 국회의원이 되려는 진짜 이유는 무엇일까"라는 질문을 던지면서 다음과 같은 4가지 이유를 제시했다.

"우선 출세용이다. 오랫동안 정치권을 맴돈 인사들이 이에 해당한다. 이들은 국회의원이라는 자리를 인생의 목표로 삼고 있다. 여의도행을 원하는 교수나 시민단체 인사, 지방의원도 이 부류에 속한다. 다음은 고위 공직자 출신들의 노후용이다. 능력과 경력이 있는 만큼 다른 일도 많을 텐데 안면 몰수하고 여의도행을 택하고 있다. 셋째는 족보용이다. 돈을 아무리 많이 벌어도 족보에는 기재되지 않는다. 자수성가한 중소기업인들이 '한자리'하려는 이유다. 마지막으로 평생직장용이다. 평생직장 개념이 사라지면서 많은 이들이 정년이 없는 국회의원직을 추구하고 있다. 출마를 위해 언론계를 떠난 동료들도 이 같은 유형이다. 이들 유형의 공통점은 국회의원이 권리만 있고 책임이 없다는 점이다. 세비는 1억 원을 조금 넘는 수준이지만 이들이 향유하는 권리는 상상할 수 없을 정도다."[186]

물론 남들이 알아주는 맛이 정치를 하는 이유의 전부는 아니다. 어떤 일을 해냈을 때 느끼는 보람도 있다. 그 보람은 많은 사람의 삶에 큰 영향을 미칠 수 있는 것이기에 다른 분야에서 느끼는 보람에 비해 더 매력적인 것일 수 있다. 예컨대, 통합민주당 의원 우윤근은 "부도임대아파트 특별법을 만든 뒤 지역구민들이 감사의 표시로 학 5,000마리를 접어 보내준 것을 보고 혼자 울었다. 그런 경험 때문에 계속하게 된다"고 말했다.[187]

그러나 이런 경우는 비교적 드물다는 데에 문제가 있다. 이승철은 잘난 사람들이 여의도만 바라보는 "정치권 블랙홀 현상으로 인해 우리 사회에서 '가치'의 중요성에 대한 인식이 크게 훼손되고 있다. 국회의원 자리가 인생의 목적이 된 사람들에게 소신이 무슨 의미가 있으며, 자유나 평화가 어떤 뜻이 있겠는가. 불행하게도 이를 해결할 수 있는 뾰족한 수단이 없다. 족보에 한 줄 올리겠다는 졸부나 출세에 인생을 건 정치꾼들의 간절한 소망을 막기 힘들다. 유일한 해결책은 원론으로 돌아가는 것이다"며 다음과 같이 말했다.

"권리만 있는 국회의원에게 서민들에게는 아무것도 아닌 조그만 족쇄를 채우는 방법을 생각해본다. 신분 과시를 위해 국회의원이 되면 먼저 바꾸는 것이 차다. 임기 초 소형차를 선언했던 젊은 의원들마저 어느새 대부분 대형차를 타고 있다. 해서 국회의원 차를 아예 경차로 제한하면 어떨까. 또 국회 내 주차장을 방문객용으로 전환하는 것도 한 방법이다. 국회의원들이 대중교통을 이용하면 국민 생활을 아는 부수적 효과를 얻을 수 있다. 이들 방법이 엉뚱하지만 그래도 여의도 풍경을 조금이라도 바꿀 수 있지 않을까."[188]

물론 우리는 그들이 결코 그렇게 하지 않으리라는 걸 잘 알고 있다. "금배지를 달아본 뒤 두 번 연거푸 낙선하면 갑자기 늙거나 병이 생긴다"는 속설이 왜 나왔겠는가. 남을 위해 봉사하고 헌신하지 못하면 병이 생기는 사람이 얼마나 되겠는가. 권력의 단맛을 누리고 남들 앞에서 뻐기는 맛에 그 험난한 과정을 마다 않고 질주하는 사람들에게 그런 맛을 포기하라는 건 아예 정치 하지 말라는 말과 다를 바 없을 게다.

『조선일보』 정치부장 김민배는 「신권력자들」(2007년 12월 29일)이라는 칼럼에서 "농담처럼 나온 말이지만 누군가 뼈 있는 권력의 정의를 내리는 것을 들은 기억이 난다"며 권력에 대한 '세간의 상식'에 대해 이렇게 말했다.

"한국에서 권력이란 다름 아니다. 외국 나가고 싶을 때 없는 비행기 표를 금세 구할 수 있고, 자신이나 가족이 아플 때 유명 대학병원의 입원실을 마련할 수 있고, 골프 부킹권이 필요할 때 조달할 수 있는 삼박자를 갖춘 사람은 권력자이다."

사실 이 점에선 보통 사람들도 크게 다르지 않다. 그들은 프로가 아닌 아마추어일 뿐 자신의 일상적 삶에서 끊임없이 권력을 추구한다. 프로와 연결되는 한두 다리를 거쳐서라도 그런 특권을 누리기 위해 애를 쓴다. 바로 이런 풍토가 권력과 멀어지면 갑자기 늙거나 병이 나는 현상을 유발하는 것이다.

김민배는 "지금 이명박 대통령 당선자 주변의 '신新권력자'들은 최고의 상종가를 누리고 있다. 대체로 권력 교체기에 권력의 피크는 대선이 끝난 12월 20일부터 6개월을 친다. 4월 9일 국회의원 선거가 끝나고 18대 국회가 개원하는 6월까지 신권력은 최정점을 달린다. 새 정부가 취임하는 2월 25일부터 권력이 시작되는 게 아니다. 대선 바로 다음 날부터 권력은 시작된다"며 다음과 같이 말했다.

"이때 실력자나 실세, 권력자의 주변에 접근하기란 '하늘의 별 따기'다. 이 방면에서 프로들이 모두 동원돼 선두다툼을 벌이기 때문에 생리를 모르는 사람들은 발만 동동 구를 따름이다. 공직 세계에선 이들에게 접근하기 위한 소리 없는 전쟁이 벌어진다. 온갖 인맥, 학맥, 혈맥과 동원 가능한 '빽'과 연줄이 총동원된다. 그러나 권력은 사라질 때 소리도 없이 사라진다. 권력을 잘못 휘두르면 독毒이라는 말은 그래서 동서고금의 진리일 수밖에 없다."[189]

앞을 내다본 명칼럼이라고 할 수 있겠다. 실제로 이명박을 비롯해 이명박 정권의 여러 권력자가 쇠고랑을 차는 비참한 처지에 처하지 않았던가. 매 정권마다 이런 일이 끊임없이 반복되는데도, "나는, 우리는 예외다"고 믿는 그 '근자감'은 도대체 어디에서 연유한 것일까? 권력의 불가사의不可思議인가?

19
왜 권력은 언제나 '잠재적 권력'인가?

"권력은 어느 특정 개인의 것이 아니다." (미국 사회학자 찰스 라이트 밀스)

* * *

『파워 엘리트』(1956)에서 한 말이다. 그는 "오늘날 미국 사회에서 최고 권력자 100명과 부유한 사람 100명, 그리고 유명 인사 100명을, 현재 그들이 차지하고 있는 제도적인 위치에서 또는 인간이나 돈과 같은 자원으로부터 그리고 그들에게 항시 초점을 맞추고 있는 매스미디어로부터 이탈시킨다면, 그때는 이들도 별 수 없이 하나의 무력하고 가난하고 평범한 인간이 되고 말 것이다"며 다음과 같이 말한다.

"권력이라는 것은 어느 특정 개인의 것이 아니며, 부라는 것도 재산을 많이 모은 자의 개인적인 수중에 들어 있는 것이 아니고, 명성이라는 것 역시 어느 특정 개인의 퍼스낼리티의 내부에 숨어 있는 것이 아니기 때문이다. 유명하게 되기 위해서, 돈을 많이 모으기 위해서, 또는 권력을 획득하기 위해서는 주요한 제도로 들어갈 필요가 있다. 즉 제도 내에서 차지하는 지위가 그처럼 귀중한 경험을 얻게 해주고 이것을 유지할 만한 기회를 보다 많이 부여해줄 수 있기 때문이다."[190]

너무도 뻔하고 당연한 말이지만 이걸 망각하거나 무시하려고 드는 권력자가 많다. 정치·행정 분야에서 고위직을 맡아 권력을 누리는 사람이 오만방자한 모습을 보일 때마다 "저 사람은 죽을 때까지 저 자리에 있을 걸로 생각하나?"라는 생각을 해본 사람이 많을 게다. 그러나 정작 당사자는 그런 생각을 하지 않는다. 그래서 학자들도 권력은 어느 특정 개인의 것이 아니라는 걸 굳이 강조하고 나섰을 게다.

찰스 라이트 밀스Charles Wright Mills, 1916~1962에 이어 해나 아렌트Hannah Arendt, 1906~1975도 『인간의 조건』(1958)에서 비슷한 이야기를 한다. 그는 "권력은 언제나 잠재적 권력이며, 세력이나 힘과 같이 불변하고 측정 가능하여 의지할 만한 그런 실재는 아니다. 힘이 고립된 개인에게서 볼 수 있는 자연적 성질인 반면에 권력은 함께 행위하는 사람들 사이에서 생겨나서 사람들이 흩어지는 순간 사라진다"며 다음과 같이 말한다.

"권력의 발생에 유일하게 필수적인 물질적 요소는 사람들이 함께 살아간다는 사실이다. 사람들이 아주 가깝게 함께 살기 때문에 행위의 가능성이 언제나 열려 있는 곳에서만 사람들은 권력을 가질 수 있다. 고대의 도시국가를 통해 모든 서구 정치 조직체의 전형이 된 도시의 건설은 따라서 권력의 가장 중요한 물질적 필수조건이다."[191]

아렌트는 『폭력론』(1970)에서도 "권력은 결코 개인의 고유 특성이 아니다. 그것은 집단에 속하는 것이며 집단이 함께 보유하는 한에서만 존속한다"며 이렇게 말한다.

"어떤 사람이 '권력을 갖고' 있다고 말할 경우에 실제적으로는 그가 일정한 다수의 사람으로부터 그들의 이름으로 행동하도록 권력을 위임 받았다는 것을 가리키는 것이다. 권력을 생성시켰던 집단이 사라지는 순간에, '그의 권력'도 소멸한다."[192]

국가 역시 넓은 의미의 조직이요 집단이다. 국가 운영을 책임진 정권은 모든 국가 구성원, 즉 국민 덕분에 막강한 권력을 누릴 수 있는 것이다. 선거에서 반대표를 던진 유권자들이라도, 그들이 있었기 때문에 합법적인 권력 쟁취를 할 수 있었던 것이다. 그럼에도 이 간단하고도 자명한 사실을 잊고 정권 탄생을 지지한 유권자들, 특히 그중에서도 열성 지지자들을 대상으로 한 국정 운영을 하는 정권들이 있다. 물론 문재인 정권 역시 그런 정권들 중의 하나다. 역사적으로도 그런 정권이 많았기에 밀스와 아렌트가 권력은 어느 특정 개인이나 집단의 것이 아님을 강조하고 나섰던 건지도 모르겠다.

국회의원들의 권력이 자신이 몸담고 있는 조직에서 비롯된 '잠재적 권력'이라면, 진정 조직과 국가를 위해 자신의 소신, 아니 생각이라도 자유롭게 표현해야 하는 게 아닐까? 얼른 생각하면 그리 해야 마땅할 것 같음에도 현실은 정반대다. 오히려 조직이나 조직을 지배하는 세력의 눈치를 보면서 몸을 사린다. '비겁해지기 경쟁'이라도 벌이는 것처럼 말이다. 이는 이른바 '공포 관리 이론terror management theory'이 던져주는 메시지와 비슷하다.

우리 인간은 언젠간 죽게 되어 있다. 누구나 다 아는 사실이다. 그러나 평소 삶에서 죽음을 얼마나 의식하고 사는가 하는 것은 별개의 문제다. 죽음을 많이 의식할수록 우리 인간은 평소 소중히 여기던 것들, 예컨대 관습 등과 같은 공동체 문화에 대한 집착이나 준수 의식에서 자유로워질까? 얼른 생각하면 그럴 것 같다. 영원하지 않은 삶이라는 걸 절감하는 상황에서 삶의 규칙이나 질서 따위가 무어 그리 중요하단 말인가. 그런데 심리학자들의 실험 결과는 전혀 다른 이야기를 들려준다. 사람들은 자신의 유한성mortality을 떠올릴수록 공유하는 세계관에 매달림으로써 죽음의 위협을 피하려 들기 때문에 오히려 보수화된다는 것이다.[193]

이게 바로 공포 관리 이론인데, 국회의원들 역시 '조직의 노예'가 됨으로써 자신의 권력 상실 가능성에 대한 공포를 관리하려 든다. 오죽하면 탈북자 출신인 미래통합당 의원 태영호가 "국회에 와 보니 북한 최고인민회의 같다"고 했을까. 이 말을 인용한 『중앙일보』 논설위원 최상연은 "군사독재 시절이나 지금이나 별반 달라진 게 없다. 제왕적 대통령과 제왕적 대선 주자, 제왕적 당대표가 당론이다"고 했다.[194]

2020년 8월 더불어민주당 당대표·최고위원 선거는 그런 이상한 모습을 유감없이 보여주었다. 당을 지배하는 '강성 친문 세력의, 친문 세력에 의한, 친문 세력을 위한' 선거였다고 해도 과언이 아닐 정도였다. 정책·비전 경쟁을 하면서 자신의 목소리를 내다 행여 친문 유권자들의 '심기'를 거스를까봐 입조심, 몸조심을 하는 수준을 넘어서 후보들이 앞다퉈 '친문 맞춤형' 발언을 쏟아내는 경연장이 되고 말았다.[195]

언제 기회가 닿으면 '정치에서의 공포 관리 이론'이란 논문을 하나 쓰고 싶다. 국회의원들은 "'잠재적 권력'임에도 불구하고"가 아니라 "'잠재적 권력'이기 때문에" 더욱 권력에 집착하며, 그 과정에서 정치의 타락이 일어난다고 말이다. 그렇다고 해서 '종신 권력'을 주는 게 답일 순 없으니, 쓴다 해도 뭐 그리 좋은 논문이 될 것 같지는 않다.

20

왜 '보이지 않는 권력'이 더 무서운가?

"어떤 쟁점이 애초에 의사결정의 중심에 놓이지 않도록 가로막는 것만으로도 그 쟁점을 진압하는 것이 가능하다."[196] (미국 정치학자 피터 바흐래시와 모턴 배래츠)

* * *

1962년 12월에 발표한 「권력의 두 얼굴Two Faces of Power」이란 논문에서 한 주장이다. 오늘날에야 뭐 그리 당연한 주장을 하느냐고 생각할 수 있겠지만, 당시엔 파격적인 권력관으로 화제를 모았다. 겉으로 드러난 행위자의 행태에 초점을 맞추는 기존의 권력관을 1차원적 권력관이라고 한다면, 아예 의사결정 단계에서 권력 행사를 문제 삼은

이 시각은 2차원적 권력관이라고 할 수 있는 것이었다. 그래서 이 논문이 실린 『미국정치학회보』를 중심으로 '보이는 권력'과 '보이지 않는 권력'의 문제에 관한 활발한 논의가 전개되었다.

이 논문 이전엔 '보이지 않는 권력'에 대한 문제 제기가 없었는가? 그렇진 않다. 수많은 사람이 비슷한 지적을 했지만, 이 논문의 가치는 권력관에 대한 본격적인 문제 제기로 권력에 관한 논의에선 '의사 결정 행위decision-making'와 '비결정 행위nondecision-making'를 동시에 고찰해야 한다고 강조했다는 점에서 주목을 받았다고 볼 수 있겠다. 이들이 인용한 미국 정치학자 샤츠슈나이더E. E. Schattschneider, 1892~1971도 『절반의 인민주권』(1960)에서 다음과 같이 말했다.

"모든 형태의 정치 조직은 특정한 종류의 갈등을 이용하고 그 외의 갈등은 억압하는 편향을 갖고 있다. 왜냐하면 '조직은 편향의 동원the mobilization of bias'이기 때문이다. 어떤 이슈들은 정치 영역에서 조직되는 반면 그 밖의 이슈들은 정치 영역에서 배제된다."[197]

그런데 더 거슬러 올라가자면, 미국 사회학자 찰스 라이트 밀스Charles Wright Mills, 1916~1962도 『파워 엘리트』(1956)에서 비슷한 말을 했다.

"파워 엘리트들은 매우 중요한 결과를 부르는 의사결정을 하는 위치에 있다. 그들이 그와 같은 결정을 내리는지 내리지 않는지 여부보다는 그들이 그런 결정적인 위치를 점유하고 있다는 사실이 더 중요하다. 그들이 어떤 행동을 하지 않거나, 어떤 의사결정을 하지 않는 것

자체가 그들이 내리는 결정보다도 더욱 중대한 결과를 초래하는 경우가 많다. 왜냐하면 그들은 현대사회의 중요한 사회계급과 조직에서 명령을 내리는 위치에 있기 때문이다."[198]

1974년 영국 정치학자 스티븐 룩스Steven Lukes는 『3차원적 권력론』에서 한 걸음 더 들어가 이데올로기까지 문제 삼는 3차원적 권력관을 제시했다. 그는 피터 바흐래시Peter Bachrach, 1918~2007와 모턴 배래츠Morton S. Baratz, 1924~1998의 2차원적 권력관도 "겉으로 드러나 있느냐 은폐되어 있느냐를 불문하고 실제적이고 관찰 가능한 갈등을 강조한다는 점"에서 한계가 있다고 했다.[199] 키스 바셋Keith Basset과 존 쇼트John Short는 "룩스의 관점은 갈등이 존재한다는 분명한 신호가 없을 때조차 엘리트들이 권력을 행사할 수 있는 가능성을 고려하고 있다"며 다음과 같이 말한다.

"예를 들어, 엘리트 집단인 지배자가 피지배자에게 그들의 정당성에 적합한 요구를 갖도록 하기 위해 교육 기관과 커뮤니케이션 기관을 통제하고 있다면, 합의는 이데올로기적 수단을 통해 만들어질 수 있다는 것이다. 이러한 사실은 피지배 집단이 자신들의 진정한 권익을 알지 못하게 하고 엘리트의 통제 형태를 보지 못하게 하는 '허위의식'에 지배당할 수 있음을 의미한다."[200]

이런 3차원적 권력관은 이론적으론 논의할 만한 충분한 가치가 있지만, 우리가 현실 세계에서 당면한 문제들에 대해선 2차원적 권력관에 충분한 관심을 기울이는 게 현실적일 게다. 2차원적 권력은 '의

제 설정 권력'이라고 할 수 있는데, 어떤 것이 사회적 의제가 되고 되지 않느냐를 결정하는 권력 행사의 문제는 언론학에선 이른바 '의제 설정 이론議題設定理論, agenda-setting theory'으로 다루어져왔다는 점에 주목할 필요가 있겠다.

이는 '미디어 의제media agenda'와 '공중 의제public agenda'의 상관관계에 관한 이론으로, 사회적 의제를 주도하는 가장 강력한 주체를 언론으로 본다. 미국 정치학자 버나드 코언Bernard C. Cohen은 "언론은 사람들에게 무엇을 생각하라고 말하는 데엔 별 영향을 미치지 못할지 모르지만, 무엇에 대해 생각하게끔 하는 데엔 놀라울 정도로 성공적이다"고 했다.[201] 미국 커뮤니케이션 학자 도널드 쇼Donald Shaw와 맥스웰 매콤Maxwell McCombs은 1972년 그간 주로 선거 캠페인 등과 관련해 산발적으로 논의되어온 미디어의 의제 설정 기능에 대한 종합적인 연구 결과를 내놓았다.[202]

사실 우리는 이미 초중고교 시절 '의제 설정'의 중요성을 경험한 바 있다. 학급회의의 의제는 학교 당국 또는 담임교사가 결정하거나 통제한다. 그래서 학급회의의 의제들은 주로 좋은 학습 분위기 조성이나 교실의 청결 등과 같은 '건전한' 것들이다. 학급회의가 교육의 목적이나 학우들 간의 우정 등과 같은 의제를 다룬다면 어떤 일이 벌어지겠는가? 기존 입시 위주의 교육에 대한 비판이 쏟아져 나올 가능성이 높다. 따라서 그런 의제는 원천봉쇄당하기 마련이다.

회담이나 회의에만 의제가 있는 게 아니다. 언론 보도에도 의제가 있다. 신문의 1면 머리기사나 텔레비전의 저녁 뉴스 첫머리에 어떤 기사를 내보낼 것인가? 언론이 마음먹기에 따라서 어떤 기사는 크게 보도할 수도 있고 작게 보도할 수도 있다. 즉, 기사의 중요성을 언론이 결정하는 것인데, 이게 바로 의제 설정이다.

그런데 언론학자들은 자기 전공에만 충실하겠다는 겸손이 지나친 나머지 의제 설정 권력을 언론에 국한시켜 연구하는 경향을 보여왔다. 언론이 권력의 의제 설정에 놀아나는 현실에 충분한 관심을 기울이지 않은 것이다. 최근 큰 사회적 논란이 된 부동산 가격 폭등 문제가 대표적이다. 문제가 악화되어 곪아 터져야 비로소 이슈가 된다. 그 이전에 문제 제기를 하는 건 뉴스 가치가 없다고 보는 것이다. 그렇다면 의제 설정의 주체는 언론이라기보다는 권력이라고 보아야 하지 않을까?

대중은 주어진 이슈들에만 반응할 뿐 스스로 이슈를 찾아내 반응할 길은 원초적으로 막혀 있다. 권력이 주요 사회적 의제를 '적폐 청산'이나 '검찰 개혁'으로 몰아가면 언론과 대중은 이런 의제들에만 반응할 뿐이다. 이 의제의 선의가 아무리 좋아도 문제는 이 의제들이 문재인 정권의 '정권 안보'와 '장기 집권'에 도움이 되는 것들이기 때문에 '오버'할 가능성이 매우 높으며, 실제로 그런 일이 벌어졌다는 점이다. 어디 그뿐인가. 그로 인해 문재인 정권이 민생 의제에 소홀하게 만드는 결과를 초래했으며, 이는 사회적 약자들을 대상으로 한 '부동산 약탈'로 이어졌다.[203] 사회 전체의 차원에서 보자면, '보이지 않는 권력'이 '보이는 권력'보다 무서운 이유가 바로 여기에 있다 하겠다.

21

왜 권력은 인간의 사고를 말살하는가?

"(아이히만의 마지막 모습은) 이 오랜 과정이 우리에게 가르쳐준 교훈을 요약하고 있는 듯했다. 두려운 교훈, 즉 말과 사고를 허용하지 않는 '악의 평범성'을."[204] (미국 정치학자 해나 아렌트)

* * *

『예루살렘의 아이히만』(1963)이란 책에서 한 말이다. 아돌프 아이히만Adolf Eichmann, 1906~1962은 독일 나치 친위대 중령으로 제2차 세계대전 중 유대인을 학살한 실무 책임자였다. 그는 독일이 패망할 때 독일을 떠나 도망쳐 아르헨티나에 정착했다. 그곳에서 약 15년간 숨어 지내다가 1960년 5월 11일 이스라엘 비밀 조직에 체포되어 9일 후

이스라엘로 압송되었다. 그는 1961년 4월 11일부터 예루살렘 법정에서 재판을 받았으며, 그해 12월 사형 판결을 받고 1962년 5월 교수형에 처해졌다.

해나 아렌트Hannah Arendt, 1906~1975는 『뉴요커』라는 잡지의 특파원 자격으로 이 재판 과정을 취재한 후 출간한 『예루살렘의 아이히만』에서 '악의 평범성the banality of evil'이라는 개념을 제시했다. 아이히만이 유대인 말살이라는 반인륜적 범죄를 저지른 것은 그의 타고난 악마적 성격 때문이 아니라 아무런 생각 없이 자신의 직무를 수행하는 '사고력의 결여' 때문이라고 주장한 것이다.[205]

아렌트의 시각에 따르면, 아이히만은 학살을 저지를 당시 법적 효력을 가지고 있었던 히틀러의 명령을 성실히 수행한 사람에 불과했다. 그는 평소엔 매우 '착한' 사람이었으며, 개인적인 인간관계에서도 매우 '도덕적'인 사람이었다. 그는 자신이 저지른 일의 수행 과정에서 어떤 잘못도 느끼지 못했고, 자신이 받은 명령을 수행하지 않았다면 아마 양심의 가책을 느꼈을 것이라고 대답했다.[206] 그는 필요하다면 자신의 아버지마저도 죽음의 수용소로 보냈을 것이라고 말했다.[207]

아렌트가 송고한 기사는 곧 미국 전역에 엄청난 논쟁을 불러일으켰다. 물론 악의 화신으로 여겨졌던 인물의 '악마성'을 부정하고 악의 근원이 평범한 곳에 있다는 주장 때문이었다. 아이히만이 평범한 가장이었으며 자신의 직무에 충실한 모범적 시민이었다고 하는 사실이 많은 사람을 곤혹스럽게 만들었다. 착한 사람이 저지른 악독한 범죄라고 하는 사실에서 연유되는 곤혹스러움은 "인간의 사유thinking란 무엇이고, 그것이 지능과는 어떻게 다르며, 나아가 사유가 어떠한 정치적 함의를 갖는가" 하는 문제를 근본적으로 제기하게 만들었다.[208]

아렌트는 "아이히만의 문제는 너무나도 많은 사람들이 그와 같았고, 그 많은 사람들은 도착자나 사디스트가 아니었으며, 무섭고도 놀라울 정도로 정상이었고, 지금도 그렇다는 데 있다"며 이렇게 말했다.

"우리의 법 제도와 도덕적 판단 기준에서 볼 때 이러한 정상성은 모든 잔혹 행위를 합친 것보다 훨씬 두려운 것이다. 그것은 이 새로운 범죄자가 자신이 하는 짓이 나쁜 짓이라는 걸 알거나 느끼지 못하게 만든 상황에서 범죄를 저지르는 것을 의미하기 때문이다."[209]

아이히만과 관련, 에리히 프롬Erich Fromm, 1900~1980은 '관료주의적 인간'의 문제를 제기했다. 그는 "아이히만은 관료의 극단적인 본보기였다. 아이히만은 수십만의 유대인들을 미워했기 때문에 그들을 죽였던 것이 아니다"며 다음과 같이 말했다.

"그는 누구를 미워하지도 사랑하지도 않았다. 아이히만은 '자신의 임무를 수행한 것이다.' 유대인들을 죽일 때 그는 임무를 충실히 수행했다. 그는 그들을 독일로부터 단지 신속히 이주시키는 책임을 맡았을 때도 똑같이 의무에 충실했을 뿐이다. 그에게 가장 중요한 것은 규칙을 준수하는 것이었다. 그는 규칙을 어겼을 때에만 죄의식을 느꼈다. 그는 단지 두 가지 경우에만, 즉 어릴 때 게으름 피웠던 것과 공습 때 대피하라는 명령을 어겼던 것에 대해서만 죄의식을 느꼈다고 진술

했다."[210]

아이히만의 죄는 '생각하지 않은 죄'였다. 아이히만은 자신에게 주어진 책임, 즉 기술적인 일만 성실히 수행했다. 이게 곧 아이히만의 대답이기도 했다. 닐 포스트먼Neil Postman, 1931~2003은 "아이히만의 대답이 하루에 미국에서만도 5천 번 이상 나오고 있을 것이다. 즉 내 결정의 인간적인 결과에 대해서는 아무런 책임도 없다는 것이다. 담당자는 관료주의의 효율성을 위해 맡은 역할에 대해서만 책임을 질 뿐이며, 이는 어떠한 희생을 치르더라도 계속되어야 하는 것이다"라고 말했다.[211]

모든 건 권력과 관련된 상황에 따른 것일 뿐, 악한 인간은 존재할 수 없는가? 그렇진 않다. 아렌트도 일부 가해자들의 가학 성향을 언급하면서 드물게나마 괴물들이 존재한다는 데에 동의했다. 도덕성이 결여된 사이코패스의 악행을 상황 탓만으론 돌릴 수 없다는 것이다.[212] '악의 평범성' 개념에 대한 반론은 많지만, 권력과 권위에 대한 복종의식이 우리 모두에게 있으며, 사람에 따라선 그게 지나친 수준으로까지 나아갈 수도 있다는 경각심을 환기시킨 개념으로 이해하면 되겠다. 권력은 인간의 사고를 말살할 수 있다는 사실, 이 얼마나 두려운 일인가.

22

왜 대통령은 '대주술사'가 되었는가?

"우리는 대통령에게 도저히 한 사람이 해낼 수 없는 일과, 도저히 한 사람이 감당할 수 없는 책임과, 도저히 한 사람이 견뎌낼 수 없는 압박을 주고 있다."[213] (미국 작가 존 스타인벡)

* * *

존 스타인벡John Steinbeck, 1902~1968은 "대통령을 마모시키고 탈진시켜 먹어치우는 셈이다"며 "우리가 그를 만들었다는 이유 하나로 우리는 그를 파괴하는 권리를 행사하고 있는 것이다"고 했다.[214] 이는 자신이 지지한 대통령 린든 존슨Lyndon B. Johnson, 1908~1973을 옹호하기 위해 한 말이지만, 말 자체는 옳다. 스스로 재선을 포기했던 존슨도 자신의 회고록에서 “솔직히 말해서 1968년에, 나는 정말 기나긴 날들과 끝없는 긴장 속에서 앞으로 4년을 이처럼 살 수 있으리라고 믿지 않았다”고 했다. 그는 “업무 부담이 견딜 수 없을 정도이기 때문에 무쇠 같은 신체 조건을 가져야 한다”며 대통령의 업무는 “소모적이고 비참하다”고 했다.[215]

존슨이 이런 푸념의 원조는 아니다. 제3대 대통령 토머스 제퍼슨Thomas Jefferson, 1743~1826은 대통령이라는 자리를 ‘화려한 불행’이라 했고, 제7대 대통령 앤드루 잭슨Andrew Jackson, 1767~1845은 ‘위엄 있는 노예 생활’이라고 했다.[216] 어찌 생각하면 대통령제란 인간이 만들어낸 우스꽝스러운 제도임이 틀림없지만, 사람들은 대통령제에 대해 매우 심각하고 진지하다.

도대체 왜 그러는 걸까? 딕 모리스Dick Morris는 “미국은 역사적으로 군주제를 경험해보지 못했기 때문에 재미있는 오락거리는 할리우드에서 찾으려 하는 반면, 백악관에서는 어떤 위대한 지도자를 기대하는 경향이 있다”고 말한다.[217] 그러나 군주제 경험이 있는 한국에서도 지도자 숭배 현상이 강한 걸로 보아선 썩 그리 좋은 설명이라고 보긴 어렵다. 어렸을 때부터 그렇게 교육을 받아서 또는 세뇌洗腦당해서 그러는 걸까? 미국 역사학자 하워드 진Howard Zinn, 1922~2010은 다음과 같이 말한다.

“미국의 역사 교육에서는 부자와 권력 있는 사람-정치 지도자, 기업가 등-의 행적을 강조한다. 교실 수업은 흔히 대통령에게 집중된다. 교사들이 널리 사용하는 책 가운데 하나는 역대 대통령의 초상화가 벽에 가득 걸려 있고 그것을 바탕으로 역사 과목을 가르치는 한 교실의 예를 감탄스럽게 소개한다. 우리 미국인은 정치 지도자를 신처럼 떠받들고 도처에 초상화를 내걸고 동상을 세우는 다른 나라 사람을 비웃곤 한다. 그러나 우리 문화에서는 대통령의 더없이 사소한 행동을 대단히 중대한 일인 양 간주한다."[218]

역사 교육과 더불어 '스타 마케팅'에 중독된 상업적 저널리즘이 미친 영향도 크다. 언론인 시어도어 화이트Theodore White, 1915~1986의 『대통령 만들기』(1961)는 '대통령의 영웅화'에 큰 영향을 미쳤다. 물론 '대통령의 영웅화'는 초대 대통령 조지 워싱턴George Washington, 1732~1799 시절 이래로 나타난 현상이지만, 민주주의의 역사적 진보에도 그 관행이 약화되기는커녕 오히려 더 강해졌다는 점에서 저널리즘이 미친 영향도 간과할 수 없다는 뜻이다.

『대통령 만들기』라는 책은 당시 미국 선거 보도의 방법상 일대 혁신으로 평가받았다. 화이트는 이 책을 통해 기존의 인물 중심 보도를 심층적으로 더 화려하게 꾸미는 새로운 기법을 선보였다. 그는 정치 보도를 퍼스낼리티들 간의 투쟁으로 그리는 소설의 경지에까지 이르게 했다.[219] 퍼스낼리티에 대해 심층적으로 분석하는 방식의 보도에 긍정적인 측면이 있다는 걸 부인하긴 어렵지만, 문제는 그것이 선거 보도의 전부가 되어버렸다는 데에 있었다. 1968년에 화이트의 책과 비슷한 선거 보도 관련 책이 18권이나 출간되었다는 것도 그런 문제의 심각성을 시사해주는 것이었다.

화이트가 사망하자 『타임』은 그가 "미국인들이 선거 캠페인을 보는 방법을 바꿈으로써 미국 정치를 변화시킨" 인물이라고 평가했다. 선거를 국익 수호를 위한 영웅들 간의 투쟁이요 드라마로 보았던 화이트는 영웅 사관의 철저한 신봉자였다. 그는 말년에 이르러 위대한 인물이 역사를 움직일 수 있다는 생각에 회의를 갖게 되었다는 것을 시인했지만, 미국 대선은 여전히 '영웅 탄생을 위한 드라마'로 여겨지고 있다.[220]

1972년 사회학자 아미타이 에치오니Amitai Etzioni는 「대주술사大呪術師, The Grand Shaman」라는 재미있는 글을 발표했다. 그는 시베리아의 툰드라 지역에 있는 추케호우Chukehoe족의 한 인류학자가 미국을 살펴본다면, 미국의 샤머니즘이 그들의 것보다 열등하다는 결론을 내릴는지도 모르겠다고 했다. 다음과 같이 말이다.

"미국인들은 사회적 문제에 직면했을 때, 대통령, 의회, 주지사들, 그리고 시장들은 엄청난 제스처를 보이면서 보통 일련의 약속과 위협으로 이루어진 환상적인 소음을 뿜어낸다. 그러나 그 무엇 하나 달라지는 건 없다. 미국인들의 우두머리들은 비가 오지 않는 건기에 비를 내리게 해달라고 비는 주술사와 같다."

이어 에치오니는 "우리 미국인들은 '사회적 문제를 해결합시다' 춤Let's-Solve-a-Social Problem dance에 대해 잘 알고 있다. 대통령은 보통 연설이라는 의식儀式으로 시작한다. 그는 자신이 악령을 죽이면 모든 문제가 사라질 것이라고 선언한다. 그는 약속한다. 가난, 범죄, 또는 공해가 완전히 사라질 것이라고. 엄청난 팡파르가 끝나고 나면 원로들이 의식적인 회동을 갖고, 대통령은 의회에 어떤 프로그램을 실천하겠다고 요청하고, 그러면 새로운 기구가 하나 탄생하게 된다"며 다음과 같이 말했다.

"1년 남짓 지나면 우리는 그 새로운 기구의 실적에 대해 듣게 된다. 달라진 건 아무것도 없다. 아니 오히려 원래의 사회적 문제는 더욱 악화되어 있다. 그 기구의 치료 또는 사회의 우연적인 변화에 의해 문제의 일부는 다소 치유되었는지도 모른다. 그 어떤 이유에 의해서건 그 공은 주술사들에게 돌아간다. 그러나 대부분의 사회문제들은 전혀 나아지지 않았다. 그래서 주술사들은 추가의 주술 처방을 내린다. 그들은 그 기구를 재편하고 새로운 이름을 붙이고 새로운 우두머리를 임명한다. 아니면 그들은 무엇이 성공인지, 그 성공의 정의 자체를 바꿔버릴 것이다."[221]

미국 또는 한국의 대통령들을 지켜보라. 사람들은 대통령에게 도저히 한 사람이 해낼 수 없는 일과, 도저히 한 사람이 감당할 수 없는 책임과, 도저히 한 사람이 견뎌낼 수 없는 압박을 주고 있다. 차라리 이걸 정치적 의제로 삼아 탁 깨놓고 이야기해보면 좋으련만, 대통령들은 그런 압박에 자발적으로 호응하는 '대주술사大呪術師' 연기를 하는 일에만 전력투구하고 있다는 걸 실감할 수 있을 것이다. "이대론 안 된다"는 논의가 활발하게 이루어져야 함에도 말이다.

23

왜 촘스키는 닉슨의 용기에 성원을 보냈을까?

"결국 닉슨이 비도덕적인 인물로 낙인찍히면서 탄핵까지 받은 것은, 그 이전부터 권력자들의 비위를 건드렸기 때문입니다. 솔직히 말해서 나는 닉슨의 그런 용기에 마음속으로 성원을 보냈습니다."[222] (미국 언어학자이자 사회운동가 놈 촘스키)

* * *

『촘스키, 누가 무엇으로 세상을 지배하는가』(2001)에서 "평소에는 누구도 감히 권력자를 비난하거나 공격하지 못합니다. 가령 당신이 권력자들을 비난한다면 그들이 거센 반격을 가하면서 당신을 미치광이로 만들어버릴 것입니다"라면서 한 말이다. 뜻밖이다. 미국 좌파 지식계의 거두인 놈 촘스키Noam Chomsky가 마음속으로나마 리처드 닉슨Richard M. Nixon, 1913~1994을 성원했다는 것은 좌우를 떠나 이른바 '동부 기득권층'에 대한 사회적 반감이 미국 사회에 적잖이 자리 잡고 있었다는 걸 시사한다. 이는 권력투쟁의 복잡성을 말해주는 사례로 보아도 무방하겠다.

이걸 이해하기 위해선 1968년 대선이 공화당 내부의 분열 양상이 매우 심각한 수준에 이른 선거였다는 점에 주목할 필요가 있다. 당시 공화당에서 세력을 얻고 있던 반反기득권적 비주류 보수주의는 당의 재벌 가문 위주의 '동부 기득권층'과 언론사·재단·싱크탱크·아이비리그Ivy League 대학 위주의 '동부 자유주의 기득권층eastern liberal establishment'을 공격했다.[223]

공화당의 반기득권적 비주류 보수주의를 이끈 인물은 이 대선의 승자인 제37대 대통령 리처드 닉슨이었다. 닉슨은 공화당과 민주당을 막론하고 아이비리그 학벌로 대표되는 동부 기득권층을 죽는 날까지 혐오했다. 서부 캘리포니아 변방 출신으로 별 볼 일 없는 가문과 학벌을 가진 닉슨은 내내 그들에게서 차별을 받았기 때문이다. 심지어 부통령 시절에도 그는 동부 기득권층 인사들만 회원제로 드나드는 워싱턴의 고급 술집에서 문전박대를 당한 적도 있었다.[224]

벤저민 브래들리Benjamin C. Bradlee는 "닉슨은 휘티어Whittier대학 출신으로, 사우스웨스트주립사범대학Southwest State Teachers' College 출신이었던 린든 존슨Lyndon B. Johnson, 1908~1973처럼 아이비리그 대학 출신자들에 대한 일종의 열등감을 느끼고 있었다"고 주장한다.[225] 반면 데이비드 브룩스David Brooks는 "동부 기득권층 엘리트들은 가문이 별 볼 일 없음에도 불구하고 야심에 찬 사람들(이를테면 린든 존슨이나 리처드 닉슨)을 무지하게 괴롭혔다"고 말한다.[226]

누구 말이 더 옳을까? 브래들리가 닉슨과 원수 관계였던 『워싱턴포스트』 사람인데다 닉슨의 정적政敵이었던 존 F. 케네디John F. Kennedy, 1917~1963의 절친한 하버드대학 후배라는 점을 감안하고 듣는다면, '닉슨의 열등감'은 '아이비리그 출신의 우월감'으로 달리 표현할 수 있는 것이다. 열등감에서 비롯된 막연한 피해의식인지, 실제로 당할 만큼 당했기 때문에 갖게 된 정당한 피해의식인지, 따져볼 필요가 있다는 뜻이다. 게다가 닉슨은 하버드대학에 합격했는데도 가정 형편상 진학할 수가 없어, 지역의 퀘이커교도 학교인 휘티어대학에 들어갔다.[227] 그랬으니, 닉슨이 아이비리그 출신이라고 '거들먹거리는' 사람들에 대해 어떤 생각을 가졌을지는 미루어 짐작하기 어렵지 않다.

찰스 라이트 밀스Charles Wright Mills, 1916~1962가 『파워 엘리트』(1956)에서 잘 지적했듯이, 사립 기숙학교를 거친 아이비리그 출신은 배타적인 클럽을 운영하면서 동부 기득권층으로 대변되는 미국 엘리트의 핵심을 형성했던바,[228] 야망을 가진 비非아이비리그 출신들에겐 원성의 대상이었다. 그러나 누가 감히 그런 원망을 발설할 수 있으랴. 그런 점에서 닉슨은 유별난 인물이었다. 닉슨의 정치 인생은 동부 기득권층과의 전쟁이었다고 해도 과언이 아니다. 닉슨이 1940년대에 벌인 맹렬한 반공反共 활동은 포퓰리즘이었다는 시각이 나오는 것도 바로 그런 배경에서 비롯된 것이다. 닉슨이 목표물로 정조준한 친공親共 인사들은 모두 동부 기득권층이었으며, 닉슨의 뒤엔 동부 기득권층에 반감을 갖고 있는 보통 사람들이 있었다는 것이다.[229]

닉슨의 처참한 몰락을 가져온 워터게이트 사건은 미국 민주주의와 언론 자유의 승리로 예찬되기도 하지만, 그 이면엔 닉슨의 동부 기득권층과의 전쟁이라는 또 다른 요소가 있었다고 보는 시각이 있다. 물론 이를 그대로 믿을 건 아닐망정, 미국 체제에 매우 비판적인 놈 촘스키가 그런 시각을 가진 사람들 중의 하나라는 게 흥미롭다.

흥미롭긴 하지만, 그 정도의 감상으로 끝낼 이야기는 아니다. 닉슨의 원한과 상처에 공감할망정, 그로 인해 갖게 된 증오가 닉슨의 몰락을 불러왔다는 점이 중요하다. 증오에 눈이 멀면 정상적인 판단을 내리기 어려워진다는 건 두말할 나위가 없다. 이게 한국 정치에 주는 교훈은 없을까? 있다. 문재인 정권과 그 지지자들의 사고방식과 행태를 이해하는 데에 큰 도움이 된다.

모든 건 노무현 서거에서 비롯되었다. 문재인 지지자들은 서거의 책임을 이명박 정권과 검찰에 묻는다. 동의한다. 그러나 그들은 거기서 멈추지 않는다. 노무현 정권 시절에 노무현을 비판했던 진보 언론과 지식인들에게도 책임을 물으면서 그 원인을 '노무현 왕따'에서 찾는다. 노무현이 정통 운동권 출신이 아닌데다 상고 출신이었다는 점을 들어 진보 진영이 왕따를 하는 동시에 가혹한 비판을 해댔다는 것이다. 이런 주장을 하는 친문 논객이 적지 않으며, 친문 지지자들의 댓글에서도 쉽게 발견할 수 있다.

"지난 참여정부 때 입진보 언론이 노무현 대통령을 조중동과 함께 사지로 몰고 간 일에 대한 성찰은 전혀 없고 여전히 입만 살아서. 당신들 때문에 우리는 더 절박하게 문재인 대통령을 지켜내야 한다는 결의를 다지는 걸 모르죠?"[230]

『경향신문』을 비난하는 이 댓글은 친문 네티즌들이 쓰는 댓글 메뉴의 한 원형이라고 해도 과언이 아니다. 물론 그래서 일어난 게 바로 '진보 언론 불매 위협 운동'이다. 이 운동에 큰 영향을 미친 대표적 이론가는 참여정부 시절 보건복지부 장관을 지낸 유시민이다. 유시민은 스스로 '어용 지식인'이 되겠다고 선언했고, 이는 대대적인 '어용 시민' 운동으로 발전했다(이에 대해선 내가 지난 4월에 출간한 『쇼핑은 투표보다 중요하다』에 쓴 「제3장 왜 진보 언론은 자주 '불매 위협'에 시달리는가?: '어용 언론' 사건」에서 자세히 다루었기에 재론하지 않겠다).

내용은 크게 다르지만, 핍박을 가했던 사람들에 대한 증오가 정치적 행위의 동력이 되었다는 점에서 닉슨 이야기와 일맥상통하는 점이 있다. 물론 친문 지지자들은 닉슨처럼 타락하진 않을 것이다. 그러나 이른바 '좌표 찍고, 벌떼 공격'으로 대변되는 일부 지지자들의 전투적 행태는 문재인 정부를 돕는 게 아니라 오히려 망치고 있다는 점에서 문제가 매우 심각하다. 그럼에도 그들은 그걸 모르거나 이해하지 못한다. 어쩌겠는가. 시간이라는 심판관에 맡겨보는 수밖엔 없을 것 같다.

24

왜 독단적 교리는 자유에 대한 적인가?

"독단적 교리는 인간의 자유에 대한 적이다." (미국의 급진적 빈민운동가 이자 지역사회 조직가 솔 알린스키)

* * *

『급진주의자를 위한 규칙』(1971)에서 다음과 같은 말끝에 한 말이다.

"나는 독단적 교리를 혐오하고 또 두려워한다. 나는 모든 혁명에는 반드시 그것을 고취시킬 이데올로기가 있어야만 한다는 것을 잘 알고 있다. 하지만 갈등이 증폭되어가는 과정에서 이와 같은 이데올로기들이 오직 자신들만이 진리나 천국으로 가는 열쇠를 가지고 있다고 주장하는 경직된 독단적 교리로 변질되어버리는 것은 비극적인 일이다."[231]

독단적 교리에 사로잡힌 사람들은 대화를 거부하면서 욕설과 모욕 중심의 언어를 구사한다. 그래야 열성 지지자들이 열광하기 때문이다. 솔 알린스키Saul Alinsky, 1909~1972는 '말로만 하는 구두선口頭禪식 급진주의자'를 맹렬히 비판하면서 그들을 이렇게 정의했다.

"낡아버린 옛 단어나 구호를 사용하고 경찰을 '돼지'라든지 '백인 파시스트 인종차별주의자' 혹은 '쌍놈'이라고 부르는 등의 방식으로 오히려 자기 자신을 정형화시킴으로써 남들이 '아, 뭐 재는 그냥 저런 애'라고 하는 말로 대응하고는 즉시 돌아서게끔 만들어버리는 사람이다."[232]

그럼에도 그들은 자신이 사회적 약자를 생각하는 정의로운 사람이라는 착각을 고수한다. 알린스키는 "인간의 정신은 과연 우리가 옳은지를 살펴보는 내적 의심이라는 작은 불빛을 통해서만 빛날 수 있다. 반면 자신이 진리를 소유하고 있다고 완전히 확신하고 있는 자들은 내적으로는 어둠에 가득 차 있고 외적으로는 잔혹함과 고통, 불의로 세상을 어둡게 한다"며 다음과 같이 말한다.

"무산자들, 혹은 가난한 자들을 신격화하는 사람들은 다른 교조주의자들과 똑같은 잘못을 저지르고 있으며, 또한 그들만큼이나 위험하다. 이데올로기가 독단적 교리로 타락할 위험을 감소시키고, 인간의 자유롭고 열려 있으며 탐구적이고 창조적인 정신을 보호하고 동시에 변화가 가능하도록 하기 위해서는, 그 어떤 이데올로기도 '모두의 행복을 위해서'라는 미국의 헌법 제정자들의 이데올로기보다 더 구체적이어서는 안 된다."[233]

덴마크의 핵물리학자인 닐스 보어Niels Bohr, 1885~1962는 "내가 말하는 모든 문장은 확언이 아니라 질문으로 이해되어야만 한다"고 했다.[234] 미국 법률가 런드 핸드Learned Hand, 1872~1961는 "자유로운 인간의 징표는 자신이 옳은지 그른지에 대해 영원히 고뇌하는 내적인 불확실성에 있다"고 했다. 이런 명언들을 인용한 알린스키는 "열린 사회에서 열린 사회를 위해 일하는 조직가는 이데올로기적 딜레마에 빠져 있다. 일단 그에게는 고정된 진리가 없다. 그에게 진리란 상대적이며 변화하는 것이다. 그에게는 모든 것이 상대적이고 변화하는 것이다. 그는 정치적 상대주의자이다"며 다음과 같이 말한다.

"그는 삶의 의미가 무엇인지 조금이라도 이해하기 위하여 자신의 삶을 포함하여 인간의 삶을 끊임없이 관찰해야만 하며, 자신이 스스로 발견한 사실들을 의심하고 시험해야 한다. 탐구 과정에서 핵심이라고 할 불경스러움은 필수 요건이다. 호기심은 부득이하다. 그가 가장 자주 하는 말은 '왜?'이다.……그가 독단적 교리의 족쇄에서 자유로울 수 있는 한, 그는 현재 우리 사회에서 나타나는 매우 다양한 상황들에 현실적으로 대응할 수 있다."[235]

독단적 교리를 막을 수 있는 예방주사는 호기심이다. "지나친 호기심은 위험하다Curiosity killed a cat"라는 서양 속담이 있지만, 알린스키는 이 속담은 조직가에겐 무의미하며, 운동의 동력은 바로 '한계를 모르는 강박적인 호기심'이라고 역설한다. 그는 "조직가는 호기심이라는 전염병을 옮기는 사람이 된다. 왜냐하면 '왜'라고 묻는 사람은 반항을 시작하고 있기 때문이다. 지금까지 일반적으로 인정되고 있던 방식과 가치에 대해 의문을 제기하는 것은 혁명에 선행하면서 또한 반드시 필요한 개혁의 단계이다"며 다음과 같이 말한다.

"호기심은 불경不敬 없이는 존재할 수 없다. 호기심은 이렇게 묻는다. '이것은 정말인가?', '이것이 언제나 관습적인 방식이었다는 단지 그 이유 때문에, 이것이 살아가는 최선의 혹은 올바른 방식인가? 이것이 최선의 혹은 올바른 종교적 신조, 정치적 혹은 경제적 가치, 도덕인가?' 질문을 던지는 사람에게 신성불가침이란 없다. 그는 독단적 교리를 혐오하고, 도덕성을 제한하려는 어떠한 개념 규정도 무시하고, 자유롭고 편견 없이 사상을 탐구하는 것을 억누르는 탄압에 대해 반항한다."[236]

구구절절이 옳은 말이건만, 독단적 교리에 중독된 사람이 의외로 많다. 한국에선 독단적 교리가 '지도자 숭배'와 맞물려 나타나는 경우가 많은데, '정치 팬덤'은 그런 독단적 교리의 온상이라고 해도 과언이 아니다. 다음 몇 개의 사례는 그런 현실을 잘 말해주고 있다.

대중음악 평론가 김작가는 『경향신문』(2017년 4월 27일)에 기고한 칼럼에서 "오해를 막기 위해 미리 말해두자면, 나는 이번 대선에서 문재인을 지지하는 입장이다"며 이렇게 말했다.

"그럼에도 불구하고 극렬 문재인 지지자, 보다 직설적으로 표현하자면 '문빠'라 지칭되는 이들의 태도에 눈살을 찌푸릴 수밖에 없는 이유는 그것이야말로 한국 사회의 '적폐'이기 때문이다.……이런 상황은 우리 사회가 '다름'에 대한 충분한 존중을 갖고 있지 못하기 때문에 벌어지는 일이다."[237]

전남대학교 철학과 교수 김현은 2018년 5월 『한국여성철학』에 발표한 논문에서 "문빠의 정치적 판단은 문재인 대통령에 대한 호불호만을 기준으로 움직일 뿐, 그들 이외의 이질적 타자를 고려하거나 타자에 대한 감수성을 관용하지 않는다"며 이렇게 말했다.

"문빠가 가지고 있는 이러한 일방적인 면모와 맹목성 때문에, 문빠를 박사모와 동일한 정치적 훌리건이라고 보는 시각도 만만치 않게 퍼져 있으며, 문빠가 보이는 이 패권주의적이고 공격적인 행태 때문에 문빠를 일베에 빗대어 '문베충'이라고 부르는 사람들도 생겨나고 있다. 전적으로 틀린 진단인 것만은 아니다. 나는 문빠가 지닌 이 집단적 공격성이 방어적이라는 이유에서 허용되어도 좋다고 생각하지 않는다."[238]

2020년 2월 19일 『조선일보』는 사설을 통해 "문 대통령이 최근 전통시장 반찬 가게를 찾아 경기를 묻자 '거지 같아요. 너무 장사가 안 돼요'라고 답한 상인은 '문빠'의 테러에 가까운 공격을 받았다"며 이렇게 말했다.

"대통령에게 불경한 말을 했다는 것이다. 상인의 휴대전화 번호 등 신상이 털리고 악성 댓글이 달렸다고 한다. 심야에 발신자 모르는 전화도 걸려온다고 한다. 상인은 '장사가 안 돼 어렵다고 말한 것이 그렇게 잘못이냐'고 했다.……이번만이 아니다. 대통령 지지 세력은 반대편 인사에 대해 무차별 신상 털기와 문자 폭탄 테러를 가해왔다. 대통령을 '문재인 씨'라고 지칭한 개그맨까지 공격받았다. 대통령이 왕이라도 되는 양 털끝이라도 건드리면 가만두지 않겠다는 자세다. 여당은 이 극렬 지지층 눈치를 보는 것을 넘어 끌려다니고 있다. 대통령이 옹호하니 어쩔 수 없을 것이다."[239]

2020년 8월 6일 정치인 금태섭은 『한겨레』에 기고한 칼럼에서 "'~빠'로 불리는 극렬 지지층이 온라인에서 상대편에게 입에 담을 수 없는 말을 쏟아내거나 심지어 약자를 공격해도 나서서 만류하는 정치인을 보기 힘듭니다"라면서 이렇게 말했다.

"오히려 그 힘에 편승하기 위해서 인기 발언을 서슴지 않습니다. 온라인 여론에 찍힐까봐 이미 했던 말을 주워 담는 남사스러운 장면도 볼 수 있습니다. 그러나 지지층의 눈치나 보는 정치로는 아무것도 이룰 수 없습니다. 우리 사회의 난제를 해결하려면 긴 안목과 끈질긴 인내심을 가지고 어려운 문제에 정면으로 부딪치는 지도자가 필요합니다."[240]

문재인 대통령의 후보 시절 캠프에서 활약했던 변호사 신평은 8월 19일 자신의 페이스북에 올린 '무례함의 전성시대'라는 글에서 "우리 사회는 지금 위대한 '달님(문재인 대통령)'이 내려주시는 빛을 조금이라도 가린다고 생각되는 사람들에게 벌떼같이 달려들어 인격적 파멸을 끌어내고 있다"면서 "아무리 위대한 '달님'을 향한 충성심을 일편단심으로 나타내건 말건 '대깨문'은 민주주의 부적격자다"라고 비판했다.[241]

'문빠'나 '대깨문'에게 제발 그러지 말아달라고 호소하는 지도자는 없다. 지식인? 시민운동? 이들에게 기대를 걸어야 할까? 그것도 어렵다. 이들 중엔 '문빠'보다 강한 '독단적 교리'를 설파하면서 '문빠'를 옹호하고 미화하는 이가 많기 때문이다. 이 문제는 「33 왜 도덕적 우월감은 정치적 독약인가?」(194쪽)라는 글에서 더 논의해보기로 하자.

25

왜 타협은 아름다운 단어인가?

"조직가에게 타협은 핵심적이고 아름다운 단어다." (미국의 급진적 빈민 운동가이자 지역사회 조직가 솔 알린스키)

* * *

『급진주의자를 위한 규칙』(1971)에서 "타협은 허약함, 우유부단함, 고매한 목적에 대한 배신, 도덕적 원칙의 포기와 같은 어두움을 가지고 있는 단어"지만, 조직가는 달라야 한다며 한 말이다.[242] 솔 알린스키Saul Alinsky, 1909~1972는 "있는 그대로의 세상과 우리가 원하는 세상 사이엔 큰 차이가 있다"며 사회개혁 운동이 '있는 그대로의 세상'과 조응할 것을 요구했는데,[243] 타협은 바로 그런 관점의 당연한 귀결이다.

알린스키는 “일단 있는 그대로의 세상으로 들어서고 나면, 잘못된 생각들을 하나씩 버릴 수 있다. 우리가 버려야 하는 가장 중요한 환상은 결코 피할 수 없는 사물의 양면성을 분리시켜 파악하는 인습적 사고방식이다. 지적으로 우리는 모든 것이 기능적으로 서로 연결되어 있다는 사실을 알고 있지만, 행동할 때의 우리는 모든 가치와 문제들을 분할하고 고립시킨다. 우리는 주변의 모든 것을 빛과 어둠, 선과 악, 생과 사와 같이 그것과 결코 분리할 수 없는 반대 개념의 짝으로서 바라보아야 한다”며 다음과 같이 말한다.

“모든 현상의 이원성에 대한 이러한 이해는 우리가 정치를 이해하는 데에 반드시 필요하다. 이를 통해서 우리는 한 가지 접근법은 긍정적이고 다른 한 가지는 부정적이라는 신화에서 벗어날 수 있다. 인생에서 그와 같은 것은 없다. 한 사람에게는 긍정적인 것이 다른 사람에게는 부정적이기 마련이다. 어떤 과정을 ‘긍정적’ 혹은 ‘부정적’이라고 서술하는 것은 정치적 무지의 표시이다.”[244]

이런 주장의 연장선상에서 알린스키는 조직가는 정치적으로 분열적이지만 동시에 잘 융화된 존재가 되어야 한다고 주장한다. 그는 “문제가 극단적으로 나누어져야만 사람들은 행동할 수 있다. 사람들은 자신들의 주장이 100% 천사의 편에 있으며 그 반대는 100% 악마의 편에 있다고 확신할 때 행동할 것이다. 조직가는 문제들이 이 정도로 양극화되기 전까지는 어떠한 행동도 가능하지 않을 것이라고 알고 있다”며 다음과 같이 말한다.

"내가 말하고 있는 것은 조직가라면 자신을 두 부분으로 나눌 수 있어야 한다는 것이다. 그의 한 부분은 행동의 장에 있으며, 그는 문제를 100대 0으로 양분해서 자신의 힘을 투쟁에 쏟아붓도록 힘을 보탠다. 한편 그의 다른 부분은 협상의 시간이 되면 이는 사실상 단지 10%의 차이일 뿐이라고 하는 점을 알고 있다. 그런데 양분된 두 부분은 서로 어려움 없이 공존해야만 한다. 잘 체계화된 사람만이 스스로 분열하면서도 동시에 하나로 뭉쳐서 살 수 있다. 그런데 바로 이것이 조직가가 해야만 하는 일이다."[245]

그런데 진보주의자들은 '타협'을 더럽게 생각하는 고질병을 앓고 있다. 알린스키는 "타협은 언제나 실질적인 활동 속에 존재한다. 타협은 거래를 하는 것이다. 거래는 절대적으로 필요한 숨 고르기, 보통 승리를 의미하며, 타협은 그것을 획득하는 것이다. 당신이 무에서 출발한다면, 100%를 요구하고 그 뒤에 30% 선에서 타협을 하라. 당신은 30%를 번 것이다"며 다음과 같이 말한다.

"자유롭고 개방적인 사회는 끊이지 않는 갈등 그 자체이며, 갈등은 간헐적으로 타협에 의해서만 멈추게 된다. 일단 타협이 이루어지면, 바로 그 타협은 갈등, 타협, 그리고 끝없이 계속되는 갈등과 타협의 연속을 위한 출발점이 된다. 권력의 통제는 의회에서의 타협과 행정부, 입법부, 사법부 사이에서의 타협에 바탕을 두고 있다. 타협이 전혀 없는 사회는 전체주의 사회이다. 자유롭고 개방적인 사회를 하나의 단어로 정의해야 한다면, 그 단어는 '타협'일 것이다."[246]

알린스키의 이런 일련의 주장은 급진적 빈민운동과 관련해 나온 것이지만, 일반적인 정치에도 적용될 수 있다. 누구나 다 인정하겠지만, 한국 정치에서 가장 찾기 어려운 게 바로 타협이다. 타협은 곧 '사쿠라의 길'로 간주되었던 군사독재정권 시절의 유산이라지만, 그걸 감안하더라도 해도 너무 한다는 목소리가 높다. 서울대학교 정치외교학부 명예교수 장달중은 2017년 6월 다음과 같이 말했다.

"우리처럼 제도권 밖의 군중 운동이 정치 변화를 추동하는 나라는 민주국가 가운데는 드물다. 그리고 우리처럼 타협이 불가능할 정도로 도덕주의가 정치를 좌우하는 나라도 거의 없다. 그래서 지난 대선에서 '극우보수 세력을 완전히 궤멸시키겠다'는 친문親文 진영의 발언이나, 문재인 대통령이 대선 캠페인 중 내건 '적폐 청산' 슬로건이 어떤 방향으로 전개될지를 묻는 그들의 질문이 결코 예사롭게 들리지는 않는다."[247]

과연 무엇이 문제일까? 2017년 1월, 대선을 겨냥해 출간한 『대한민국이 묻는다: 완전히 새로운 나라, 문재인이 답하다』에서 문재인이 "타협하는 것이 정치의 원칙이죠. 인생사가 타협 아닙니까? 그러나 원칙을 타협할 수는 없는 겁니다"라고 말한 것에 그 답이 있는 것 같다.[248]

즉, '원칙'이 무엇이냐가 문제의 핵심이다. 우리는 나름 수많은 원칙을 갖고 세상을 살아가지만, 그 원칙들엔 경중輕重의 위계가 있다. 죽어도 지켜야 할 원칙이 있는가 하면, 어느 정도 양보하거나 타협할 수 있는 원칙도 있다. 큰 원칙하에 제시된 방법론도 원칙인가? 큰 원칙에 이르는 길엔 여러 가지 방법이 있을 수 있다는 걸 감안한다면, 방법론마저 원칙으로 여기는 건 타협을 불가능하게 만든다.

예컨대, 검찰 개혁은 문재인의 대원칙일 게다. 그렇다면 공수처법(고위공직자범죄수사처법)은 어떤가? 이 또한 타협할 수 없는 원칙인가? 이 법에 대해선 개혁 진보 진영 내에서도 "민주주의에 있어 지극히 위험한 법"이라는 비판이 제기되고 있다.[249] 물론 문재인 정권은 들은 척도 하지 않았다. 이 법에 반대하면 수구 기득권 세력이라는 딱지 붙이기에만 열을 올려왔다. 편을 가리지 않고 법 적용이라도 공정하게 하면 모르겠는데, 그건 전혀 딴판이다. 자신들이 외치는 '검찰 개혁'에 역행한다는 비판의 목소리가 높지만, 이에 대해선 아무런 말이 없다.

문재인 정권은 타협할 수 있고 타협해야 마땅한 방법론마저 원칙으로 여겨 타협을 거부한 외골수 길을 걸어온 건 아닐까? 반면 자신들에게 적용하는 원칙엔 한없이 신축적이고 너그러운 여유를 보여온 게 아닐까? 즉, 경쟁 또는 적대 세력에겐 원칙의 최대주의, 자기 또는 동맹 세력에겐 원칙의 최소주의를 실천해온 건 아니겠느냐는 것이다. 이를 가리켜 '선택적 타협'이라고 해야 하나?

26

왜 대통령은 '제왕'이 되었는가?

"미국이 직면하고 있는 근본적인 문제는 '대통령 권력의 확대와 남용'이다." (미국 역사학자 아서 슐레진저 2세)

* * *

미국 대통령 존 F. 케네디John F. Kennedy, 1917~1963의 특별보좌관을 지낸 아서 슐레진저Arthur M. Schlesinger, Jr., 1917~2007가 『제왕적 대통령The Imperial Presidency』(1973)에서 대통령이 외교와 내정 모두에서 의회의 권력을 압도하는 걸 가리켜 '전대미문前代未聞의 백악관 권력 집중'이라며 한 말이다.[250] 앞서 거론한 '대주술사大呪術師'의 제도화라고나 할까.

미국 언론인 데이비드 핼버스탬David Halberstam, 1934~2007은 『엘리트들』(1974)에서 유럽에선 지도자에 대한 견제가 가능하지만 미국 대통령에겐 그 어떤 견제도 가능하지 않다는 점을 지적했다. "대통령직은 일종의 경외심을 일으키는 직책이며 이는 아주 부드러운 성격의 사람이 이 직책을 차지하는 경우에도 마찬가지이다. 이것은 다른 의견이나 반대 의견을 억압하는 결과를 가져온다."[251]

슐레진저는 주로 공화당 대통령 리처드 닉슨Richard M. Nixon, 1913~1994을 겨냥해 '제왕적 대통령'이란 말을 썼는데,[252] 그래서인지 이에 대한 반론은 주로 공화당 쪽에서 나왔다. 워터게이트 사건으로 물러난 닉슨의 뒤를 이어 대통령이 된 제럴드 포드Gerald Ford, 1913~2006는 1980년 "우리는 제왕적 대통령제imperial presidency를 갖고 있는 게 아니라 위태로운 대통령제imperiled presidency를 갖고 있다"고 했다.[253]

공화당파인 정치학자 새뮤얼 헌팅턴Samuel P. Huntington, 1927~2008은 『미국 정치론』(1981)에서 "드러난 권력은 약화된 권력이다, 은폐된 권력은 강화된 권력이다"는 논리로 '제왕적 대통령론'을 이렇게 반박했다.

"대통령이 지나치게 강력하다고 사람들이 믿는다면, 이는 대통령이 그 정도로 강력하지 않거나 그의 권력이 퇴조하고 있다는 증거이다. 강력한 권력은 잘못으로 간주되기 때문이다. 대통령의 권력이 실제로 강할 때, 여론은 그것이 지나치게 강하다고 생각하지 않는다. 대통령의 권력이 쇠퇴할 때 여론은 그것이 과도하다고 생각한다."[254]

미국 정치학자 로버트 달Robert A. Dahl, 1915~2014은 『다원적 민주주의의 딜레마』(1982)에서 닉슨이 제왕적 대통령제를 만든 게 아니라 물려받은 것이며, 공화당보다는 오히려 민주당에 큰 책임이 있다고 말했다.[255]

미국 정치학자 시어도어 로위Theodore J. Lowi, 1931~2017는 『개인적 대통령』(1985)에서 워터게이트 사건이 큰 변화의 기점이라는 슐레진저의 낙관주의에 반대하면서 그 사건은 정치 시스템을 바꾸는 데에 기여하지 못했다고 평가했다. 그는 슐레진저가 워터게이트 사건의 개인적 차원을 강조했다고 비판하면서, 그의 제왕적 대통령제론도 그 귀결이라고 했다. 그는 "대통령의 일상에선 매일 워터게이트와 비슷한 종류의 일들이 일어나고 있다"며, 따라서 닉슨이 문제가 아니라 미국의 대통령직 자체에 근본 문제가 있다고 했다.[256]

1986년엔 "제왕적 대통령이 아니라 제왕적 의회가 문제"라는 주장도 나왔고, 이후에도 수많은 논쟁이 이루어졌다.[257] 슐레진저는 2003년 이라크 침공 등 일련의 외교정책과 관련, 조지 W. 부시 대통령을 '돌아온 제왕적 대통령'이라고 했다. 리처드 닉슨은 "대통령이 하는 일이라면 그것은 불법이 아니라는 걸 의미한다"고 했는데, 이젠 조지 W. 부시가 그 말을 실천에 옮기고 있다는 것이다.[258]

전반적으로 보자면 '제왕적 대통령론'은 '세계 패권국가'라고 하는 미국의 위상과 관련된 구조적인 측면을 지적한 것으로 볼 수 있겠다. 즉, 미국 대통령이 미국은 물론 세계의 안보를 지키겠다고 나설 경우 미국 국민은 당파적 입장을 초월해 대통령에게 지지를 보내는 경향이 강하고, 이는 미국 내 3권 분립을 위협할 수 있다는 것이다. '제왕적 대통령론'의 핵심 원리를 다른 나라에 적용한다면, '제왕적 대통령'은 의회나 정당과 같은 제도를 우회해 지지자들을 동원하거나 대중매체를 통해 국민을 직접 상대함으로써 막강한 권력을 누리는 대통령을 가리킨다고 할 수 있다.

더 넓게 보자면 '제왕적 대통령론'은 대통령에게 과도한 기대를 거는 대중의 '영웅 숭배주의'의 문제와 맞닿아 있다. '대통령의 영웅화'는 지금도 계속되고 있으며, 이는 대통령에 대한 미국인들의 과잉 기대에서 잘 드러나고 있다. 미국 칼럼니스트 로버트 새뮤얼슨Robert J. Samuelson은 미국인들은 대통령이 번영을 가져다줄 것으로 가정하지만, 불행하게도 그런 가정의 진실성을 확률로 따지면 16분의 1 정도라고 말했다.[259] 그렇다면 '제왕'은 백악관에 있는 게 아니라 미국인들의 가슴속에 있는 셈이다.

'제왕적 대통령'은 대통령제 국가의 숙명인가? 관련이 전혀 없진 않겠지만, '강력한 지도자'에 대한 열망은 내각제 국가에서도 나타나는 것인바, 그것만으론 다 설명할 수 없는 다른 이유가 있는 것 같다. '서민 지도자'? '보통 사람'? 사람들은 입으로는 그런 이미지의 지도자를 원한다고 말하지만, 가슴으론 그런 지도자를 원치 않는다. 미국 정치학자 어윈 하그로브Erwin C. Hargrove는 대통령이 조언자들에게서 진실을 들을 수 있도록 하기 위해서는 대통령에 대한 '과도한 경외敬畏'를 파괴해버려야 한다고 주장했지만,[260] 미국인들이 스스로 그렇게 할 리는 만무하다. 게다가 대통령 자신도 그걸 원치 않는다. 모든 나라의 지도자가 실제보다 큰 사람인 것처럼 보이기 위한 쇼를 한다.

한국은 어떨까? 한국은 미국과는 다른 조건에 처해 있는 나라지만, '제왕적 대통령'은 대통령 권력과 관련해 자주 사용되어온 말이다. 이에 대해선 「50 왜 한국 대통령들의 임기 말은 늘 비극인가?」(305쪽)라는 글에서 살펴보기로 하자.

27
왜 권력은 최고의 최음제인가?

"권력은 최고의 최음제다." (미국의 전 국무장관 헨리 키신저)

* * *

1973년에 한 말로, 자주 인용되는 명언이다.[261] 여성이 높은 지위, 즉 강한 권력을 가진 남성을 선호하더라는 자신의 경험담을 털어놓은 걸로 볼 수 있겠다. 그러나 모든 여성이 다 그런 건 아니니, 그 최음제의 힘을 너무 믿지 않는 게 좋을 것 같다. 인류학자 헬렌 피셔Helen E. Fisher는 『제1의 성』(1999)에서 이런 말이 나오게 된 배경에 대해 다음과 같이 말한다.

"여성들은 아마 자신들의 선조들이 숲에서 살기 시작한 이래로 지위가 높은 남성에게 '성적 자극'을 받아왔을 것이다. 선조 여성들은 아기들에게 생존을 걸었기 때문이다. 사회적 권력이 막강한 남성과 짝을 맺은 여성들은 자기 배우자의 지력과 기지, 카리스마 등 결정적인 요소들을 획득했다. 그 요소들은 결국 아이를 보호하고 부양하는 능력이었다."[262]

아일랜드 신경심리학자 이언 로버트슨Ian Robertson은 『승자의 뇌』(2012)에서 "키신저는 아마도 경험에서 우러나온 진심으로, 또한 본인 스스로 한가운데 서 있던 신경과학적 관점에서 그 같은 말을 했을 것이다"며 이렇게 말한다.

"그리고 돈이든 섹스든 권력이든 혹은 마약이든 간에 뇌의 보상체계에 도파민 분출을 강력하고도 반복적으로 촉발하는 것이면 무엇이든 중독에 대한 채울 수 없는 갈망을 거대한 홍수처럼 풀어놓을 수 있다."[263]

로버트슨은 권력은 성적性的 태도마저 바꾼다는 걸 말하기 위해 이런 질문을 던진다. "어떤 방에 낯선 여자가 있다. 이 여자와 같은 방에 있는 남자가 이 여자에게 느끼는 성적인 감정은 이 남자가 가지고 있는 권력에 대한 생각의 정도에 따라서 달라질 수 있을까?" 그는 "그렇다. 달라진다"는 답을 내리면서 다음과 같이 말한다.

"어떤 남자들이 본인은 깨닫지 못하지만 권력과 관련된 함의를 품은 단어들로 구성된 낱말 퍼즐을 풂으로써 아주 적은 양의 권력과 관련된 발상이 무의식적으로 머릿속에 스며들었다고 치자. 그런데 이 남자들은 중립적인 단어들로 구성된 낱말 퍼즐을 풀었을 때보다 같은 방에 있는 낯선 여자를 보다 매력적으로 인식한다. 심지어 권력과 연관된 단어들이 섹스와 아무런 연관이 없을 때도 마찬가지이다."[264]

국문학자이자 작가인 마광수는 "탐욕 중에서 가장 나쁜 것은 권력욕이고 가장 선한 것은 성욕이다"고 했지만,[265] 유감스럽게도 많은 연구 결과는 권력욕과 성욕은 분리하기 어려운 것임을 말해주고 있다. 미국 심리학자 데이비드 L. 와이너David L. Weiner는 『권력 중독자』(2002)에서 "성욕과 권력 중독자 간의 상관관계는 진화심리학 이론에 나타나 있다"며 다음과 같이 말한다.

"알파 서열의 남성은 권력욕뿐만 아니라 성욕도 매우 높다. 그는 부족에서 가장 강력한 남성으로서 가능한 한 많은 여성들을 임신시켜 자신의 강력한 유전자를 다음 세대와 그 이후 세대에 전달할 기회를 가능한 한 늘리고자 한다.……다행히 오늘날에는 그들의 성적 희롱의 대상이 될 수 있는 희생자를 보호하기 위한 법률이 존재한다."[266]

미국 미시간대학 교수 올리버 슐타이스Oliver C. Schultheiss는 2003년에 발표한 논문에서 남자든 여자든 간에 권력욕이 많은 사람은 그렇지 않은 사람에 비해서 섹스를 훨씬 더 많이 한다는 사실을 입증했다. 또 다른 연구 결과에 따르면, 높은 수준의 권력을 가지고 있는 사람은 남자나 여자나 할 것 없이 모두 자기들이 맺고 있는 인간관계에서 상대적으로 덜 충실한 경향이 있다.[267]

권력과 계급이 같이 간다는 것도 문제다. 여성학자 정희진은 "남성에게 섹스는 그의 사회적 능력의 검증대이기 때문에 '다다익선'이지만, 여성에게 섹스는 적을수록 좋은 것이다"며 이렇게 말한다.

"가부장제 사회에서 남성은 권력과 자원을 가질수록 많은 여성과 섹스를 한다('가질 수 있다'). 반면, 가난하고 권력이 없는 남성들은 한 여성을 다른 남성과 공유한다. 계급과 섹스의 관계는 성별에 따라 정반대로 나타난다. 여성은 사회적 지위가 높을수록 한 명의 남성하고만 섹스하면 되지만, 그렇지 않은 경우에는 많은 남성을 상대해야 한다. 성매매와 성폭력은 이처럼 성에 대한 남성과 여성의, 서로 다른 상황에서 생기는 성차별적 현상들이다."[268]

권력의 최음 효과로 인한 성 관계가 그 효과를 느끼는 사람의 자발성에 의해 이루어진다면 문제될 게 없겠지만, 늘 이 자발성의 경계가 문제다. 오늘날에는 권력자들의 성적 희롱의 대상이 될 수 있는 희생자를 보호하기 위한 법률이 존재한다지만, 이 법률 또한 자발성의 문제를 제대로 인식하는 데에 매우 무능하다. 이는 「48 왜 의전 중독이 권력자들을 망치는가?」(290쪽)와 「49 왜 공기처럼 존재하는 '위력'이 무서운가?」(298쪽)라는 글에서 살펴보기로 하자.

28

왜 인간은 권력에 그리도 쉽게 굴종하는가?

"권위 체계에 발을 들여놓는 순간 개인은 더이상 스스로를 자신의 목적에 따라 활동하는 존재가 아닌, 타인의 소망을 집행하는 대리인으로 인식한다."[269] (미국 사회심리학자 스탠리 밀그램)

* * *

『권위에 대한 복종』(1974)에서 한 말이다. 스탠리 밀그램Stanley Milgram, 1933~1984은 나치 치하의 독일인들이 어떻게 수백만 명의 유대인을 학살할 수 있었는지 알고 싶어서 미국 예일대학 교수로 있던 1961~1962년 '권위에 대한 복종' 실험을 했다. 그가 하버드대학 교수 시절이던 1963년에 발표한 실험 결과는 인간의 취약성을 여실히 보여주었기에 엄청난 충격과 더불어 뜨거운 논란을 불러일으켰다.

어떤 실험이었던가? 참여자들은 실험의 목적을 알지 못한 채, 선생님 역할을 맡아 참여자들에게 보이지 않는 칸막이 너머에 있는 학생이 문제를 틀릴 때마다 전기 충격의 강도를 높이라는 지시를 받는다. 실험의 목적을 알고 있는 학생 역할의 협조자들은 전기 충격이 가해질 때마다 고통스러운 연기를 했으며, 이 소리는 참여자들이 모두 들을 수 있게 만들었다.

참여자 대부분은 학생의 괴로운 목소리를 듣고 몇 번 전기 충격을 주고 더는 할 수 없다는 의사를 표현했으나, 실험자가 "그 정도의 전기로는 사람이 죽지 않습니다. 결과에 대해서는 제가 모든 책임을 지겠습니다"라고 하자 놀랍게도 참여자의 65퍼센트(40명 중 26명)가 "제발 그만!"이라는 비명이 터져나오는데도 450볼트에 해당하는 전기 충격에 도달할 때까지 버튼을 계속 눌렀다. 상식적으로 450볼트의 전기라면 거의 모든 사람이 죽을 수밖에 없는데도 책임을 지겠다는 실험자의 권위에 쉽게 굴복한 것이다.[270]

밀그램은 "희생자에게 전기 충격을 가한 평범한 사람들은 의무감-피험자로서 의무에 대한 인식-때문이었지, 특별히 공격적인 성향을 가진 사람들이 아니었다"며 이렇게 말했다.

"그런데 상당히 흥미로운 점은 많은 피험자들이 희생자에 대한 적대적인 행위의 결과로 그를 무자비하게 평가절하했다는 사실이다.……일단 희생자에게 전기 충격을 가하게 되면, 피험자들은 희생자를 무가치한 개인으로 보았으며 성격적·지적 결함을 가진 그를 처벌하지 않을 수 없다고 생각했다."[271]

밀그램은 원래 독일에서 실험을 하길 원했지만, 그의 요청은 받아들여지지 않았다. 하지만 그는 미국에서 실험 후 사람들이 새로운 환경의 새로운 규칙을 놀랍도록 잘 받아들인다고 파악한 후 이런 말을 남겼다. "나는 너무도 많은 복종을 목격했기에 독일까지 가서 실험할 필요성을 느끼지 못했다."[272] 그는 "우리의 실험에서 수백 명의 피험자들이 권위에 복종하는 것을 목격한 이후 나는 아렌트의 '악의 평범성'이라는 개념이 우리가 상상한 것보다 더 사실일 수 있음을 확신하게 되었다"고 했다.[273]

밀그램은 연구 윤리 문제로 대학에서 정년 보장을 받지 못하는 등 좌절 속에 심장병을 앓다가 51세에 사망했지만,[274] 그의 연구는 많은 나라에서 반복되었다. 그런데 흥미로운 건 국가마다 정도의 차이가 나타났다는 점이다. 최고 단계까지 충격을 높인 참여자의 비율은 미국에선 65퍼센트였지만, 독일에선 85퍼센트, 호주에선 40퍼센트로 나타났다. 이는 바꿔 말해, 독일은 권위에 대한 복종 의식이 강한 나라인 반면, 호주는 그게 낮은 나라라는 걸 말해준다. 이에 대해 미국 캘리포니아대학 심리학자 마이클 가자니가Michael Gazzaniga는 이런 논평을 내놓았다. "지금의 호주는 원래 죄수들이 살던 나라였다. 말하자면 불복종 유전자가 모인 곳이라는 점을 고려하면 이 결과는 상당히 흥미롭다."[275]

'불복종 유전자'라는 게 있는지는 좀더 따져볼 문제지만, 인간에겐 대체적으로 '권위에 대한 복종 유전자'가 있는 건 아닌가 하는 생각을 갖게 만든다. 아니 유전자라기보다는 학습에 의한 복종 훈련인지도 모른다. 영국 철학자 버트런드 러셀Bertrand Russell, 1872~1970은 『권력』(1938)에서 "권력 도덕의 가장 두드러진 본보기는 복종의 훈련이다"며 다음과 같이 말했다.

"아이들이 부모에게, 아내가 남편에게, 하인이 주인에게, 신하가 군주에게, 그리고 (종교적인 일에 있어서는) 신자가 성직자에게 복종하는 것이 (현재는 좀 다르더라도 과거에는) 의무였으며, 군대와 종파에는 또한 보다 전문화된 복종의 의무들이 있었다.……그래서 십계명에는 부모를 잘 공경하지 않았다가는 젊어서 죽으리라는 암시가 나오고, 로마인들은 친족 살해가 가장 극악한 범죄라고 생각했으며 공자는 효도를 도덕의 기본으로 삼았다."[276]

훈련에 의한 복종 습관은 이기심과 쉽게 결합한다. 영국 사회학자 스탠리 코언Stanley Cohen이 『잔인한 국가 외면하는 대중』(2001)에서 지적했듯이, "가장 손쉽게 자신의 책임을 회피할 수 있는 방법은 상부의 권위에 복종했을 뿐이라고 말하는 것이다".[277] 평소엔 자신의 주체성과 자율성을 과시하다가도 책임 문제에 이르면 자신이 기계의 톱니바퀴였던 것처럼 구는 사람이 너무 많다. 우리가 일상에서 자주 목격하는 익숙한 모습이요 풍경이다.

29
왜 권력을 잃으면 주먹으로 맞는 아픔을 느끼는가?

"닉슨은 흐느끼는 중간중간에 푸념을 늘어놓았다.……단순한 주거침입 사건이 어떻게 이런 결과를 가져올 수 있단 말인가?……닉슨은 무릎을 꿇으며 주저앉았다.……그는 손으로 바닥을 짚더니 양탄자 위를 주먹으로 내리쳤다. 그러면서 이렇게 소리쳤다. '내가 무슨 일을 한 거야?' '대체 무슨 일이 일어난 것이냐고?'"[278] (미국 『워싱턴포스트』 기자 밥 우드워드와 칼 번스타인)

* * *

『마지막 나날들The Final Days』(1976)에서 미국 제37대 대통령 리처드 닉슨Richard M. Nixon, 1913~1994이 백악관에서 물러난 마지막 장면을 묘사한 것이다. 닉슨의 곁엔 국무장관 헨리 키신저Henry Kissinger가 있었다. 닉슨은 키신저에게 "당신은 정통파 유대교 신자는 아니고, 나 역시 정통파 퀘이커교도는 아니지만, 기도를 할 수밖에 없지 않은가"라면서 무릎을 꿇고 큰소리로 기도를 하면서 흐느껴 울다가 위와 같이 절규했다는 것이다.[279]

이 대목의 취재원이었던 키신저는 "동정심이라고는 없는 무례한 글"이라고 했지만, 이 책이 "근본적으로 정확하다"고 인정했다. 이 책은 베스트셀러가 되었지만, 상당수의 언론인은 이 책이 언론 보도라고 주장하면서도 책은 전지적全知的 시점에서 썼으며 너무 많은 사사로운 것을 폭로했다고 비난했다. 이 책에 따르면, 닉슨은 14년 동안 부부관계를 가진 적이 없었고, 외로운 영부인 팻 닉슨Pat Nixon, 1912~1993은 몰래 술을 마셨고, 닉슨은 자살을 이야기하기도 했다니, 그런 비난이 나온 것도 무리는 아니었다.[280]

물론 닉슨이 언급한 '단순한 주거침입 사건'은 워터게이트 사건을 말한다. 이 사건의 전말을 간단히 요약하자면, 이런 이야기다. 1972년 6월 17일 워싱턴 D.C.의 워터게이트 빌딩에 들어 있는 민주당 전국위원회 사무실에 침입한 괴한 5명이 비즈니스 정장 차림에 외과 수술용 장갑을 낀 채 체포되었다. 이들은 최신형 도청 장치도 소지하고 있었다. 이들은 대통령 재선위원회 직원이었고, 침입 목적은 민주당 지도급 인사들의 전화에 도청 장치를 달고 민주당 선거 전략이 담긴 문서를 빼는 것임을 알려주는 서류를 지니고 있었다. 체포된 이들 중 한

명은 전직 FBI 요원이었고 4명은 카스트로에 반대하는 쿠바인이었다. 쿠바인 4명은 카스트로와 미국 민주당의 연관을 입증하는 자료를 빼내는 것이 임무라는 말을 듣고 따라온 것이라고 했다.[281]

그러나 이때엔 이 사건이 이슈가 되지 않았다. 워싱턴에서 대략 매일 평균 50건이 일어나는 단순 주거침입 절도 사건의 하나로 간주되었다. 대선이 치러진 1972년 11월 7일 갤럽 여론조사에서 미국 인구 절반 이상이 워터게이트 사건에 대해 들은 바 없다는 응답이 나온 후, 닉슨은 민주당의 조지 맥거번George McGovern 후보에게 61대 37이라는 비율로 압도적 승리를 거두면서 재선에 성공했다. 선거인단 투표 차이는 520대 17이었으며, 맥거번은 매사추세츠주와 워싱턴 D.C.에서만 승리했다.

워터게이트 사건이 조사 대상이 되면서 세인의 주목을 받게 된 건 사건이 발생한 지 약 8개월 만인 1973년 2월 7일이었다. 닉슨재선위원회의 불법 행위와 부정 자금, 정치적 속임수에 대한 소문이 도는 가운데 바로 그날 상원의원 샘 어빈Sam Ervin, 1896~1985을 위원장으로 하는 닉슨 선거운동에 관한 특별조사위원회가 설치되었다. 이후 1년 6개월간 온 미국 사회가 이 사건으로 들끓었고, 1974년 8월 8일 닉슨은 결국 대통령 사임을 발표했다. 8월 9일 닉슨은 사임하고 부통령 제럴드 포드Gerald R. Ford, 1913~2006가 8월 10일 제38대 대통령에 취임했다.

닉슨의 발목을 잡은 결정적인 증거는 닉슨이 1971년 자신의 집무실 안에 설치한 녹음 장치였다. 이 녹음 시스템은 닉슨이 역사에 자신의 위상을 새겨줄 회고록을 쓸 때 사용하기 위해 설치한 것이었는데, 닉슨의 입장에서 보자면 그의 '영웅 콤플렉스'가 빚은 재앙이었다. 그래서 "내가 무슨 일을 한 거야?", "대체 무슨 일이 일어난 것이냐고?" 라고 울면서 절규하지 않았을까?

권력 상실의 고통은 닉슨처럼 한 편의 '범죄 드라마'를 방불케 하는 특별한 사연이 없는 권력자들에게도 똑같이 나타난다. 2013년 9월, 전 호주 총리 줄리아 길라드Julia E. Gillard가 3개월 전 실권失權 당시 받은 충격을 영국 『가디언』의 호주판에 실린 특별 기고문에서 처음으로 털어놓아 화제가 되었다.

"권력을 잃은 극심한 고통은 육체적·정서적으로 전해진다. 나 스스로 건재하다고 느끼다가도 타인이 위로를 건넬 때건, 찬장 구석에서 기념품을 발견했을 때건, 농담할 때건, 주먹으로 가격당하는 듯한 갑작스러운 아픔이 튀어나온다."[282]

권력이 없고 권력을 가질 뜻도 없는 사람들은 '권력을 잃을지도 모른다는 두려움'과 '권력을 잃었을 때의 고통'을 이해하기 어렵겠지만, 경험자들의 말을 들어보면 그건 피하기 어려운, 권력의 마술인 것 같다. 권력을 잃은 극심한 고통은 우선 당장 '사회권'의 축소에서부터 시작된다.

중국의 전 총서기 자오쯔양趙紫陽, 1919~2005의 일급 브레인이었으나 톈안먼 사태 시 반혁명분자로 몰려 프랑스 파리에서 망명 생활을 하게 된 경제학자 옌자치嚴家其는 『수뇌론』이라는 책에서 "퇴임 후 수뇌의 이른바 '사회권'은 원래보다 수백, 수천, 수만 분의 1 정도로 갑자기 축소된다"고 말한다. 찾아오는 사람도 확연히 감소되며 중요한 정보의 근원도 단절되어버린다는 것이다. 옌자치는 독일의 아데나워, 프랑스의 드골, 인도네시아의 수카르노, 영국의 처칠, 미국의 닉슨 등을 예로 들며 퇴임한 수뇌의 고독과 무력감을 지적한다.[283] 일국의 수뇌만 그런 게 아니다. 정도의 차이는 있을망정 그 누구건 조직에 몸담았다가 은퇴하면 황량하고 살벌한 느낌을 받게 된다. 갑자기 쪼그라든 '사회권'에 적응하는 게 어렵기 때문이다.

이탈리아 정치가이자 사상가인 니콜로 마키아벨리Niccolò Machiavelli, 1469~1527가 오늘날까지도 널리 읽히고 있는 『군주론』(1532)을 쓰게 된 것도 바로 그런 권력 상실의 고통 때문이었다. 김영국은 "낙향한 마키아벨리의 심정은 결코 평온치 않았다"며 다음과 같이 말한다.

"공직 생활을 할 때 만났던 각국의 원수, 저명한 정치가, 귀족, 장군 등을 상기해볼 때 낙향 후에 만나는 사람들은 너무나도 대조적이었다. 이러한 울분을 가시기 위해 밤이 되면 집으로 돌아와서 자기 서재에 들어선다. 들어가기 전에 진흙 따위로 더럽혀진 일상복을 벗고 관복으로 갈아입는다.……『군주론』 등 그의 많은 저술은 이런 역경과 고뇌 속에서 이루어졌다."[284]

권력 상실의 고통은 인간만 느끼는 건 아니다. 동물학자 프란스 드 발Frans de Waal은 『원숭이와 스시 마스터The Ape and the Sushi Master』

(2001)에서 네덜란드 안헴동물원에 있는, 세계에서 가장 규모가 큰 침팬지 서식 집단의 우두머리 이어런을 6개월간 관찰한 결과에 대해 썼다. 이어런이 젊은 수컷의 도전을 받았는데, 패배를 직감하자 갑자기 썩은 사과처럼 나무에서 쿵 떨어진 후 바닥을 구르며 몸부림을 치면서 비참하게 소리를 질렀다고 한다. 이에 대해 프란스 드 발은 '권력으로부터의 이유離乳, being weaned from power'라는 표현을 썼다.[285]

인간에 대해서도 쓸 수 있는 적절한 표현은 아닌 것 같다. 아기의 이유離乳 과정이 결코 쉬운 건 아니지만, 누구나 젖을 떼듯 자연스럽게 권력 상실을 의연하게 받아들이면서 새로운 삶을 살아간다면 얼마나 좋겠는가. 우리는 그간 그렇지 못한 권력자가 훨씬 많았다는 걸 잘 알고 있잖은가. 다시 권력을 갖게 되진 못할망정, 차라리 마키아벨리처럼 권력에 대해 책을 써보는 건 어떨까?

30

왜 일상을 지배하는 미시 권력이 중요한가?

"우리가 반드시 명심해야 할 것은 권력이란 국가기구에만 존재하는 것이 아니며 국가기구 바깥에 존재하는 보다 섬세한 권력의 작동 메커니즘이 변화하지 않는 한 어떠한 혁명을 치른다 하더라도 사회를 지탱해가는 권력의 성격에는 아무런 변화가 없었다는 것입니다. 즉, 자본주의 사회나 사회주의 사회에서나 우리의 삶을 규정한 일상적인 권력이 바뀌지 않는 한 권력의 효과는 마찬가지라는 것이지요."[286] (프랑스 철학자 미셸 푸코)

* * *

『권력과 지식: 미셸 푸코와의 대담』(1980)에서 한 말이다. 주로 국가의 역할을 중요시하는 권력 개념을 배격한 미셸 푸코Michel Foucault, 1926~1984는 1977년 한 대담에서 "19세기 이래 우리가 '정치적 활동'이라고 불렀던 현상은 권력이 그 이미지를 제시하는 방식에 지나지 않았다"며 "권력 관계는 어쩌면 사회체社會體, corps social 내에 교묘하게 숨어 있는 것일 수도 있다"고 했다. 그는 또한 자본주의 경제와 계급 지배에만 초점을 맞추거나, "경제적 관계를 구성할 수 있는 기초적 권력관계를 도외시하는" 접근 방식을 배제하면서, 권력은 복합적이고 넓게 확산되어 있는 현상으로 다중적인 사회적 권력 관계와 기법 속에 내장되어 있다는 입장을 취했다.[287]

물론 푸코의 권력관에 대한 반론도 적잖이 제기되었다. 에이프릴 카터April Carter는 "총체적이긴 하지만 은폐되어 있는 푸코 식의 사회 통제 개념은 인간에게 독자적인 사고나 행동을 할 수 있는 여지, 그리고 진정한 저항의 가능성이 없음을 시사한다"고 했다. 낸시 하트속Nancy Hartsock은 푸코처럼 권력을 편재하는 것으로 본다면 '지배를 꼭 집어 규정하기'가 어려워지고, 지배에 저항할 수 있는 여지를 찾기도 어려워진다고 비판했다.[288]

그럼에도 푸코의 미시 권력 개념은 권력 연구와 사회운동에 적잖은 영향을 미쳤다. 카터가 지적했듯이, "미시적 정치에 대한 강조와 '권력 있는 곳에 저항이 있다'는 식의 주장으로 인해 미묘한 저항과 포섭에 대한 연구(예를 들어, 억압적 사회에서 빈곤한 약자와 여성이 취하는 전략 등과 같은)가 활발해졌다".[289]

한국에선 '일상적 파시즘'론으로 발전하기도 했다. 역사학자 임지현은 『당대비평』(1999년 가을호)에 기고한 「일상적 파시즘의 코드 읽기」에서 "이제 문제는 신체에 직접적인 권력을 행사하는 저개발된 권력으로서의 군부 파시즘이 아니다. 한국 사회에서 그것은 더이상 재발할 가능성이 높지 않다. 또 재발한다 해도 새삼 그 폐해를 지적할 필요는 없다. 그것은 투명할 정도로 가시적이며, 따라서 타격 지점도 명백하다"며 다음과 같이 말했다.

"문제는 사람들을 자발적으로 굴종하게 만들어 일상생활의 미세한 국면에까지 지배권을 행사하는 보이지 않는 규율, 교묘하게 정신과 일상을 조작하는 고도화되고 숨겨진 권력 장치로서의 파시즘이다. 나는 그것을 '일상적 파시즘'이라 부르겠다. 일상적 파시즘은 전체주의 체제로서의 나치즘이나 이탈리아의 파시즘과는 존재 양식을 달리한다. 그것은 사람들이 체제의 배후에서 생각하고 느끼는 방식, 전통이라는 이름의 문화적 타성들, 설명하기 힘든 본능과 충돌들 속에 천연덕스럽게 자리 잡고 있다. 말 그대로 '보이지 않는 테러'인 것이다. 일상적 파시즘은 그러므로 잡식성이다. 자본주의든 사회주의든, 민주정이든 전제정이든 무엇과도 손쉽게 짝을 이룬다. 그것은 남과 북의 동질성을 확보해주는 연결 고리이다. 일상적 파시즘은 한반도의 속살이다."[290]

한국적 현실에선 시대를 앞서간 탁견이라고 할 수 있겠다. 이 글이 나온 1999년보다는, 세 번째의 진보 정권을 맞이한 2020년에 이르러, 더욱 빛이 나는 글이라 할 수 있겠다. 물론 '아비투스habitus'는 환경 또는 생존 조건의 산물로, 삶의 교훈의 형태로 가족에 의해 매개되기 때문에,[291] 정치경제적 구조를 바꾸는 이상으로 바꾸기 어려운 것이긴 하다. 하지만 '아비투스 개조론'이 거의 비슷한 아비투스를 가진 사람들끼리 알맹이 없는 이데올로기 경쟁을 벌이는 짓에 정치적 정열을 쏟는 것보다는 훨씬 낫다는 건 두말할 나위가 없다.

푸코는 1978년의 인터뷰에서 "이데올로기 논쟁에 있어 피곤한 것은, 마치 '전쟁 모형'처럼 한 사람이 반드시 상대방을 눌러버려야 한다는 생각이다"며 이렇게 말했다.

"다시 말해, 당신과는 다른 생각을 가진 누군가와 대면하게 되면 그 사람을 (당신이 속한 계급이나 사회의) 적으로 분류하고, 그에 맞선 전투를 진행해 적을 완전히 정복해버려야 한다는 생각 말입니다. 나는 이데올로기 투쟁의 이러한 형태들을 참을 수가 없습니다."[292]

인도 철학자 지두 크리슈나무르티Jiddu Krishnamurti, 1895~1986도 비슷한 말을 했다는 게 흥미롭다. 권력을 '모든 악의 모태'라고 했던 크리슈나무르티는 "권력은 소유보다 더 많다. 권력은 부富나 이념보다 더 크다"며 "이념은 권력으로 이끌지만 권력에 도달하고 나면 아무도 이념에 관심을 두지 않는다. 권력은 더이상 이념을 쫓아가지 않고 그 자리에 머문다"고 했다.[293]

이념은 권력 쟁취의 도구에 불과하다는 말로 이해하면 되겠다. 특히 한국에서 실감나는 말이 아닌가 싶다. 이제 우리의 일상을 지배하는 미시 권력으로도 눈을 돌릴 때가 되었다. 오직 미시 권력만 문제 삼자는 게 아니니, "정치경제적 지배에 대한 저항은 어쩌잔 말이냐" 는 식으로 괜한 억지는 부리지 않는 게 좋겠다.

31

왜 권력자는 늘 고독할 수밖에 없는가?

"절대 권력을 갖게 되면 현실과 접촉할 수 없게 되며, 그것이야말로 가장 나쁜 고독이라고 할 수 있다." (콜롬비아 작가 가브리엘 가르시아 마르케스)

* * *

가브리엘 가르시아 마르케스Gabriel Garcia Márquez, 1927~2014는 1982년에 노벨문학상을 수상했는데, 수상 이전에 가진 『파리 리뷰』와의 인터뷰에서 "당신은 종종 권력의 고독함이란 주제를 다루시던데요"라는 질문에 대한 답으로 한 말이다. 그는 "권력을 더 많이 갖게 될수록 누가 자기에게 거짓말을 하고 참말을 하는지 알기가 점점 어려워진다"며 이렇게 말한다.

"아주 강력한 권한을 가진 사람, 독재자는 이권에 둘러싸이고, 독재자를 현실로부터 고립시킬 목적만 가진 사람들에게 둘러싸이게 된다. 그래서 그를 소외시키기 위해 모든 것이 협조를 한다."[294]

절대 권력자만 고독할 수밖에 없는 게 아니다. 그 누구건 권력을 추구하는 삶을 살게 되면, 보통의 인간관계에서 멀어지기 때문에 고독에 한 걸음 다가서는 것이라고 할 수 있다. 미국의 정치학자이자 조직학자인 제임스 마치James March, 1928~2018는 권력과 자율성을 동시에 가질 수는 없다고 했다.[295] 너무도 상식적인 이야기지만 권력에 갈증을 느끼는 사람들은 이걸 잘 생각하지 못한다. 미국 스탠퍼드대학 경영학자 제프리 페퍼Jeffrey Pfeffer는 『권력의 기술』(2010)에서 다음과 같이 말한다.

"권력을 잡고 유지하려면 시간과 노력을 들여야 한다. 달리 말해 권력을 얻고자 한다면 개인적인 생활은 포기할 수 있어야 한다는 것이다. 권력과 지위를 추구하면서, 동시에 취미도 즐기고 친구나 가족과 시간을 보내며 개인적인 관계를 이어가기는 어렵다. 권력을 추구하려면 개인 생활은 아예 반납해야 할 경우도 많다."[296]

오래전 영국 철학자 프랜시스 베이컨Francis Bacon, 1561~1626은 이걸 깨달았던가 보다. 그는 『에세이』(1625)에서 국왕의 최측근으로 활동하며 행정 수반으로 권력의 정점에 올랐던 자신의 경험을 근거로 "최고위직에 오른 사람은 삼중의 의미에서 종이다. 주권자 또는 국가의 종이고, 명성의 종이며, 업무의 종이다. 개인사에서도, 행동에서도, 시간에서도 자유가 전혀 없는 사람이다"며 이렇게 말했다.

"권력이란 참으로 기묘한 욕망이다. 권력을 추구함으로써 자유를 상실하고, 다른 사람에게 행할 권력은 추구하면서 스스로의 자유에 대한 권력은 상실한다."[297]

권력을 가진 사람이 스스로 자유에 대한 권력을 상실하는 정도가 심해지면 어떤 현상이 나타나는가? 영국 심리치료사 수 거하트Sue Gerhardt는 "심리치료사로서 나는 권력을 쥔 사람들의 행동을 관찰하면서 그들보다 힘이 없는 ('환자'라고 여겨지는) 사람들과 그들이 놀랍도록 비슷하게 행동한다는 데 충격을 받을 때가 많다"며 다음과 같이 말한다.

"사람들이 우울하거나 불행할 때, 혹은 경계선적 성격장애, 나르시스적 성격장애, 반사회적 성격장애 등으로 진단받을 정도로 우려스러운 상태일 때, 그들은 타인과 애착 관계를 맺기 어려워하고 타인이 필요하다는 생각조차 하지 못한다. 이와 같은 타인과의 정서적 소통 부재는 공적인 장면에서도 자주 나타난다. 그런데도 우리는 공적인 인물들의 잠재적인 심리학적·정서적 역학관계에 대해 거의 논하지 않으며, 우리의 문화를 총체적으로 다루는 일도 드물다."[298]

그렇다. 우리는 제법 멋지게 들릴 수도 있는 권력자의 '고독'에 대해서만 말할 뿐, 그로 인해 나타나는 다른 사람들과의 정서적 소통 부재에 대해선 그저 "권력을 누리더니 오만해졌다"는 식으로만 말할 뿐

깊은 관심을 기울이지 않는 경향이 있다. 잘 생각해보라. 어떤 분야에서 일하건 권력자들이 하는 말을 들어보면, 보통 사람으로선 "왜 저렇게 말하지?"라고 생각할 때가 많지 않았던가. 그건 '오만'이라는 단어만으론 설명할 수 없는 그 어떤 질병 상태에 한 발을 걸치고 있기 때문인지도 모른다. 권력자를 동정의 대상으로도 여기는 총체적 접근법이 필요하다고 하겠다.

권력자의 고독은 공간학의 연구 대상이기도 한데, 그런 점에서 청와대는 고독을 넘어 권위주의를 부추기는 공간 구조라는 비판이 끊임없이 제기되어왔다. 전 서울대학교 지리학과 교수 최창조는 "환경심리학적으로 청와대에 있으면 세상에 어려움이 없는 것처럼 느껴진다"고 했고,[299] 건축가 승효상은 "청와대란 공간 탓에 대통령의 사고도 행동도 권위적이 된다. 대통령이 말년에 비참한 건 그런 건물에서 5년을 살아서다"고 했다.[300]

언론인 백영철은 "무엇보다 관저와 사저가 국민의 삶과 너무 동떨어져 있는 것은 많은 문제를 야기한다. 비서들과 호흡하고 국민의 숨결을 수시로 느끼기에는 현재의 청와대 집무 공간이 너무 폐쇄적이고 고압적이다. 고립돼 있으니 고독한 역사와의 대화에 빠져들고, 그러다 보면 소통에 큰 장애가 생길 수밖에 없는 것이다"고 말한다.[301] 청와대에서 고위 참모를 지낸 한 인사는 "퇴임하고 사저私邸로 돌아가 옛날 쓰던 침대에 누워 첫날밤을 보낸 뒤에야 제정신을 차리게 된다"고 말했다.[302]

서울 광화문이나 시청 앞에서 큰 시위가 벌어질 때마다 "가자 청와대로!"가 외쳐지는 이유는 그곳에서 청와대와의 거리가 가깝기도 하지만, 특권화된 '구중궁궐'에 대한 강한 반감이 시위자들의 의식 속에 잠재되어 있기 때문일 것이다. 청와대를 구중궁궐에서 끌어내 좀 더 개방형 체제로 변화시켜야 할 필요가 충분하다 하겠다.

이런 문제를 잘 인식했던 문재인은 청와대에서 나와 "광화문 시대 대통령이 되어 국민과 가까운 곳에 있겠습니다"라고 공약公約했지만, 이건 공약空約이 되고 말았다. 쓴소리를 해줄 사람을 자주 청와대로 불러들여 이야기를 많이 들으면 좋겠건만, 이마저 하질 않는다.[303] 스스로 고독을 키워가고 있는 셈이다.

32

왜 대통령이 목사 노릇을 하면 안 되는가?

"대통령은 목사가 아니다." (미국 컬럼비아대학 역사학 교수 헨리 그라프)

* * *

1987년 5월 27일 『뉴욕타임스』에 기고한 칼럼에서 대통령 로널드 레이건Ronald W. Reagan, 1911~2004의 행태와 관련해 한 말이다. 뜨거운 포옹과 눈물을 잘 구사하는 레이건의 목사 노릇을 비판하고 나선 것이다. 레이건이 꼭 쇼맨십을 부리고 있다는 뜻이 아니라, 그런 관행이 대통령의 고유 임무의 일부로 정착될 경우 생겨날 위험에 대해 경고한 것이다. 그러한 상징적인 정치 행위는 텔레비전 때문에 생겨난 것인데, 텔레비전 앞에서 목사 노릇을 잘 못하는 사람들은 대통령이 될

자격이 없단 말이냐고 헨리 그라프Henry F. Graff는 반문했다.[304]

왜 이런 말이 나오게 되었는지 당시 상황으로 돌아가보자. 1986년 7월 7일자 『타임』은 표지 인물로 레이건을 싣고 「왜 이 사람이 그렇게 인기가 많은가?」라는 제목을 달았다. 이 당시 레이건의 지지도는 68퍼센트를 기록하고 있었는데, 『타임』은 레이건이 "미국 대통령의 권위를 복구시켰다"고 극찬했다.[305] 하지만 레이건의 이런 인기엔 목사 노릇을 하는 레이건의 '이미지 정치'가 큰 역할을 했다.

공개 석상에서 분노와 좌절의 표정을 거의 나타내지 않은 레이건은 전몰장병 추도식과 같은 엄숙한 의식에서 눈물을 가끔 흘림으로써 텔레비전 시청자들을 감격시키기도 했다. 1986년 1월에 일어난 챌린저호 폭발 사건을 보자. 이 사건으로 미국의 언론은 벌집을 쑤신 듯이 들끓었다. 텔레비전은 온종일 챌린저호 폭발 장면을 끊임없이 반복해 방영했으며, 산화한 우주인 7명을 '영웅'이라고 격찬했다.

그러나 그들은 '영웅'이 아니라 '억울한 희생자'였다. 발사 전 여러 가지 기술적 문제가 제기되어 기술진들은 '발사 연기'를 요청했지만, 이 요청은 행정 관리들에 의해 전적으로 무시되었기 때문이다. 일부에서는 챌린저호가 발사되던 날 예정되어 있던 레이건의 일반 교서 발표 연설의 극적인 효과를 노려 미국국립항공우주국NASA의 행정 책임자들이 무리를 했을지도 모른다는 주장이 제기되기도 했다.

하지만 레이건이 매우 슬픈 표정으로 사망자 가족 모두와 포옹하며 보여준 '뜨거운 인간애'를 텔레비전을 통해 지켜본 시청자들에게는 지극히 감동적인 장면이었으며, 온갖 문제 제기를 잠재우기에 충분할 만큼 위력적인 것이었다. 오직 '영웅' 찬가만이 울려 퍼지는 가운데 레이건의 인기는 오히려 올라갔다.

1987년 5월 17일 이란-이라크 전쟁 시 페르시아만에 출동한 스타크함 피격 사건으로 미 해군 병사 37명이 사망하고 21명이 부상을 당한 사건이 일어났다. 이는 레이건 행정부가 군사적 실수에 대해 호된 비판을 받아 마땅한 사건이었지만, 미국인들의 관심은 37명의 해군 합동 장례식장에서 유감없이 발휘된 레이건의 '뜨거운 인간애'에 쏠렸다.

레이건은 스타크함을 비행기라고 부르는 실언을 범하긴 했지만, 그건 전혀 중요한 문제가 아니었다. 숙연한 분위기 속에서 장례식이 거행된 플로리다의 해군기지에서 아버지를 잃은 어린 소녀를 껴안는 레이건의 눈에 눈물이 가득 고여 있었으며, 이 감동적인 장면을 미국의 거의 모든 국민이 텔레비전을 통해 지켜보고 있었다는 것이 훨씬 중요한 의미를 가졌다. 그라프는 이런 일련의 감동적인 장면이 은폐하는 문제들에 주목하면서 레이건의 목사 노릇을 비판하고 나선 것이지만, 대중은 지도자의 눈물에 약한 걸 어이하랴.

물론 무조건 운다고 좋아하는 게 아니다. 때와 장소를 가려서 만인이 동의할 명분을 갖고 울어야 한다. 국가를 위해 일하다 죽은 사람들 앞에서 묵념을 올리며 흘리는 눈물은 진주보다 값진 것이겠지만, 개인적인 분노 또는 좌절로 인한 눈물은 절대 금물이다. 레이건은 눈물 덕분에 대중의 사랑과 존경을 받는 지도자가 되었지만, 정반대로 눈물 때문에 아예 국가 지도자의 위치에 오르지 못한 사람도 있다. 이런 후자의 대표적 인물이 1972년 민주당 대통령 후보로 민주당 예비선거에서 선두를 달리던 상원의원 에드먼드 머스키Edmund Muskie, 1914~1996다.

뉴햄프셔 예선에서 막강한 영향력을 행사하는 우익 신문 『맨체스터 유니온 리더』는 머스키의 부인이 술고래이며 입이 거칠다는 내용을 보도했다. 또 머스키가 지역구 내 프랑스계 캐나다 혈통 미국인들을 '커넉스Canucks'라고 부르며 모욕했다는 내용도 실었다. 커넉스는 미국에서 캐나다인을 낮춰 부르는 말이다. 머스키는 이 신문이 무엇보다도 자신의 아내를 비방한 데 대해 항의하기 위해 그 신문사 앞에서 일장 연설을 했다. 그러다 그는 그만 감정이 격해져 눈물을 보이고 말았다. 신문 보도에서는 그의 항의 내용이 중심이 되고 그가 눈물을 보였다는 것은 큰 의미를 갖지 못했다.

그러나 텔레비전 뉴스에서는 그가 눈물을 보인 것이 중심이 되고 그의 항의 내용은 아무런 의미를 갖지 못했다. 일국의 대통령을 꿈꾸는 사람이 그런 정도의 일로 눈물을 보인다는 건 커다란 결격 사유로 간주되어 그의 선거운동에 치명타가 되고 말았다. 여리게 보이는 그의 모습이 텔레비전을 통해 계속해서 재방영되었다는 것, 그것만으로 게임은 끝이었다.

당시 『맨체스터 유니온 리더』는 익명의 한 시민이 보내온 편지를 인용해 이를 기사화한 것인데, 훗날 이 편지는 백악관 보좌관이던 케네스 클로슨Kenneth Clawson, 1936~1999이 보낸 것으로 밝혀져 논란이 되었다. 재선을 노리던 닉슨의 선거 캠프가 머스키에 비해 상대적으로 약체인 조지 맥거번George McGovern, 1922~2012을 민주당 후보로 만들기 위해 벌인 선거 공작이었다는 것이다. 하지만 닉슨은 이미 맥거번을 누르고 재선에 성공했으니, 그 뒤늦은 논란이 판을 뒤엎을 수는 없는 일이었다.[306]

2011년에서 2015년까지 하원의장을 지낸 존 베이너John A. Boehner는 울보로 유명했던 정치인이다. 그는 소속 정당인 공화당이 선거에 이겨도 울었고, 하원의장으로 선출되어 의사봉을 넘겨받을 때도 울었다. 가난한 노동자 집안 출신으로 '아메리칸드림'을 이룬 그는 어린 시절 이야기만 나오면 눈시울을 적시기도 했다. 오죽하면 민주당에서 울보 베이너를 풍자하는 정치 광고를 만들었을까.[307] 하지만 그에겐 '아메리칸드림'이라는 미국인들의 심금을 울리는 명분이 있었기에 눈물이 큰 문제가 되진 않았다.

브라질 대통령 루이스 이나시우 룰라 다 시우바Luiz Inácio Lula da Silva도 '센티멘털 대통령'이란 말을 들었을 정도로 눈물이 많은 정치인이었다. 그는 2009년 10월 리우데자네이루가 2016년 하계올림픽 개최지로 결정되자 "내 인생에서 가장 행복한 순간"이라며 울음을 터뜨렸고, 2010년 12월 마지막 라디오 담화에선 "(대통령으로 재직했던) 지난 8년은 놀라움의 연속이었다"며 눈물을 흘렸다. 퇴임 당시 그의 지지율은 87퍼센트였다.[308] 그는 퇴임 후 여러 스캔들이 불거지면서 곤경에 처했는데, 이때에도 울었는지는 모르겠다.

2020년 8월 28일 일본 총리 아베 신조安倍晋三가 사임 기자회견에서 2006년 1차 집권 후 1년 만에 사임하는 원인이 되었던 궤양성 대장염이 지난 6월 재발했다고 솔직하게 밝혔다. "병 치료를 받느라 중대한 정치적 판단을 잘못해 결과를 내지 못해서는 안 된다"는 말도 했다. "지난 8년간 국민 여러분께 진심으로 감사 드린다"며 고개를 숙일 때는 눈가에 눈물이 비쳤다.

기자회견 후 "아베 총리가 불쌍하다"는 글 등이 소셜미디어에 올라오기 시작했다. 〈봄이여 오라〉는 노래로 널리 알려진 유명 가수 마쓰토야 유미松任谷由實가 라디오에 나와 "아베 총리의 기자회견을 보다가 울었다"고 말한 것이 회자되기도 했다. 아베는 코로나 사태에 대한 실책失策 등으로 사임 발표 직전 지지율이 30퍼센트대까지 떨어졌는데, 9월 4일 『아사히신문』 여론조사에서 응답자의 71퍼센트가 아베에 대해 긍정적인 평가를 내렸다. 아베에 대한 동정과 더불어 눈물의 힘이라고 할 수 있겠다.[309]

문재인은 어떤가? 지지자들에겐 눈물도 있고 더할 나위 없이 따뜻하고 인자한 대통령이지만, '선별적 눈물'이라고 비판적으로 보는 시각도 있다. 2019년 11월 『조선일보』 논설위원 안용현은 "문재인 대통령은 2014년 세월호 참사가 일어나자 자주 눈물을 흘렸다. 2017년에도 유가족 200여 명을 청와대로 초청해 2시간 동안 위로하며 눈물을 훔쳤다"며 다음과 같이 말했다.

"그런 대통령이 북한의 서해 도발로 순국한 우리 장병을 추모하는 '서해 수호의 날' 기념식에는 2년 연속 불참했다. 제2연평해전·천안함·연평도에서 목숨을 잃은 국군만 55명이다. 해병대 기동 헬기 추락 사고로 5명이 순직했을 때도 영결식 직전까지 조문 인사를 보내지 않았다.……북에 억류됐던 미 대학생 웜비어를 17개월 만에 만난 어머니는 그 자리에 주저앉았다. 건강했던 아들이 초점 없는 눈으로 경련을 일으키며 짐승처럼 울부짖었기 때문이다.……청와대가 22일 방한하는 웜비어 부모의 문 대통령 면담 요청을 거절했다고 한다. 대통령 일정이 빡빡하다는 것이다. 그러나 아무리 바빠도 10분만 내면 손 잡아주고 위로의 말을 건넬 수 있지 않나."[310]

문재인의 따뜻하고 인자한 이미지가 행동으론 이어지지 않는다는 비판도 있다. 공익인권법재단 공감 변호사 황필규는 2020년 8월 "대통령이 가습기 살균제 피해자들을 직접 만나 정부를 대표해 공식 사과하고 피해 지원과 재발 방지를 약속한 지 3년이 지났지만 피해자들은 과연 무엇이 바뀌었는지를 묻고 있다"고 꼬집었다.[311] 문재인을 어떻게 볼 것인가? 이어지는 다음 글에서 더 이야기해보기로 하자.

33
왜 도덕적 우월감은 정치적 독약인가?

"성인들은 무죄로 판명되기 전까지는 늘 유죄로 생각되어야 한다."

(영국 작가 조지 오웰)

* * *

인도 지도자 마하트마 간디Mahatma Gandhi, 1869~1948에 대해 쓴 유명한 수필에서 한 말이다. 조지 오웰George Orwell, 1903~1950은 간디에 대해 전반적으로 매우 긍정적인 평가를 했지만, 자기 자신을 부정하는 간디의 생활 방식과 타협하지 않는 도덕적 기준을 언급하면서 다음과 같이 말했다.

"인간이 되는 것의 본질은 완벽함을 추구하지 않는 것이고, 때로는 충심을 위해 기꺼이 죄를 저지르는 것이고, 친근한 인간관계가 불가능할 정도로까지 금욕 생활을 고집하지 않는 것이고, 결국에는 삶에 의해 패배하고 부서질 각오가 되어 있는 것인바, 이것은 다른 사람들에게 자신의 사랑을 보여준 데 대한 불가피한 대가이다."[312]

미국의 제39대 대통령 지미 카터Jimmy Carter의 비서를 역임했던 헨드릭 허츠버그Hendrik Hertzberg는 오웰의 이 말을 인용하면서 '지미 카터를 위한 변명'을 시도한다. 카터는 간디가 아니고, 자신은 오웰이 아니지만, 카터와 간디를 비교하는 건 무언가 의미 있는 측면을 보여줄 수 있다며, 다음과 같이 말한다.

"카터의 리더십 스타일은 그 본질상 종교적인 측면이 더 많았고 지금도 그렇다. 카터는 정치적인 지도자이기보다 도덕적인 지도자였고 지금도 그렇다. 나는 이 점이 대통령인 카터의 일부 성공은 물론 일부 실패한 것들까지 설명하는 데 도움이 된다고 생각한다."[313]

왜 '카터를 위한 변명'을 할 생각을 했을까? 카터는 대통령 퇴임 후 왕성한 봉사 활동으로 2002년 노벨평화상을 받는 등 이전보다 훨씬 나은 평가를 받게 되지만, 허츠버그가 '카터를 위한 변명'을 발표한 1995년까지만 해도 여전히 비판적 평가가 압도적으로 많은 대통령으로 인식되고 있었다.

그런 평가엔 그가 공화당 후보 로널드 레이건Ronald W. Reagan, 1911~2004에게 패배한 1980년 대선이 적잖은 영향을 미쳤다. 카터는 선거 유세 중 레이건이 인종차별주의자이며 전쟁광이라고 맹비난하면서 "이번 선거는 전쟁이냐 평화냐를 선택하는 것"이라는 이분법을 구사했다. 자신이 재선에 실패한다면 "미국이 흑인과 백인, 유대인과 기독교인, 남과 북, 도시와 농촌으로 분열될 것이다"고 겁을 주기도 했다.

그러나 텔레비전을 지켜보는 시청자들로서는 레이건이 그런 종류의 사람이라고 믿기에는 그의 온화한 미소와 유창한 언변이 너무도 마력적이었다. 이런 네거티브 공세는 카터를 그래도 고상하고, 공정하고, 명예로우며, 종교적인 선량한 사람으로 인식하고 있던 유권자들에게 역효과를 냈다. 카터의 인격에 대한 의심과 반작용이 일어나면서 카터는 '야비한 사람', '치사한 사람'이라는 인식을 증폭시키고 말았다.[314]

결국 카터는 선거에서 패배한 동시에 명예까지 잃고 말았다. 그가 민주당 정권인 클린턴 행정부 시절에 맡은 '평화 전도사' 역할도 카터에 대한 많은 미국인의 짜증을 유발하기에 족했다. 1991년 군사쿠데타가 일어나 이후 수년간 대혼란에 빠진 아이티 문제를 해결한 것만 해도 그랬다. 카터를 비난하는 사람들은 카터에게 독재자들에게 잘해주는 일종의 본능적인 측면이 있다고 주장했다. 카터는 아이티를 방문해서 군부 실세였던 라울 세드라스Raoul Cédras에게 존경심을 표명했고 그의 부인이 얼마나 날씬하고 매력적인지 계속해서 아양을 떨었는데, 이는 일부 미국인들을 화나게 만들었다는 것이다.[315]

그러나 허츠버그는 그건 죄인을 용서하는 카터의 기독교적 사랑 때문이라고 카터를 옹호했다. 오히려 카터의 문제는 전혀 다른 데에 있다는 것이 허츠버그의 진단이다. 허츠버그는 아이티 사건에서 중요한 것은 카터의 활동으로 무고한 피를 흘리지 않았다는 사실이라고 했다. 투표로 선출되어 정통성을 갖고 있던 아이티의 실제 대통령장 베르트랑 아리스티드Jean Bertrand Aristide는 다시 그 자리에 오를 수 있었고, 살인과 인권침해는 중지되었으며, 세드라스와 그의 부하들은 결국 그 나라를 떠나게 되었고, 아이티는 이제 죽음과 잔혹함의 지옥 대신 비교적 정상적인 국가가 될 수 있는 훨씬 더 좋은 기회를 갖게 되었다는 것이다.

허츠버그는 카터의 일부 비판자들을 포함한 많은 사람이 카터가 귀국한 후 즉시 그 점을 이해했으며, 그의 공헌을 기꺼이 인정하려 했다고 말한다. 카터가 클린턴 대통령과 조국에 봉사할 수 있어서 매우 기쁘다는 짧은 발표문을 읽고 나서 고향인 조지아주로 돌아가 한동안 침묵을 지켰다면, 카터는 지금쯤 전 세계적으로 인정받고 추앙받는 영웅이 되었을지도 모른다는 것이다. 그때는 겸손함과 과묵함이 오히려 자신을 자랑하는 가장 좋은 방법이었을 바로 그런 때였다는 것이다.

허츠버그는 그러나 불행히도 카터는 그렇게 하지 않았다고 혀를 끌끌 찼다. 카터는 텔레비전에 출연해서 수도 없이 이야기했고, 그러다가 결국에는 다소 불손하고 어리석은 말들을 하고 말았다는 것이다. 그 결과 카터는 다시 한번 수많은 사람에게 그들이 싫어했던 자신의 특성(혼자서만 옳다고 하면서 도덕적인 우월성을 내세우는 듯한 태도)을 상기시켜주었다는 것이다.

허츠버그는 카터의 문제점을 그렇게 지적하면서도 아이티에서 돌아와 부질없이 텔레비전에 출연하고 자신의 도덕적 우월함을 내세웠던 바로 그 고집스러움과 일견 거만해 보이는 태도는 카터가 애초에 그곳에 가서 협상을 타결 지었던 인내심과 자기 확신의 또 다른 측면이라고 할 수 있다는 결론을 내렸다.[316]

허츠버그는 "아이티 사건은 지미 카터의 특성 가운데 내가 (약간은 농담이 섞인 방식으로) 이미 그렇게 부르기로 결정한 일부 특성, 즉 성인 같은 특성을 잘 보여준다"며 이렇게 말한다.

"어떤 사람을 성인이라고 할 때, 그 사람이 친절하고 부드럽고 다정하기만 한 것은 아니다. 어떤 사람이 성인이 되는 것은-특히 정계에서 성인이 되는 것은-아주 복합적인 존재가 되는 것이고 때로는 매력적이지 못한 존재가 되는 것이다. 성인들은 일반 사람들을 무척 화나게 할 수 있다. 이들은 또 주위 사람들에게 아주 혹독하게 굴 수 있다. 이들은 (자신들의 것을 포함해서) 일반적인 인간 감정과 일반적인 인간 결점에 무심할 수 있다."[317]

카터에게서 볼 수 있듯이, 우리 인간은 '동전의 양면'처럼 따라붙는, 일종의 '세트 특성들'을 갖고 있다. 그러나 우리는 평소 그 '세트 특성들'에 대해 충분한 관심을 기울이지 않는 경향이 있다. 우리는 강한 소신은 좋다고 이야기하지만 독선은 나쁘다고 말한다. 둘 사이의 차이가 무엇인지에 대해선 깊이 고민하지 않는다. 내 마음에 들면 강한 소신이요 내 마음에 들지 않으면 독선이다. 어떤 사람의 아름다운 소신 행위를 보고 동시에 그 사람이 다른 경우에 독선적일 수 있다는 부작용을 떠올려야 하는 건 유쾌하지도 않거니와 가슴 아픈 일이긴 하지만, 그게 우리 인간의 한계임을 어찌 부인할 수 있으랴.

문재인은 어떤가? 그는 "문제가 없어서 오히려 문제인 사람"으로 여겨져왔다.[318] 문재인은 지지자들에겐 거의 '성인' 반열에 오른 인물로 추앙된다. 이게 문제는 아니다. 진짜 문제는 이런 지지자들이 성인이 갖고 있는 다른 측면에 주목하는 사람들과 소통 불능 상태에 놓여 있다는 점이 중요하다. 문재인은 그 사실의 중요성을 외면한다. 이를 잘 보여준 게 바로 그 유명한 '양념' 발언이다. 다음 대화를 보자.

문재인 후보 "우리 정당 사상 가장 아름다운 경선을 했다고 생각한다."

MBN 앵커 "가장 아름다운 경선이라고 평가했지만 사실 지지자들 사이엔 그렇지 않은 모습, 18원 문자 폭탄도 그렇고 상대 후보를 비방하는 댓글 등 여러 가지가 문 후보 측에서 조직적으로 이뤄진 게 드러나기도 했습니다."

문재인 후보 "뭐 치열하게 경쟁하다 보면 있을 수 있는 일들이죠. 우리 경쟁을 더 흥미롭게 만들어주는 양념 같은 것이었다고 생각하고요……."

2017년 4월 3일 저녁 더불어민주당 대통령 후보 경선 승리를 확정한 문재인과 MBN 뉴스 앵커 사이에 오간 대화다. 이 '양념' 발언에 분개한 사람이 많았다. 안희정 경선 후보 캠프에 참여했던 더불어민주당 의원 박영선은 4일 자신의 페이스북에 "'양념'이라는 단어 하나가 던지는 사람의 모든 것"이란 글을 올렸다.

"아침에 눈뜨니 문자 폭탄과 악성 댓글이 '양념'이 되었다. 막말 퍼붓는 사람들이야 그렇게 하고나면 양념 치듯 맛을 더할 수도 있을 것이다. 그러나 그 악성 댓글 때문에 상처받고 심지어 생각하기도 싫은 험악한 일들이 벌어져왔다. '양념'이라는 단어의 가벼움이 주는 그 한마디는 어쩌면 그 내면의 들켜버린 속살인지도 모른다. 이 사안을 어떻게 바라보고 있어왔고 또 때론 즐겨왔는지. 또한 상대에 대한 배려라는 것이 늘 네 편 내 편에서 이루어져온 잣대가 다른 배려였지 않나 하는. '양념'이라는 단어는 상처받은 사람에게는 상처에 소금 뿌리는 것과 같을 것이다. 상처에 소금 뿌리는 것도 양념이냐고 반문하면 분명 버럭 화를 낼 것이다. 그리고 네거티브하지 말자 할지도 모른다. 그걸 모를 리는 없었을 텐데. 실수라고 하기엔 그 가벼움의 내면이 지나온 세월의 너무 많은 것을 생각하게 한다. 오늘 아침 '양념'이라는 단어를 놓고 내가 이렇게 긴 시간 사색하는 이유는 바로 지도자는 늘 누구의 도움 없이 외로운 판단의 순간을 맞고 그 판단의 순간 결정 요소는 자기 자신의 내면의 내공이라 생각하기 때문이다. 이 글을 올리고 나면 또 수많은 공격이 날아올 것이다. 승복하지 않냐에서부터 두렵지 않느냐까지. 그러나 이것은 승복의 문제와는 별개의 것이고 악성 댓글과 문자 폭탄을 적폐 청산 대상으로 생각한 사람 입장에서는 이에 대한 반론 제기가 불가피함을 밝혀둔다."[319]

국민의당 대표 박지원도 4일 자신의 페이스북에 "양념이 과하면 음식 맛도 버린다"며 "무심코 연못에 던진 돌멩이에 개구리는 맞아 죽는다"고 했다. 그는 이날 대전에서 열린 마지막 전국 순회 경선 연설에서도 "이런 분이 대통령이 되면 자기들의 패권, 친문에만 단맛을 내는 양념을 치고 자기에게 반대하는 세력에는 쓴 양념을 줄 수 있다"고 했다.[320]

흥미로운 사건이다. 문재인의 착하고 선한 이미지와 '양념' 발언은 전혀 어울리지 않는다. 하지만 좀더 깊이 생각해보면 아주 잘 어울린다. 동전의 양면처럼 분리할 수 없는 문재인의 특성이다. 왜? 어떻게? 나는 이 사건을 '도덕적 면허의 역설'이라고 부르련다. '도덕적 면허moral licensing'는 우리가 즐겨 쓰는 표현인 '도덕적 우월감moral superiority'과 비슷한 개념으로 보아도 무방할 것이다.

'도덕적 면허' 현상은 사이버공간에서 두드러지게 나타난다. 정의를 빙자한 악플이 대표적인 예다. 자신이 나름의 도덕적 면허를 얻었다고 생각하는 사람일수록 사이버공간에서 도덕적 이탈을 할 가능성이 높다.[321] 고려대학교 심리학과 교수 허태균은 "부적절한 언행을 하거나 자신과 의견이 다른 국회의원들에게 일부 사람이 후원금 18원을 보낸다는 보도를 종종 볼 수 있다"며 다음과 같이 말한다.

"아니, 그냥 욕도 아닌 그런 쌍욕이 과연 공개적인 사회적 의사 표현 수단이 되어도 괜찮은 걸까? 단지 그 국회의원의 언행이 얼마나 잘못됐는지, 자신이 그 국회의원의 의견에 얼마나 반대하는지를 알려주기 위해 강력한 의사 표현 수단이 필요하면 그냥 1원만 보내도 될 것이다. 그 1원의 기부만으로도 반대 의사 표현의 상징을 얼마든지 만들 수 있다. 솔직히 그 국회의원을 골탕 먹이고 싶다면 후원금 영수증까지 요구하면 금상첨화일 것이다. 하지만 도대체 그런 쌍욕까지 해야 하는 이유가 무엇인지 진짜 궁금하다."

물론 허태균은 그 답을 알고 있다. 그는 '도덕적 면허' 개념으로 설명한다. "이런 심리적 기제는 자신이 옳은 일을 위해 뭔가를 하고 있다고 믿을 때, 역설적으로 옳지 않은 행동을 할 가능성이 높아질 수 있는 위험성을 보여준다."[322] 이렇듯 '도덕적 자신감'이나 '도덕적 우월감'을 갖는 사람들은 부도덕해지기 쉽다. 윌리엄 맥어스킬William MacAskill이 잘 지적했듯이, "도덕적 면허 효과는 사람들이 실제로 착한 일을 하는 것보다 착해 보이는 것, 착한 행동을 했다고 인식하는 것을 더 중요하게 여긴다는 점을 보여준다".[323] 일종의 '인정 투쟁'이나 '구별 짓기' 투쟁을 하는 것으로 이해해도 무방하겠다.

정의감도 크게 다르지 않다. 자신의 정의감을 내세우는 사람들은 실제로 정의로운 일을 하는 것보다 자신이 정의로워 보이는 것, 정의로운 행동을 했다고 인식하는 것을 중요하게 여긴다. 자신의 생각과 다른 생각을 갖고 있는 사람에게 온갖 욕설과 저주를 퍼붓는 것도 바로 그런 이유 때문이다.

앞서 거론한 허츠버그의 글이 실린 『국민을 살리는 대통령 죽이는 대통령Character Above All』은 미국 대통령 10명의 리더십을 다룬 책인데, 이 책은 이런 질문을 던지면서 시작한다. "처음에는 우리도 아주 좋은 사람이었다. 그런데 무슨 일이 일어난 것인가?" 아니다. 그게 아니다. 적어도 문재인은 좋은 사람이었는데 대통령이 된 후에 달라진 게 아니다. 그가 '성인' 같은 인물이라는 점이 중요하다.

권력에 전혀 관심이 없었던 사람에게 '운명'에 의해 주체하기 힘들 정도로 큰 권력이 주어지면서 그렇지 않았더라면 당면할 필요가 없었던 일들이 무더기로 터져나오면서 '성인'의 어두운 면까지 드러난 것으로 보아야 할 것이다. 달리 말해, 도덕적 확신과 우월감이 하늘을 찌르기에 "일반적인 인간 감정과 일반적인 인간 결점에 무심할 수 있다"는 점이 중요하고, 자신과 생각이 다른 사람들에 대해 얼마든지 가혹해질 수 있다는 점이 중요한 것이다.

34
왜 권력자는 사람을 개미로 볼까?

"3만 피트 상공을 나는 제트기 창문에서 바라볼 때, 땅위의 사람들은 개미처럼 보인다."[324] (미국 미디어 비평가 켄 아울레타)

* * *

1998년 미국 뉴욕주 오스위고Oswego주립대학에서 열린 지역언론 학술 대회에서 한 말이다. 사람을 개미처럼 생각하면서 그들을 객체화하는 건 비단 중앙의 권력, 언론, 대기업만 저지르는 일이 아니다. 중앙 모델을 그대로 답습하는 지역의 작은 권력자들도 그런 유혹을 받기 십상이다. 특히 지역언론은 기존의 '권력자 모델'을 다시 생각해봐야 한다. 막강한 권력을 가진 취재원들과 싸우기 위해 언론 스스로 권력자가 되는 건 불가피한 점이 있지만, 문제는 그게 습관이나 체질로 고착되어 낮은 곳에 임해야 할 때에도 권력자 자세를 취한다는 데에 있다. 이는 특히 지역언론의 목을 치는 부메랑이 되고 있다.

화려한 수상 경력을 가진 미국 『오마하 월드 헤럴드』의 사진 기자 제프 카니Jeff Carney는 자신이 크게 성공한 것은 지역신문에서 '품위 있게 인간적으로 사람들을 대하는 법'을 배웠기 때문이라고 말한다. 대형 일간지에선 기자들이 사람들의 삶 속에 뛰어들어갔다가 바로 다시 나오지만, 지역신문 기자들은 그렇지 않다는 것이다.[325] 겸손한 자세로 지역 주민들과 친숙한 관계를 유지하는 것, 이게 지역언론 기자들이 지녀야 할 첫 번째 자세임은 두말할 나위가 없다.

"겸손이 밥 먹여주느냐?"는 반론이 나올 법도 하지만, 그 이전에 겸손을 실천해본 적은 있는지 자문자답해보는 게 좋을 것 같다. 겸손은 권력의 속성에 대한 해독제로서, 권력 사탕의 유혹을 거부하는 것 이상으로 실천하기가 매우 어려운 것이다. 겸손해지면 해야 할 일, 할 수 있는 일이 많아지며, 그걸 발견하고 실천하는 과정에서 '구조 탓'과 '경제 탓'을 넘어서는 지역언론의 살 길도 열릴 수 있다.

독일 철학자 프리드리히 니체Friedrich Nietzsche, 1844~1900는 "겸손은 권력에의 의지를 위장한 것에 불과하다"고 했고, 프랑스 작가 쥘 르나르Jules Renard, 1864~1910는 "잘나가는 사람이 겸손하긴 쉽지만 별 볼 일 없는 사람이 겸손하긴 어렵다"고 했다.[326] 우리가 잘 알고 있는 겸손에 대한 속물적 이해에 따르자면 그렇다. 그런 이해의 수준을 넘어서는 겸손을 실천하자는 것이지만, 스스로 "지역언론은 별 볼 일 없는 언론이기에 겸손하기 어려운 건가?"라고 물어볼 필요는 있겠다. 어차피 '권력자 모델'을 흉내만 낼 뿐 제대로 실천할 수 없는 것이라면, 지역과 지역민을 위해 헌신하는 '봉사자 모델'과 같은 정반대의 모델에도 눈을 돌려보는 게 합리적이지 않을까?

어떤 유형의 권력이건 조금이라도 권력을 가진 사람들은 자신이 다른 사람들을 '3만 피트 상공을 나는 제트기 창문에서' 내려다보듯 하는 건 아닌지 성찰하고 또 성찰해야 한다. 문학평론가로 단국대학교 교수인 오민석은 "권력화의 위험에 가장 많이 노출돼 있는 집단은 유명 정치인, 언론인, 종교인, 학자, 법조인, 군인, 연예인, 문인, 예술가 등의 '공인'들일 것이다. 그들은 시스템 안에서 다양한 방식으로 권력을 부여받는다"며 다음과 같이 말한다.

"여기저기 불려다니며 세상이 자신들을 '로 앵글'로 올려다볼 때, 그들은 저 높은 '하이 앵글'에서 세상을 내려다보는 습관을 자신도 모르게 체득하게 된다. 득의만만한 태도가 온몸에 가득할 때, 자아는 풍선처럼 부풀어 오르고 실제보다 훨씬 과장된 '가짜 자아'가 자신의 주인이 된다. 자신을 더 커 보이게 해서 상대방을 위압하며 허세를 부리는 것을 속된 말로 '후까시 넣었다'고 하는데, 여기에서 후까시는 일본어 '찌다蒸'의 명사형이다. 어깨에 '후까시'가 많이 들어갈 때 주체는 통통 부어오른 가짜가 된다. 얼마 전 (웬만한 사람이면) 이름만 대도 알 만한 어떤 분을 만났다. 그는 직업상 불가피하게 우리 사회의 대표적 공인들을 수십 년 동안 접촉해왔다. 그는 이 오랜 교제의 경험을 통해 한 가지 반복되는 패턴을 보았다고 한다. 목에 힘이 들어가는 순간 그 권력은 오래가지 못하더라는 것이었다."[327]

심리학자들이 다른 사람들을 내려다보는 습관에 대해 연구했는데, 미국 심리학자 수전 피스크Susan Fiske가 한 말을 경청해보자. 그는 사회적 권력을 가지고 있는 사람들은 자기보다 권력을 작게 가지고 있는 사람들을 한 사람의 개인이 아니라 단지 유형화된 스케치로만 바라보는 나태한 습관에 쉽게 빠져들 수 있다고 지적했다. 이렇게 되는 이유로 그는 주의력은 위계 체계의 위로 향하지 아래로는 향하지 않기 때문이라고 설명한다. 사람들은 자기 운명을 통제하는 사람에게 주의를 기울이는데, 이것은 그 사람이 하는 행동을 예측할 수 있기를 바라기 때문이다.[328]

미국 언론인 크리스토퍼 헤이즈Christopher Hayes는 『똑똑함의 숭배』(2013)에서 "사회적 지위가 낮은 사람들의 공감 능력이 더 높다"며 그 이유에 대해 이렇게 말한다.

"그들의 삶과 재산, 운명이 이웃과 지역민들뿐 아니라 권력을 가진 사람들의 변덕에 큰 영향을 받기 때문이다. 따라서 그들은 자연스럽게 타인의 감정과 욕구를 추론하는 수단을 정교하게 발달시킨다. 그와 반대로 권력과 지위가 높은 사람들은 상대적으로 타인에게 의존하는 정도가 낮고, 그래서 그런 능력이 발달하지 않는다. 혹은 권력이 강해지고 지위가 높아지면서 그러한 능력이 쇠퇴한다."[329]

결국 권력이 사람을 망가뜨린다는 이야긴데, 이게 바뀌기 어려운 현실이라면, 권력이 없거나 약한 사람들은 미국 작가 라이언 홀리데이Ryan Holiday의 다음 말에서 위안을 찾는 게 어떨까 싶다.

"권력의 정점에 있는 사람들, 부자들, 그리고 유명인을 지켜보라. 그들의 성공과 부에 사로잡히지 말고, 그들이 무엇을 대가로 그 자리에 올라설 수 있었는지 생각해보라. 그들이 치른 대가는 자유다. 그들의 지위는 늘 정해진 옷차림을 강요한다. 그들은 싫어하는 사람들과도 악수해야 하며, 자신의 생각을 함부로 드러내서도 안 된다."[330]

35

왜 권력자는 자신이 우주의 중심이라고 생각하는가?

"그는 자신의 권리에 대하여 과장된 인식을 가지고 있다. 따라서 삶의 일반적인 규칙은 자신에게는 적용되지 않는다고 생각한다. 자신이 우주의 중심이라고 생각하며 다른 이들의 견해는 전혀 고려 대상이 아니다."[331] (미국 심리학자 데이비드 와이너)

* * *

『권력 중독자』(2002)에서 한 말이다. 우리는 '권력 중독'이라고 하면 곧장 대통령 등과 같은 권력자만을 생각하는 경향이 있는데, 수많은 조직과 집단에 수많은 대통령이 있다고 생각하는 게 올바른 이해 방식이다. 이 책은 '권력 중독'이 의외로 널리 퍼져 있는 현상이라는 걸 말해준다. 권력 중독자가 자신의 권력 중독을 깨달을 수 있을까? 불가능하다고 말할 순 없겠지만 거의 기대하기 어렵다. 미국 생물학자 에드워드 윌슨Edward Wilson의 말처럼, "사람들은 자신의 마음에 대해서 자신의 자동차만큼도 알지 못한다".[332] 이 책에 근거해 이제부터 열거할 몇 가지 권력 중독 현상을 음미해보면서 자기 자신 혹은 주변 사람들을 검증해보는 것도 좋을 것이다.

권력 중독자는 "외면적으로는 순진하고 따뜻한 성품"을 보일 수도 있지만, 그를 보통 사람과 구분시켜주는 특성은 "좀더 높은 수준의 지배력과 지위를 얻기 위해서 필요하다면 종종 도덕이나 윤리, 예의, 상식마저 무시한 채 물불을 가리지 않는 본능적이고 자동적인 욕구다".[333] 권력 중독자에게는 늘 측근이 필요하다. 그래서 인간관계에 많은 투자를 한다. 그러나 그의 인간관계에서 다른 사람들은 반드시 자신에 의해 장악되어야 하며, 자신이 늘 중심에 있어야 한다.[334]

권력 중독자는 "세상에 자기보다 똑똑하거나 창의적인 사람은 없다"고 생각하는, "자신의 가치에 대한 과대망상적 신념"을 가지고 있다.[335] 그는 모든 사람이 왜 자신이 이룬 위대한 업적에 대해 찬사를 보내지 않는가 하는 생각 때문에 자주 잠을 이루지 못한다.[336] 그에게 자기 잘못은 애초부터 존재할 수 없는 것이며, "어떤 잘못에 대해서든지 그 책임을 다른 이에게 뒤집어씌울 방도를 기가 막히게 찾아낸다".[337]

권력 중독자는 "직장, 가정, 공동체에서 자신의 지위 또는 서열이 어떻게 간주되는지가 자기 인생에서 매우 중요한 것이라고 생각"하며, "그와 같은 서열을 성취하고 유지하고자 하는 욕구 때문에 그들은 자신보다 낮은 지위에 있다고 생각되는 사람들의 삶을 비참하게 만들 수 있다".[338] 이는 자녀들에게도 '세습'될 가능성이 높다.

"계급사회를 지지하는 상류층 가정에서 태어난 아이들은 좀더 쉽게 편견에 물들고 오만한 태도를 갖게 될 수 있다. 왜냐하면 편견이나 오만한 태도는 바로 그들을 둘러싼 문화의 일부이며 그들 스스로의 권력과 지위에 대한 본능적 욕구가 그와 같은 태도를 흡수하도록 돕기 때문이다.……계층화된 오늘날의 사회에는 부모가 지위 강박증인 경우도 있다. 그들은 '우리는 그저 평범한 사람입니다'라는 겉발림 말로 그들의 카스트 경향을 감추려 하지만 그들의 아이들은 '올바른' 학교에 가야 하며 '올바른' 친구만 사귀어야 하고 아이가 자란 후에도 오직 '올바른' 일만 하도록 요구함으로써 자식에 대한 지배력을 거두지 않는다. 뿐만 아니라 '올바른' 상대와 결혼하고 '올바른' 직업을 가져야 한다는 식이다."[339]

『권력 중독자』에 추천사를 쓴 심리학자 로버트 레프턴Robert E. Lefton은 "권력 중독자는 인과론적으로 사고하는 경우가 거의 없다"고 말한다. "그는 자신의 태도나 행동이 다른 사람들에게 어떤 영향을 줄 것인지 생각하지 못한다. 뿐만 아니라 그들은 어떤 구실이든 찾아내어 자신의 행동을 합리화해버린다."[340]

권력 중독자는 늘 야망의 바다에서 헤엄을 친다. 조지프 엡스타인Joseph Epstein에 따르면, "야심에 찬 사람은 일반적으로 외곬이고 자신의 목표에만 집중하여 시야가 좁으며, 마음을 이끄는 다른 성격들, 이를테면 매력, 상상력, 자기 회의를 해볼 수 있는 자기 성찰이 결여되어 있다. 성공은 성공을 낳는다지만 야망은 불신을 낳는다".[341]

이 모든 게 지나치게 과장된 이야기일까? 그렇진 않다. 수많은 실험 결과, 권력을 갖게 되면 다른 사람들이 세상을 어떻게 보고, 세상에 대해 어떤 생각을 하고 어떻게 느끼는지를 이해하는 데에 둔감해진다는 것이 충분히 밝혀졌다.[342] 중증이냐 아니냐 하는 정도의 차이만 있을 뿐 우리 주변엔 권력 중독자들이 늘 있기 마련이다.

사람에 대해 등급을 매겨야 직성이 풀린다거나, 이 세상은 오직 출세한 사람과 출세하지 못해 배 아파 못 견디는 사람들도 구성되어 있다고 본다거나, 자신을 존대하지 않는 사람에겐 어떤 식으로건 보복을 가한다거나 하는 버릇은 권력에 굶주렸던 사람이 권력을 갖게 되었을 때에 드러내는 전형적인 '권력 중독' 현상이라고 볼 수 있다. 물론 이런 권력 중독자들에겐 다른 사람에 대한 감정이입感情移入이나 역지사지易地思之가 매우 어려우니, 동정의 대상으로 보는 게 좋을 것 같다.

36

왜 '권력 없는 개혁'을 꿈꾸는 사람이 많은가?

"권력을 잡지 않은 채 세상을 바꾼다." (아일랜드 출신의 좌파 이론가 존 홀러웨이)

* * *

2002년에 출간한 책 제목이다(『Change the World Without Taking Power』). 그는 "오늘날 혁명이 상상될 수 있는 유일한 길은 권력의 정복으로서가 아니라 권력의 해체로서이다"며 이렇게 말한다.

"소련의 붕괴는 수많은 사람들에게 환멸을 의미했지만 그것은 또한 혁명적 사상의 해방을, 권력 정복을 혁명과 동일시하는 것으로부터의 해방을 가져왔다. 그러므로 권력을 장악하지 않고 세상을 바꾸라는 요구는 21세기의 벽두에 나타난 혁명적 도전이다."[343]

무슨 말인진 알겠는데, 그게 가능한가? 도대체 권력 장악 없이 어떻게 세상을 바꿀 수 있단 말인가? 존 홀러웨이John Holloway는 책의 결말에 이르러 "책은 끝나가지만, 시작에서와 마찬가지로 우리는 그것을 알지 못한다"며 이런 말로 책을 끝맺는다. "이것은 결말이 없는 책이다. 이것은 하나의 정의定意이되 동시에 그 자신을 부정하기도 하는 정의이다. 그것은 질문이며 토론에의 초대이다.……나의 목표는 절규를 강화시키는 것이었으며 그것을 더욱 귀에 거슬리게 만드는 것이었다. 절규는 계속된다."[344]

이런 절규는 이미 19세기부터 아나키스트들에 의해 외쳐져왔다. 1911년 '과두제의 철칙'을 제시한 로베르트 미헬스Robert Michels, 1876~1936는 "정당의 조직화가 계서階序적이고 과두적인 결과를 낳는다는 점을 끊임없이 지적한 최초의 이론가들은 아나키스트들이다"며 다음과 같이 말했다.

"이들은 사회민주주의자들이나 생디칼리스트들보다 훨씬 더 명료하게 조직의 위험성을 통찰하였다. 그들은 권위를 부자유와 예종隸從, 아니 지구상의 모든 해악의 전주곡으로 간주하고 배격한다.……아나키즘에는 유급有給의 당 직책도, 명예로운 의원직도 없다. 따라서 갈등도 유혹도 개인적인 그릇된 욕심도 그만큼 적다."[345]

이렇듯 좌파 사상이면서도 강대한 조직을 거부하는 아나키즘anarchism은 사실상 과두제의 철칙을 수긍하는 것이라고 볼 수 있다.

아나키즘은 권력이 인간의 본능임을 인정하고 탈집중화를 통한 권력의 분산을 실천의 중심에 둔다. 좋은 일이긴 한데, 그러다 보니 아나키즘의 정신을 이어받은 조직에선 아예 리더십 자체를 부정하는 부작용이 생겨났다.

"우리는 리더십이 없는 구조에 엄청난 신념을 가지고 있었다. 리더십이 필요할 때 그것이 자라도록 내버려두지 않았다." 미국의 한 공동체 운동가의 말이다. 이 말을 인용한 미국의 공동체 운동가이자 작가인 코린 맥러플린Corinne McLaughlin, 1947~2018은 『새벽의 건설자들: 더 나은 미래를 위한 생태 공동체 만들기』(1985)에서 "그룹을 대표하여 행동하도록 권한을 부여받은 사람은 아무도 없다"며 이렇게 비판했다.

"권력과 권한의 행사를 회피하는 것은 누구도 믿을 수 없다는 것이 되기도 하며, 그것은 종종 '평등'이라는 입에 발린 말로 포장된다."[346]

작은 공동체 조직에선 바람직한 '권력과 권한의 행사'가 가능할지 몰라도, 큰 정치 조직에선 그게 어렵더라는 게 수없이 입증되었기에 이 문제는 이럴 수도 저럴 수도 없는 딜레마라고 보는 게 옳을 것이다. 그래서 일부 풀뿌리 운동가들은 아예 권력 개념의 정의를 다시 내려보자는 시도를 하기도 한다. 즉, 권력에 대한 기존의 생각을 바꿔보자는 것이다.

미국 텍사스주 포트워스의 시민운동가 마거릿 무어Margaret Moore는 "사람들은 '권력'을 이렇게 생각합니다. 오, 그건 나쁜 거예요! 하지만 그것보다 더 나쁜 건 무력함이죠!"라고 말한다. 미국 풀뿌리 사회운동가 프랜시스 무어 라페Frances Moore Lappé는 『살아 있는 민주주의』(2007)에서 이 말을 인용하면서 이렇게 말한다.

"우리가 권력을 '어떤 이가 다른 이에게 발휘할 수 있는 능력'으로 이해하는 한, 권력은 조심해야만 하는 어떤 것이 되고 만다. 권력은 조작, 강제, 그리고 파괴인 것이다. 그리고 우리 스스로가 아무 힘도 없는 존재라고 확신하는 한, 권력은 언제나 부정적인 것이 되고 말 것이다."[347]

라페는 "숱한 정치 담화들은 누가 권력을 갖느냐, 누가 권력을 잃느냐에 미쳐 있다. 마치 기웃거릴 권력의 자리가 많이 있기라도 한 것처럼"이라며 이렇게 말한다.

"그러나 '할 수 있다to be able'를 뜻하는 라틴어 'posse'의 어원을 생각해보면, 권력power은 간명하게 우리가 '행동할 수 있는 능력'을 의미한다. 그래서 우리는 권력 분배에 대해 지금보다 적게 말해야 하며, 권력의 창조(우리의 문제 해결에 진정으로 필요한 것은 바로 이것이다)에 대해서는 지금보다 더 많이 말해야 하는 것이다. 살아 있는 민주주의를 실천하면 더 많은 사람들이 자신들의 가치와 관심사에 따라 행동할 수 있도록 만듦으로써 더 많은 권력을 창조해낸다."[348]

옳은 말이다. 특히 한국의 시민운동가들이 명심해야 할 말이 아닌가 싶다. 누구나 인정하겠지만, 한국의 시민운동은 일상의 작은 문제보다는 국가적 차원의 큰 문제에 집중하는 경향이 있으며, 바로 그런 이유 때문에 정치권력과 거리를 두는 게 아니라 정치권력과 유착하는 경향을 보이고 있다.

문재인 정부 초기인 2017년 11월 기준 청와대 비서관급 이상 51명(국가안보실·경호처 제외) 중 시민단체 출신은 8명(실장 1·수석 3·비서관 4)이었으며, 2020년 6월 기준 9명(실장 1·수석 3·비서관 5)이 되었다. 더불어민주당 소속 의원 177명 중 시민단체 출신은 20명에 이르렀다. 참여연대를 탈퇴한 회계사 김경율은 "김대중·노무현 정권 때는 그러지 않았지만, 문재인 정권에선 시민단체가 권력에 '기생화'됐다"고 했다.[349]

고려대학교 명예교수 최장집은 2020년 6월 말 서울대학교 한국정치연구소『한국정치연구』에 기고한「다시 한국 민주주의를 생각한다: 위기와 대안」이라는 논문에서 21대 총선에 대해 "특정 시민운동 출신들이 선거를 위해 급조된 정당의 후보로 선거 경쟁에 나서고 국회의원으로 선출되는 모습을 보여줬다"며 "시민운동이 곧 정당이고, 정당이 곧 시민운동인 현상이 현실화됐다"고 했다. 그러면서 "이들 양자 사이엔 '특혜와 지원을 대가로 정치적 지지를 교환하는 관계'가 자리 잡았다"고 분석했다.[350]

우리는 여기서 다시 100여 년 전에 나온 미헬스의 아나키즘 분석에 주목하지 않을 수 없다. 그는 "아나키즘 지도자들이 정치의 장에서 움직이는 조직화된 정당의 지도자들에 비해 평균적으로 훨씬 더 도덕적이라고 해서, 그들에게 지도자의 특성과 욕구가 전무한 것은 아니다"며 이렇게 말한다.

"수많은 탁월한 아나키스트들이 생애의 수많은 날들을 바쳐가면서 지도자의 권위를 배격하는 이론 투쟁을 벌였지만, 그들 내부에 있는 자연적인 지배 욕구를 소멸시킬 수는 없었다."[351]

시민운동가들 역시 다를 게 없다. 그들의 '내부에 있는 자연적인 지배 욕구'가 정치권력의 힘을 빌려 큰일을 해보겠다는 선의에서 비롯된 것일망정, 이는 기존의 부패한 권력투쟁 방식을 강화시키고 시민사회마저 정파적 투쟁의 소용돌이로 몰아가는 심대한 부작용을 낳고 있다. '권력 없는 개혁'을 꿈꾸는 사람이 아무리 많다 해도 시민운동마저 정치권력을 갖기 위한 수단으로 이용되는 관행이 계속된다면, 아예 '시민운동 무용론'이 나오지 않을까 두렵다.

37

왜 한국인은 '조폭 문화'를 사랑하는가?

"장관실 앞에만 깔려 있는 붉은 카펫, 장관이 나타나면 부동자세로 서 있는 직원들, 행정고시를 통과한 사무관 비서가 꼬박꼬박 장관의 차 문을 대신 열어주는 것, 장관에게 누구나 허리를 90도로 꺾고 절을 하는 모습을 보면서 저는 좀 실례되는 비유인지 모르겠으나 '조폭 문화'를 연상했다." (문화관광부 장관 이창동)

* * *

2003년 3월 14일 이창동이 문화관광부 홈페이지에 '처음 드리는 인사말'이라는 제목의 취임사에서 취임 후 2주간 경험한 관료 사회에 대해 한 말이다. 그는 이어 "조폭은 일반 사회와 격리되어 있어서 자기만의 독특한 문화를 형성한다"면서 "오늘날 행정 문화 속에 이런 권위주의적인 독특한 문화와 관습이 그대로 남아 있다는 것은 행정부와 일반 국민과의 거리를 증명한다"고 주장했다.[352]

이후 문화관광부의 의전은 좀 달라졌는지 몰라도, 그런 '조폭 문화'는 건재했다. 2005년 12월 시인 김용택은 노무현 시대도 이전 시대와 다를 게 없다며 그 점을 이렇게 지적했다.

"장군이 뜨면, 무슨 장관이 뜨면, 무슨 국장이 뜨면, 국회의원이 뜨면 보아라. 완전히 조폭 두목이 뜬 것과 꼭 같은 풍경이 벌어진다. 어느 정도 민주화가 이루어졌다고, 이만하면 민주화가 이루어졌다고? 코미디 같은 이야기들이다."[353]

이창동의 발언 이후 10년이 지난 시점에서도 조폭 문화는 사회 전 분야에 걸쳐서 기승을 부렸다. 2013년 8월 30일 '국정원불법선거개입규탄 전국교수·연구자네트워크'는 서울 서초구 국정원 앞에서 연 '국정원불법선거개입규탄 교수·연구자 시국대회'에서 "우리 교수·연구자들은 (국정원 사태를 통해 나타난) 조폭 정치, 조폭 경제 그리고 조폭 문화를 종식하여 우리 사회에 민주주의와 헌정 질서를 회복하기 위한 운동에 적극적으로 함께할 것임을 선언한다"고 밝혔다.[354]

이즈음 포털사이트에 '조폭 문화'를 검색해보면, 「조폭 연상시키는 새누리당의 '형님 문화'」,[355] 「정우택 "'채동욱 호위무사'…조폭 문화에서나 나오는 말"」,[356] 「박근혜 정권의 조폭 문화」[357] 등과 같은 기사가 수없이 많이 떴다. 정치판에선 여야가 상대편을 가리켜 '조폭 문화'라고 비난하지만, 누가 누구를 손가락질할 것도 없이 '조폭 문화'는 우리 모두가 쉽게 빠져드는, 우리 모두의 것이라고 보는 게 옳을 것 같다.

조폭 문화를 좀 점잖게 이야기하자면, 앞서 말한 '권위에 대한 복종obedience to authority'의 문화다. 사고 기능을 발휘하지 않는 절대적·맹목적 복종이다. 당연한 말이지만, 명령에 절대 복종하는 조폭이 따로 있는 게 아니라는 점은 분명히 해둘 필요가 있겠다. 사람은 누구든 상황에 따라 조폭이 되거나 조폭 문화에 중독될 수 있다. 나의 의리는 아름답지만, 너의 의리는 추하다는 이중 기준을 정당화하려는 게 아니라면, 나와 우리의 조직 문화를 지속적인 성찰의 대상으로 삼을 필요가 있겠다.

"먹여주고 입혀주고 매도 때리면서 아들을 쥐락펴락하는 아버지, 그리고 이것이 다 너 잘되라고 하는 일이라기에 꼼짝 없이 아버지에게 운명을 맡기고 아버지의 노예로 사는 자식들, 이런 '아버지-자식' 관계는 한국인들에게는 너무도 익숙하다." 서강대학교 교수 이욱연이 『시사저널』(2005년 5월 31일)에 기고한 「개그맨의 이유 있는 '반란'」이라는 칼럼에서 당시 일어난 인기 개그맨 김모 씨의 후배 폭행 사건과 관련해 한 말이다.

김모 씨는 방송국 옥상에 후배 신인 개그맨 14명을 집합시킨 뒤, 이 가운데 후배 김모 씨에게 건방지다는 이유로 머리를 바닥에 박게 하는 이른바 '원산폭격'을 시키고 허벅지와 엉덩이를 각목으로 35차

례나 때려 전치 6주의 상처를 입혔다.[358]

한 개그맨은 “방송계에서 개그맨들의 선후배 관계가 가장 경직돼 있고 얼차려 등 군기 잡기가 공공연히 일어나고 있다”고 말했다. 이와 관련, 『한겨레』 5월 12일 사설 「개그맨 사회의 슬픈 뒷모습」은 “연륜과 기수를 중시하는 문화는 우리 사회에 뿌리가 아주 깊다. 그러나 평소에 선배에게 90도로 허리를 굽혀 큰소리로 인사한다는 개그계의 관행은 조직 폭력배를 연상시킨다”고 말했다. 오늘날에야 이런 폭행이 사라졌겠지만, 이 에피소드는 한국 사회의 권력 거리가 매우 크다는 걸 말해준 대표적 사례로 손색이 없다.

네덜란드의 조직인류학자 헤이르트 호프스테더Geert Hofstede, 1928~2020는 세계 53개국을 대상으로 ‘권력 거리power distance’를 조사했다. ‘권력 거리’는 어느 조직에서 “부하들을 그들의 상사들로부터 격리시키는 감정적 거리”를 말한다. 이걸 알아내기 위한 설문으로는 ① 종업원들이 상사에게 이견을 말하는 것을 두려워하는가? ② 부하 직원이 본 상사의 실제 의사결정 스타일 ③ 부하 직원이 선호하는 상사의 의사결정 스타일 등이 제시되었다.

권력 거리가 작은 나라에서는 부하 직원이 상사에게 의존하는 정도가 약하며, 상사와 부하 직원 간의 상호 의존을 선호한다. 권력 거리가 큰 나라에서는 의존과 반의존 간의 극화 현상이 나타난다. 이런 경우에는 부하 직원과 상사 간의 심리적 거리는 크다. 그래서 부하 직원이 직접 상사에게 다가가서 반대 의견을 내놓는 일은 좀처럼 드물다.

권력 거리가 크면 더 집단주의적이 되는 경향이 있고, 권력 거리가 작으면 더 개인주의적이 되는 경향이 있다.[359]

스웨덴은 권력 거리가 매우 작은 나라다. 1998년 12월 스웨덴 국왕 칼 구스타프Carl Gustaf가 자기 아이들에게 줄 크리스마스 선물을 사기 위해 한참을 기다린 '사건'은 스웨덴 사회의 권력 거리가 작다는 걸 여실히 말해주었다. 국왕이 기다린 이유는 그가 수표로 지불하려는데 수표 카드를 지니지 않았기 때문이었는데, 상점의 점원은 그의 수표를 확인 절차 없이 받을 수 없다고 버텼다. 옆에서 구경하던 사람들이 자신의 주머니를 뒤져 국왕의 얼굴이 새겨져 있는 1크라운짜리 동전을 꺼내 점원에게 보이자 비로소 점원은 그 동전으로 수표의 확인이 끝난 것으로 처리하기로 결심했지만, 그래도 점원은 수표의 진위 여부를 철저하게 검사하고 수표 소지자의 이름과 주소를 확인하고 난 후에야 그 수표를 받았다는 것이다.[360]

1997년 8월 6일 228명이 사망한 괌 KAL기 추락 사고가 일어난 이후 한국의 큰 권력 거리는 국제적으로 화제가 되었다. 맬컴 글래드웰Malcolm Gladwell은 『아웃라이어』(2008)에서 기장과 부기장 사이에 오고간 대화를 소개하는 등 이 사건을 자세히 다루면서 한국인 특유의 '권력 거리'에 책임을 물었다.[361] 아랫사람이 윗사람에게 솔직하게 말하지 않는 문화를 문제 삼은 것이다. 그대로 다 믿을 건 아니지만,[362] 당시 사고 원인 중 하나가 기장이 잘못된 판단을 내리는 듯한데도 부기장이 감히 이의를 제기하지 못하는 수직적인 조직 문화 탓이라는

보고서가 나왔고, 이에 따라 문제의 항공사는 조종실 문화 개혁 운동에 힘을 기울이기도 했다.[363]

이는 거스 히딩크Guus Hiddink가 한국 국가대표 축구팀 감독으로 부임해 선수들끼리 반말을 쓰게 했던 이유와 상통하는 것이라고 할 수 있겠다. 한국인의 일상적 삶이 이럴진대, 정치권이 상당 부분 이를 반영해 조폭 문화를 갖게 된 건 당연한 일이 아닐까?

38
왜 한국·일본 국회의원은 배지를 다는가?

"국회의원이 배지를 달고 있는 나라는 일본과 한국 정도다. 국회의원 배지는 권위주의의 유물이고, 의원의 품위를 떨어뜨린다." (일본 자민당 개혁실행본부장 오타 세이치)

* * *

2006년 1월 26일 국회 개혁안에 국회의원 배지를 폐지하는 방안을 포함시키겠다고 밝히면서 한 말이다. 그러나 폐지를 반대하는 이들은 "정치인들에게 처음 배지를 달 때의 감격은 필요하다"고 주장했다.[364] 왜 한국·일본 국회의원은 배지를 다는 걸까? 물론 강고한 서열 의식 때문이다. 서열 따지는 건 일본과 한국이 막상막하다.

한국의 국회의원 배지는 순은으로 제작해 겉만 금으로 도금한 것으로 제작비는 3만 5,000원에 불과하지만, 그 만 배, 아니 10만 배의 돈을 들여서라도 그 배지를 달아보겠다는 사람이 아주 많다. 1980년대 수십억 원의 헌금을 내고 전국구 의원이 된 한 경제인은 "이제 사람같이 산다"는 명언을 남긴 바 있다.[365]

국회의원이 되는 순간 수백 가지의 특혜가 저절로 생겨나지만,[366] 배지를 달고 느끼는 가장 큰 보람은 역시 세상이 자신을 알아주는 맛일 게다. 한 전직 의원은 "배지를 달고 있으면 왠지 모를 광채가 나는 것 같고 배지 쪽에 계속 힘이 들어가더라"면서 "낙선해서 배지를 떼니까 한없이 초라해 보이고 얼마 동안은 꿈속에 배지가 보이곤 했었다"고 말했다.[367]

정치에 발을 담갔던 한 변호사는 "변호사만 하던 때 나는 돈 많은 소시민이었다. 아무도 알아주지 않았다. 정치를 하고 나니 비로소 '사회참여 변호사'로 이름이 알려지더라. 지금은 정치를 안 하지만, 한번 이름이 나니 변호사 영업에도 도움이 된다"고 했다. 한 교수는 "내가 실력을 무시했던 교수가 정치권에 몸담은 뒤 총장과 맞상대하는 것을 보고 '나도 해볼까' 하는 생각을 안 했다면 거짓말이다"고 했다. 한 전직 의원은 "의원일 때는 휴대전화 두 개에서 쉴 새 없이 전화벨이 울리다 낙선한 다음 날부터 휴대전화가 뚝 끊긴다. 제일 먼저 기자들의 전화가 끊어지는데, 그게 가장 서럽다"고 했다.[368]

2008년 4·9 총선에서 처음 당선된 예비의원 2명이 당선 후 한 달간 겪은 경험을 들어보자. 김희철(서울 관악을·통합민주당)은 "경찰서에 가면 예전에는 소 닭 보듯 했던 사람들이 국회의원이 되니까 더 관심을 가져주고 대우를 해주더라"고 했다. 조전혁(인천 남동구 을·한나라당)은 "최근 중국에 세미나 하러 나간 적 있는데 공항에서 항공사 직원이 어떻게 알았는지 부리나케 달려와서 대리 수속해준다고 하더라"며 "이렇게 대접 받다 보면 사람 버리기 딱 좋겠다는 생각이 들었다"고 했다.[369]

한국 국회의원들의 서열 문화는 국회 본회의장의 의원 자리 배치에서도 잘 나타난다. 의장석과 연단을 기준으로 중진들은 뒷자리에 앉고, 초·재선 의원들은 당직을 맡은 일부 인사를 제외하고 대부분 앞자리에 배치된다. 이와 관련, 중앙대학교 교수 장훈은 "권위주의적 요소가 그대로 남은 것"이라며 "구시대의 나쁜 유산에서 탈피해야 한다"고 지적했다.[370]

미국은 어떤가? 『중앙일보』 기자 김정욱은 2012년 7월 "미국 의회는 상원과 하원이 있는 양원제다. 하원 본회의장에는 지정석이 없다. 상원 본회의장은 우리 국회처럼 지정석이 있다. 그러나 의원 배치는 정반대다. 민주당과 공화당 지도부와 중진들이 연단 바로 앞 첫 줄을 차지한다. 민주당의 해리 리드 원내대표와 리처드 더빈 부대표, 공화당의 미치 맥도넬 원내대표와 존 카일 부대표가 미국식 '로열석'의 주인공이다"며 다음과 같이 말한다.

"이뿐 아니다. 2008년 대선에서 오바마 대통령의 경쟁자였던 공화당 거물 존 매케인 상원의원도 첫 줄에 자리가 있다. 2004년 대선 때 대통령 후보였던 민주당 존 케리 의원은 두 번째 줄에 앉는다. 미 상원은 의회 경험이 많은 중진들이 앞자리에서 토론을 주도한다. 법안 설명에도 직접 나선다.……미국의 초선 의원들은 뒷자리에서 선배들의 의정 활동을 보고 배우며 실력을 쌓아 점차 앞자리로 나아간다. 그러나 한국 국회의원들은 앞자리에서 시작해 경험이 쌓일수록 뒷자리로 꼭꼭 숨는다. 미국 의회처럼 자리를 바꿀 수는 없다 쳐도 의정 경험이 많은 중진들이 진지한 토론에 앞장서는 문화는 받아들였으면 싶다."[371]

국회만 그런 게 아니다. 앞서 이창동이 지적한 관료 사회의 권위주의적 '조폭 문화'엔 공무원 사회에 존재하는 강한 서열 문화도 포함된다. 각종 의전 행사가 그 대표적인 예다. 한 사무관은 국경일 행사에 차출되어 나가 주차안내원 노릇을 하기도 했다고 한다. 주차요원이 따로 있는데도 기관장 행사라는 이유로 차출되었다는 것이다.[372]

한 문화권 내에서도 일반적으로 조직의 공동체화가 심할수록 서열 의식이 커진다고 볼 수 있다. 공동체화한 조직은 '조직의, 조직에 의한, 조직을 위한 조직'으로 전락해 내부 위계질서를 가장 소중하게 생각한다.[373] 이른바 '기수 문화'가 강한 군대나 검찰 조직이 바로 그런 경우다. 그래서 이런 조직에서는 아랫 기수가 윗 기수를 앞질러 승진하게 되면 윗 기수들은 옷을 벗는 게 관행처럼 되어 있다.

이런 서열 문화는 쏠림을 낳게 되어 있다. 사람들이 서열 높은 쪽으로만 쏠린다는 것이다. 하다못해 어느 음식점이 좋다 하면 우우 몰려가 줄을 서서라도 먹어야 직성이 풀리는 한국인들 특유의 행태는 사회의 전 국면을 지배하고 있다. 대학 입시에서부터 부동산 문제에 이르기까지 번번이 정책이 실패하는 이유는 정책 구상자들이 그런 행태에 대한 고려를 소홀히 하기 때문이다.

39

왜 1퍼센트 극렬 강경파가 정치를 지배하는가?

"웹사이트의 콘텐츠 창출자는 전체 이용자의 1퍼센트다."(미국 마케팅 전문가 벤 매코넬과 재키 휴바)

* * *

2006년에 발표한 「1퍼센트 법칙: 시민참여의 양상The 1% Rule: Charting Citizen Participation」이라는 논문에서 한 말이다. 이들은 2007년에 출간한 『시티즌 마케터Citizen Marketer』에서 이 개념을 더욱 발전시켰다. 새로운 콘텐츠 창출자는 1퍼센트, 댓글 등을 달아 코멘트를 하는 이용자는 9퍼센트, 단순 이용자는 90퍼센트라는 이유로 '90-9-1 법칙'이라고도 한다. 또 인터넷 접속의 99퍼센트는 1퍼센트도 안 되

는 사이트에서 이루어지며, 책 판매의 99퍼센트는 1퍼센트도 안 되는 저자의 저서에서 나온다.[374]

미국의 멀티미디어 저널리스트 앤절라 오코너Angela O'Connor는 '90-9-1 법칙'에 대해 이렇게 말한다.

"누구든 커뮤니티 사이트를 담당하고 성장시켜야 하는 책임자 자리에 있는 사람이라면 들어와서 글을 읽기만 하는 사람들을 글을 남기는 사람으로, 글을 남기는 사람들을 적극적인 참여자로 바꿔야 한다고 믿습니다. 사람들의 진지하고 적극적인 참여야말로 이 원리를 바꿀 수 있는 열쇠입니다."[375]

한국에서는 2014년 1~3월 기준 네이버에서 댓글을 작성하는 회원이 하루 평균 약 11만 5,000명이었다. 네이버 전체 회원이 3,800만 명이라는 점을 감안하면 산술적으로 0.3퍼센트에 해당하는 회원만이 댓글을 단 것이다.[376] 2018년 네이버에서 댓글을 작성한 회원은 전체 회원의 0.8퍼센트에 불과했다. 6개월간 네이버 뉴스에 한 건이라도 댓글을 단 사용자는 175만여 명이었지만, 1,000개 이상의 댓글을 단 아이디는 약 3,500여 개였다. 전체 인터넷 사용자 인구 대비 0.008퍼센트에 해당하는 사람이 전체 댓글 여론에 영향을 미친 셈인데, 이게 바로 댓글 조작 사건이 벌어지는 배경이다.[377]

시민의 참여는 민주주의와 정치의 정상적인 작동을 위한 전제 조건이지만, '1퍼센트 법칙'은 '참여의 딜레마'를 말해준다. 누구나 절감하겠지만, 참여는 말처럼 쉬운 게 아니다. 영국 작가 오스카 와일드

Oscar Wilde, 1854~1900의 말을 빌리자면, 참여는 "자유로운 저녁 시간을 너무 많이 빼앗는다".[378] 노력도 요구한다. 먹고살기 바쁜 사람들에게 시간과 노력은 곧 돈인데, 그들에게 참여를 하라는 건 목돈 내놓으라는 말과 다를 바 없다. 먹고사는 문제에서 자유로운 사람들일지라도 정열이 없으면 참여를 너무 성가시고 힘든 일로 여긴다.

그래서 어떤 일이 벌어지는가? 정치적 신념을 종교화한 사람들이 정치에 적극 참여한다. 종교적 열정으로 뭉친 이들은 자신의 시간과 노력을 아낌없이 바치는 '순수주의자들'이다.[379] 이들은 가능성을 추구하는 정치를 이상을 추구하는 종교처럼 대하기 때문에 타협을 거부하는 강경파로 활약하기 마련이다.[380] 어느 집단에서건 이런 강경파는 소수임에도 지배력을 행사한다. 강경파와 강경파 지지자들의 강점은 뜨거운 정열이기 때문이다.

일반 유권자들에겐 선거일에 투표만 하는 것도 정치 참여지만, 그건 가장 낮은 단계의 참여다. 생업을 잠시 중단해가면서까지 자신이 지지하는 정치인이나 정치 세력에 자금을 지원하고 모든 관련 정치 집회나 시위에 열심히 뛰어드는 참여를 생각해보자. 이런 높은 단계의 참여를 하는 이들은 '일당백'이다. 한 사람이 겨우 투표나 하는 유권자 100명 아니 그 이상의 몫을 해낸다는 것이다. 따라서 머릿수로 따질 일이 아니다. 정당, 지지자 모임 등 어느 조직에서건 강경파가 머릿수 이상의 영향력을 행사할 수 있는 결정적 이유다.

정치인의 선발 과정에서 이런 '초기 효과'는 매우 중요한 의미를 갖는다. 열성적인 지지자를 많이 거느린 후보들만이 경쟁의 무대에 오를 수 있다는 걸 의미하기 때문이다. 선거 과정이 진행되면서 초기의 열성적 지지자들은 소수가 되지만, 그들이 초기에 구축한 '파워 베이스'는 이후에도 지속적인 영향력을 갖기 마련이다. 그런 베이스에서 거절당하면 아예 출사표를 던질 기회조차 갖지 못하기 때문에 정치인들은 '당파성 전사'로 나서야 한다는 걸 온몸으로 느끼고 있는 셈이다.[381] 그래서 미국에선 예비선거 시스템이 정치적 양극화를 악화시킨다는 우려가 제기되고 있다.[382]

정치인을 선발한 이후에도 정치 담론의 주요 의제와 내용이 강경파들에 의해 초기에 결정되면 정치는 선악善惡 이분법의 도덕으로 변질되기도 한다. 또 이들은 기존 모든 제도에 대한 강한 불신을 드러내면서 대중과의 직접적인 관계를 강조하는 가운데 정치를 비난하면서도 정치를 하는 모순 해소를 위해 '위기'를 과장하면서 정치 담론을 도덕 담론으로 전환한다.[383]

이를 잘 보여준 게 지난 2009년부터 수년간 미국 정치를 뒤흔들었던 우익 포퓰리즘 운동 단체인 '티파티Tea Party'다. 당시 공화당 의원들은 티파티에 찍힐까봐 벌벌 떨었다. 2013년 10월 공화당 의원들로 하여금 건강보험개혁법(오바마케어) 폐지를 요구하면서 연방정부 셧다운shutdown(부분 업무정지) 사태를 초래한 주범도 바로 티파티였다. 셧다운 사태 당시 민심을 크게 잃은 공화당 일각에선 "티파티에 더이상 휘둘려선 안 된다"는 불만이 들끓었지만, 그 누구도 공개적으

로 나서진 못했다. 그래서 미국 언론은 "누가 공화당을 대표하고 있는가?"라는 의문을 제기했다.[384]

이 의문은 오늘날 한국의 정당들에도 똑같이 적용될 수 있다. 2005년 여당인 열린우리당이 심각한 내분 사태를 겪고 있을 때, "여당 여론을 주도하는 당원들은 전체의 1%도 안 된다. 침묵하는 다수의 목소리는 묻혀 있다"는 주장이 제기되었다. 당시 열린우리당에선 당원 게시판에 시도 때도 없이 글을 올리는 열성 당원을 '당게파' 혹은 '당게낭인浪人'이라고 불렀는데, 당 관계자는 "140여 명에 불과한 당게파가 사실상 당 분위기를 주도한다"고 했다. 한 중진 의원은 "여당 의원 146명이 네티즌 당원 140여 명을 당하지 못하고 끌려가는 꼴"이라고 했다.[385]

2019년 2월 자유한국당이 '2% 태극기 부대'에 휘둘린 것도 다를 게 없다. 자유한국당의 2·27 전당대회를 앞두고 태극기 부대의 지지를 받는 김진태 지지자 8,000여 명이 집단적으로 입당 원서를 냈는데, '2% 태극기 부대'는 8,000명이면 전체 선거인단(37만 8,000여 명)의 2퍼센트에 불과하다는 의미에서 나온 말이다. 도대체 어떤 일이 벌어졌던가?

2월 17일 JTBC 〈썰전〉에서 더불어민주당 의원 이철희는 "탄핵으로 당세가 급격하게 위축됐고 지지층도 많이 빠져나가다 보니 그 공백을 이른바 '태극기 부대'가 메우고 있다. 지금 한국당 안에서는 태극기 부대 목소리가 과잉 대표되고 있는 구조다. 태극기 부대의 요구에 호응해야 당권도 잡고 당내에서 당직도 맡는 구조"라고 말했다.[386] 그 결과는 참담했다. 이미 2월 8일에 벌어진 '5·18 망언' 3인방(김진태·김순례·이종명 의원) 사건이야말로 바로 그런 구조의 산물이었지만, 이후에도 '망언'은 그칠 줄 몰랐다.

2월 18일 대구·경북 합동 연설회에선 김진태 지지자들이 단상의 김병준 비대위원장을 향해 "내려와", "빨갱이"라며 야유를 쏟아냈다. 5·18 발언 논란으로 물의를 빚은 후보 등을 당 윤리위에 회부한 것에 대한 불만을 표시한 것이다. 이들은 오세훈 후보가 연설할 때도 거친 욕설을 퍼부으며 김진태를 연호해 연설을 방해했다. 청년 최고위원 경선에 출마한 김준교 후보는 "문재인은 지금 나라를 팔아먹고 있다", "문재인을 민족 반역자로 처단하자", "짐승만도 못한 주사파 정권", "종북 문재인을 탄핵하자"고 폭언을 퍼붓는 광기를 보였다.

이에 여권이 분노한 건 말할 것도 없지만, 일부 자유한국당 인사들도 화들짝 놀라면서 비판에 나섰다. 이완구 전 국무총리는 "(전대에서 나온) 극단적 표현·행위는 해당害黨 행위를 넘어서 민주주의 질서에 위배된다"고 했고, 김무성 의원은 "질서를 지키지 않는 과격한 사람들이 결국 일을 그르치게 된다. 당이 과격분자들의 놀이터가 되어서는 안 된다"고 했다. 또 다른 중진 의원도 "극우 정당 낙인이 찍혀버렸다"고 탄식했고, 한 초선 의원은 "5·18 폄훼 논란 직후 '김진태를 보호하라'는 문자 폭탄이 쏟아졌다"면서 "'우리 당이 여기까지 와버렸구나' 하는 낭패감이 들었다"고 했다.[387]

2월 20일『조선일보』는「국민 혀 차게 만드는 한국당 전당대회」라는 사설을 통해 "과격한 소수가 몰려다니며 가장 중요한 당 행사를 방해하는데도 아무도 통제할 수 없다면 정상적인 공당이라고 할 수 없다"며 이렇게 말했다.

"주말마다 서울 광화문 일대에서 시위를 벌이는 이른바 태극기 시위대의 대부분은 현 정권의 실정失政을 걱정하는 합리적 태도를 지키고 있다. 하지만 일부는 도를 넘은 행태로 일반 국민으로부터 외면받고 있다. 이들은 정부를 감시하고 견제하는 것이 아니라 그 역효과를 낳고 있다."[388]

전당대회가 진행될수록 자유한국당이 태극기 부대에 더 휘둘리는 일들이 벌어지자『중앙일보』대기자 이훈범은 "한국당은 폐업밖에 답이 없다"고 개탄했다. "누가 당대표가 된들 뭐가 다르랴. 누구도 박근혜의 망령에서 벗어나지 못하고 있는데 말이다. 전당대회가 끝나고서도 탄핵이 옳다 그르다, 석방해라 마라, 사면을 해라 마라 다투고 또 다툴 텐데 말이다. 자신들이 내세우는 보수 통합이란 게, 2% 태극기 부대조차 감당 못하는 사람들이 풀 수 있는 문제가 아니다."[389]

태극기 부대의 이런 맹활약은 제21대 총선(2020년 4월 15일)에서 문재인 정권이 압승을 거둘 수 있는 밑거름이 되었음은 두말할 나위가 없다. 태극기 부대의 위세는 총선 이후에도 지속되었는데, 이에 대해 진중권은 "극우는 현찰이고 합리적 보수는 어음인 셈인데, 현찰 위주로 생각하다 보니 당의 메시지가 이상해지고 보수 정당을 혐오·기

피 정당으로 인식하게 한다"고 했다.[390]

물론 이 원리는 더불어민주당에도 그대로 적용될 수 있다. 총선 이후 이젠 '문빠'가 문재인 정권에 큰 위협 요인이 되고 있지만, 아직도 그 문제의 심각성을 깨닫지 못한 것 같다. "성공은 우리 덕분, 실패는 그들 때문"이라는 '이기적 편향self-serving bias'의 원칙에 충실한 그들은 '문빠' 덕분에 승리했다고 해석하고 있으니 말이다.

이상 지적한 문제들은 '참여'를 둘러싼 오랜 논쟁의 한 단면이라 할 수 있다. 유권자의 광범위하고 적극적인 참여는 모두가 다 인정하는 민주주의의 이상이지만, 전반적으로 정치 혐오가 팽배한 사회에서 소수 열성적인 극렬파가 정치를 지배할 때에 나타나는 문제를 어떻게 볼 것인가 하는 게 쟁점이다. 즉, 이른바 '참여 격차participation gap'의 문제가 한국에선 매우 심각하게 나타나고 있는데, 이를 모른 척하면서 참여의 중요성과 미덕만 강조하는 일반론은 위선이거나 기만일 수 있다. 참여 격차의 문제를 외면하는 참여 예찬론자들은 서구에서도 강력 제기되고 있는 '참여 격차 심화'에 대한 다음과 같은 우려에 주목하는 게 좋을 것 같다. "이 불평등은 반드시 극복되어야 한다. 참여 격차를 오랜 시간 방치한다면 그로 인한 비용은 우리가 감당하기 힘든 수준까지 올라갈 것이다."[391]

이런 참여의 불균형은 매우 심각한 문제다. 가장 중요한 소득에서 나타나는 '파레토의 법칙Pareto's Law'을 시정하거나 보완하기 위해서라도 정치의 힘이 필요한데, 정치마저 참여에서 극단적인 불균형을 보임으로써 정치적 양극화로 흐르면 희망이 없기 때문이다. 갈등을 빚는 양측 모두 정열적인 강경파들이 득세해 증오의 대결을 벌이는 판에서 그 어떤 해법이 모색될 수 있겠는가 말이다.

그렇다면 어떻게 해야 이 문제를 풀 수 있을까? 그간 수많은 학자가 이런 '참여 격차'의 문제를 연구했지만, '딜레마'라는 진단을 넘어선 해결책은 내놓지 못하고 있으니 무슨 뾰족한 수가 있을 리 만무하다. 이론적으론 다양성이 살아 있는 광범위한 참여가 답이지만, 아직까진 이론일 뿐이다. 사실상 기존 정치의 가장 큰 피해자인 청년들이 정당을 향해 침만 뱉지 말고 정당으로 쳐들어가 당원의 자격으로 정당을 개혁하자는 주장이 이 문제에 대한 대안이라면 대안이었다. 이 대안은 아무런 효과를 거두지 못했지만, 그런 주장과 실천 시도가 얼마나 이루어졌는지는 따져볼 일이다.

정치인들은 자신의 영향력하에 있는 사람들을 당원으로 끌어들이는 데엔 적극적이지만, 자기 패거리가 아닌 사람이 당원이 되는 데엔 아무런 관심도 없다. 아니 오히려 방해물로 간주한다. 이를 잘 아는 시민들은 정당원을 좋게 보지 않는다. 정치발전소 이사 김경미가 청년의 정치 참여와 관련해 지적했듯이, "당에서 오래 활동한 친구들은 '정치 낭인', '구태 정치꾼'으로 낙인찍"히는 일이 벌어지고, "정치인이 되려는 인재들은 로스쿨에 가거나 '알아서' 당이 영입하고 싶은 인재가 돼 들어오는 수밖에 없"다.[392] 아니면 종교적 순수주의자가 되거나.

정당들이 낮은 자세로 "제발 우리를 바꿔달라"고 호소하면서 당원 가입을 요청하는 캠페인을 벌인 걸 본 적이 있는가? 이걸 단 한 번도 본 적이 없거니와 정치를 독식하기 위한 음모의 냄새가 농후한데도 광범위한 참여를 실현되기 어려운 꿈으로만 봐야 하는가? 지금 우리가 목격하고 있는 정치의 '1퍼센트 법칙'은 자연스러운 현상이라기보다는 정당이 스스로 애써 만들어낸 게 아닌가? 태극기 부대와 문빠는 우리의 민주주의 운영 방식에 근본적인 의문을 제기하면서 변화를 촉구한 공로자가 아닌가?

40
왜 임신한 여성마저 상상하기 어려운 학대 행위를 할까?

"우리는 상황적 힘의 노예가 아니다. 우리는 거기에 저항하고 반대하는 방법을 배워야만 한다."[393] (미국 심리학자 필립 짐바르도)

* * *

『루시퍼 이펙트: 무엇이 선량한 사람을 악하게 만드는가』(2007)에서 한 말이다. 이는 책의 결론 부분에서 대안 모색을 위해 한 말일 뿐 그는 상황의 힘을 강조하고 있다. 앞서 소개한 스탠리 밀그램Stanley Milgram, 1933~1984과 같은 동네에 살던 고교 동급생으로 동갑내기인 스탠퍼드대학 심리학자 필립 짐바르도Philip Zimbardo도 1971년 비슷한 실험을 했다. 짐바르도의 실험 결과는 밀그램의 실험 못지않게 충격적이었지만, 짐바르도는 밀그램이 먼저 몰매를 맞은 탓인지 큰 논란에서 벗어나 무사했다.

짐바르도의 실험 결과도 가학적 성격 타입이 아닌 사람들도 상황이 바뀌면서 쉽게 가학적 행태를 보일 수 있다는 사실을 보여주었다. 비가학적 성격 타입의 사람들로 하여금 죄수들을 통제하는 임무를 맡겼더니 이들도 잔인성, 모욕, 비인간화의 행태를 보이며 통제하기 시작했고 그 정도는 급속도로 상승했다는 것이다. 이 실험은 어떤 식으로 이루어졌던가?

대학의 심리학부 건물 지하에 가짜 감옥을 만들고 지역신문을 통해 실험 지원자를 모집했다. 모두 72명이 지원했는데, 이들 중에서 가장 정상적이고 건전한 사람 21명을 선발했다. 간수 역할을 맡은 사람들은 점점 더 잔인하고 가학적이 되어갔으며, 한 죄수는 36시간 만에 신경 발작 반응까지 보였다. 이런 문제들로 인해 연구자들은 원래 이 실험을 2주간 계속하려고 했지만 6일 만에 중단하고 말았다.

교도소장을 맡았던 짐바르도 자신도 이미 이성을 상실한 상태였는지라 짐바르도의 연인이자 대학원생이었던 크리스티나 매슬랙 Christina Maslach이 강력 개입해 중단을 시켰다. 짐바르도마저도 이 실험의 희생자가 된 것이다. 이에 대해 짐바르도는 "우리가 본 것은 너무 무서운 일들이었다"고 했다. 그는 "실험의 과정에서 실험자나 피험자 모두에게 이 피험자들의 '역할'이 어디에서 시작되고 어디에서 끝나는지 그 한계가 불분명해지기 시작했다. 대부분의 피험자들은 진정한 '죄수'나 '교도관'이 되고 말았으며, 역할 수행role-playing과 자아self를 더이상 분명히 구분할 수가 없게 되었다"며 다음과 같이 말했다.

"행동, 사고 그리고 감정의 모든 측면에서 극적인 변화가 있었다. 일주일도 채 안된 감옥 생활이 일생 동안 배운 것을 (잠정적이나마) 지워버렸고, 인간의 가치는 정지되었으며, 자아 개념은 도전받았고 그리고 인간 본성의 가장 추악하고 비열한 병적인 측면이 나타났던 것이다. '죄수'인 학생들은 자기가 살기 위해 그리고 교도관에 대한 끓어오르는 증오심을 이기지 못해 도주만 생각하는 비굴하고 비인간적인 로봇이 된 반면, '교도관'인 학생들은 '죄수' 학생들을 마치 저질의 동물처럼 다루면서 잔인한 짓을 즐기고 있는 듯이 행동하는 것을 보고, 실험자들은 공포에 질렸던 것이다."[394]

정상적인 사람도 교도소라고 하는 특수한 상황에서는 '괴물'로 변할 수 있다고 하는 가설은 2004년 5월 바그다드의 아부 그라이브Abu Ghraib 감옥에서 벌어진, 미군에 의한 이라크 포로 학대 파문으로 입증되었다. 포로들에 대한 고문과 학대는 미 정부의 비밀 작전 계획에 따른 것으로 국가 차원에서 저지른 전쟁 범죄임이 밝혀졌지만, 그렇다 하더라도 미군 병사들이 포로들을 짐승처럼 다룬 건 전 세계인들을 경악시켰다. 미군 병사들은 포로들에게 동성애 자세를 강요하면서 고통과 모욕을 주고 고문했으며, 이걸 '전리품 사진'으로까지 남겼다. 이에 짐바르도는 이런 질문을 던졌다.

"이들이 얼마 전에 독재자이자 고문자인 사담 후세인에게서 해방

된 이라크에 자유와 민주주의를 가져다주는 영광스러운 임무를 맡고 해외로 파견된 그 훌륭한 젊은 남녀들이 맞는가?"[395]

이 파문으로 인해 가장 유명해진 미군 일등병 린디 잉글랜드 Lynndie England는 21세의 여군으로 함께 기소된 상병 찰스 그라너 Charles Graner의 아이를 임신 중이었다. 그럼에도 그녀는 포로들에게 상상하기 어려운 수준의 학대 행위를 하면서도 웃는 모습을 보여주었다. 이 사건의 재판에 피고를 변호하는 전문가 증인 자격으로 깊이 개입했던 짐바르도는 "이라크에서 진행된 일들이 나로서는 전혀 놀랍지 않다"며 "교도소처럼 힘의 불균형이 심한 장소에서는 교도관들의 엄청난 자기 통제가 없다면 최악의 상황이 조성될 수 있다"고 말했다.[396]

짐바르도는 '악한 상황에 맞서는 10단계 프로그램'을 제시했다. "정당한 권위에는 존중을, 부당한 권위에는 반항을", "집단에 속하길 원하되, 나의 독립성을 소중하게 여긴다" 등과 같은 지침을 제시한 후, 마지막으로 "나는 부당한 시스템에 반대할 수 있다"며 "개인은 우리가 지금까지 이야기한 시스템의 힘 앞에서 망설인다. 그러나 개인의 저항이 같은 마음과 결의를 가진 다른 사람들과 합쳐지면 상당히 큰 힘을 발휘할 수 있다"고 주장한다.[397]

희망의 끈을 놓고 싶지 않은 마음이었겠지만, 짐바르도는 책의 마지막에 이르러 '악의 평범성'의 반대도 가능하다는 생각을 강조한다. 즉, '영웅적 행위의 평범성' 또는 '선의 평범성'도 얼마든지 있을 수 있다는 것이다. "유대인 대학살 때 유대인을 도운 유럽 기독교인의 이야기들에서 공통되는 주제 하나는 '선의 평범성'으로 요약할 수 있다. 무엇보다 놀라운 것은 자신을 전혀 영웅으로 생각하지 않고 일상적인 도덕 차원에서 옳은 일을 했다고 생각한 사람들의 수다. 이들이 보여준 선의 평범성은 나치가 세계사에 유례없는 대규모의 체계적인 대량 학살을 저지르고 있는 악의 상황에서 이루어졌기 때문에 더욱 놀랍다."[398]

밀그램과 짐바르도의 이론들을 가리켜 '상황주의situationism'라고 한다. 사람의 특성이 아니라 상황이 중요하고, 영혼보다는 맥락이 중요하다는 것이다. '악의 상황 이론situational theory of evil'이라고도 하는데, 그 반대는 '악의 기질 이론dispositional theory of evil'이다. 『인간과 상황: 사회심리학의 전망』의 공저자인 리 로스Lee Ross는 "나는 한 개인의 도덕적이거나 비도덕적인 행동이 고정된 성격적 특성 때문이라고 생각하지 않는다. 그것은 그가 언제, 어디서, 누구와 함께 있는가가 훨씬 더 중요하다"고 말한다.[399]

"사람들은 다른 사람의 지시를 받고 행동을 하면, 뇌가 책임감을 느끼는 과정을 생략하는 것으로 나타났다." 영국 신경과학자 패트릭 해가드Patrick Haggard가 2016년에 발표한 논문에서 내린 결론이다. 지시를 따를 땐 뇌에서 책임감을 느끼지 않아 상상을 초월하는 잔인한 짓이라도 얼마든지 해낼 수 있는 게 우리 인간이라는 것이다.[400]

인간의 덕을 강조하는 윤리학자들은 '인성 교육'의 중요성을 강조하지만, 상황주의는 '인성 교육'과 같은 지름길에 속지 말라고 경고한다.[401] 상황주의와 '인성 교육' 중에서 양자택일을 할 필요가 있을까? 둘 다 중요하다고 보면 안 될까? 그러나 강한 개인주의 문화를 갖고 있는 사람들은 그렇게 생각하지 않는다. 짐바르도는 아부 그라이브 고문 사건 재판에서 느낀 '좌절감'을 다음과 같이 토로한다.

"검사와 판사는 상황의 힘이 개인의 행동에 영향을 줄 수 있다는 점을 전혀 고려하려고 들지 않았다. 그들의 견해는 우리 문화 속의 대부분의 사람들이 공유하고 있는 표준적인 개인주의적 사고방식에 기초하고 있었다. 즉 어떤 잘못은 전적으로 개인의 '기질적' 문제이며 칩 프레더릭 병장의 경우 그와 같은 악행을 저지른 것은 자발적으로 선택한 합리적인 의사결정이라는 것이다."[402]

검사와 판사는 사이버공간에서 선량한 네티즌이 '악플 악마'로 변할 수 있다는 걸 이해하면 생각을 바꿀까? 황상민은 짐바르도의 스탠퍼드대학 실험에서 이루어진 발견의 의미를 사이버공간에 적용시켰다. 사이버공간이 우리의 행동에 영향을 미치는 방식이나 영향력은 바로 가상으로 만든 감옥과 같은 환경이 간수와 죄수로 참가했던 사람들에게 미쳤던 영향력과 같다는 것이다.

"그것이 가상의 공간임을 알기 때문에 내가 스스로 나의 행동을 통제할 수 있다고 믿을지 모르지만, 가상의 공간에서 자기 행동을 통제하기는 어렵다. 자신의 행동을 통제할 수 있다는 믿음은 사실이 아니며 대부분의 인간은 만들어진 환경, 즉 사이버공간에서 정해진 특성에 따라, 마치 연극 대본에 따르는 배우처럼 행동하게 된다. 가령 채팅을 하러 사이버공간에 들어갔을 때 우리는 일상생활에서 사용하는 말들과 다른 용어를 사용하여 대화할 뿐 아니라 쉽게 그 상황에서 요구하는 표현이나 행동을 적극적으로 하게 된다. 이는 채팅방이 가지는 분위기가 하나의 환경으로 우리의 행동을 직접 통제하기 때문이다."[403]

오프라인 세계에선 너무 착했기 때문에 그간 억눌린 게 있었을 테고 그래서 비교적 익명匿名이 보장되는 온라인이라는 새로운 상황에서는 그 억눌림을 터트리고 싶어 하는 걸까? 실제로 검·경찰 수사를 받을 정도로 문제가 된 악플러들의 한결같은 공통점은 전혀 그럴 것 같지 않은 사람들이라는 점이다. 그들의 그럴 수밖에 없는 처지가 가슴 아프긴 하지만, 이는 사이버공간이 한恨풀이 성격의 배설 공간일 수 있다는 걸 말해준다. 그런 배설 행위에 박수를 보내는 이들도 정도만 덜할 뿐 비슷한 유형의 사람들로 보아도 무방하다. 실은 이들이 '간수' 역할을 하면서 악플러들의 인정 욕망을 자극하는 건지도 모른다.

짐바르도가 책을 마무리하면서 스탈린의 굴라크Gulag(옛 소련의 정치범 강제노동수용소)에 갇혀 있었던 러시아 작가 알렉산드르 솔제니친Aleksandr Solzhenitsyn, 1918~2008이 한 말을 되새겨보자며 인용한 게 인상적이다. "선과 악의 경계는 모든 사람의 마음 한복판에 있다."[404] 그렇다. 악플러들 중에서도 선과 정의를 내세워 생각이 다른 사람들에게 무자비한 언어폭력을 행사하는 자들과 이들을 지지하는 자들은 '선한 권력'은 존재할 수 없거나 '악한 권력'과의 경계선을 수시로 넘나든다는 사실을 명심할 필요가 있겠다.

41

왜 권력자들은 '후안무치'해지는가?

"누구보다 똑똑하고 또 치열한 경쟁을 통해서 선택받은 기업의 지도자들이 자기가 하는 행동이 대중에게 어떻게 비치는지 그처럼 모를 수가 있을까?" (아일랜드 신경심리학자 이언 로버트슨)

* * *

2008년 11월에 일어난 '자동차 빅3' 파산 위기 사태와 관련해 한 말이다. 이언 로버트슨Ian Robertson은 이렇게 말한다.

"이것은 기업의 지도자뿐만 아니라 모든 사람에게 해당되는 질문이다. 왜냐하면 우리는 모두 이따금씩 나중에 돌이켜보면서 '내가 정말 그랬단 말이야?'라며 황당하게 여길 그런 행동을 하기 때문이다. 중요한 판단 착오는 똑똑하고 또 성공한 사람 대부분에게서 일어난다."[405]

2008년 11월 18일 150년 역사를 가진 월가의 대표적 투자은행인 리먼브라더스Lehman Brothers와 미국에 본사를 둔 세계적인 금융투자회사 메릴린치Merrill Lynch가 무너짐으로써 1929년의 대붕괴를 연상케 하는 금융 위기가 가시화되었다. 바로 그날 '자동차 빅3'인 GM CEO 릭 왜고너Rick Wagoner, 포드 CEO 앨런 멀럴리Alan Mulally, 크라이슬러 CEO 로버트 나델리Robert Nardelli가 정부에 340억 달러의 긴급 구제금융 요청을 하기 위해 워싱턴으로 달려갔다. 뛰어서 간 건 아니고, 자동차를 타고 간 것도 아니었다. 어떻게 갔던가?

"상원에서 연설을 하려고 워싱턴으로 오는 이 CEO들을 기다리던 기자들은 깜짝 놀랐다. 이들은 모두 각자 자기 회사 소유의 전용 제트기를 타고 온 것이다. 릭 왜고너가 타고 온 사치스러운 비행기는 3,600만 달러짜리였다. 그런데 GM은 이것 말고도 여러 대의 제트기를 운용하고 있었다. 당장 컨베이어벨트를 세우고 문을 닫아야 할지도 모르는 생산 공장을 책임지고 있던 고위 경영진이 마음대로 쓸 수 있는 비행기들이었다. 미국의 전 국민과 언론이 분노했지만, 이런 분노조차도 이 기업들을 감싸고 있던 거품을 뚫고 그 CEO들에게 전달되지 않았다."[406]

당시에 ABC 뉴스는 이렇게 보도했다. "GM과 포드는 CEO가 전용기를 타고 간 것은 회사의 결정 사항이며 아무리 회사에 현금이 말랐다 하더라도 이것은 협상의 대상이 아니라고 말한다."[407] 그렇다. 늘

해오던 일이었는데, 회사가 파산 위기에 몰렸다고 해서 달라질 게 뭐가 있단 말인가. "돈을 구걸하는 사람이 호화 제트기를 띄웠다"는 비난이 말이 되나? 한시가 급한 만큼 제트기를 타고 가는 게 당연한 일 아닌가? 아마도 이렇게 생각했을 게다.

그러나 2주 후인 12월 4일 이들은 다른 모습을 보였다. 상원 금융위원회 청문회에 출석하기 위해 이들은 자동차편으로 디트로이트에서 수백 킬로미터를 달려왔다. 하루 전에는 고용을 축소하고 공장을 폐쇄하는 등의 강도 높은 자구책을 내놓았다. 하지만 이들은 청문회가 진행된 6시간 내내 의원들에게서 온갖 질책과 비아냥을 들어야 했다. 공화당 의원 리처드 셸비Richard C. Shelby는 CEO들이 자동차를 타고 온 것은 "쇼"라며 "당신들이 직접 운전을 했느냐, 아니면 운전사를 데리고 왔느냐"고 조롱에 가까운 비난을 퍼부었다. 그는 그러면서 "돌아갈 때도 차로 갈 것이냐"고 물었다. 민주당 위원장 크리스토퍼 도드Christopher Dodd는 이 말을 받아 "어디에서 묵고 있나, 무엇을 먹고 있는가"라고 거들었다.[408]

왜 이들은 "돈을 구걸하는 사람이 호화 제트기를 띄웠다"는 비난을 미처 예상하지 못했을까? 사회심리학자 대커 켈트너Dacher Keltner가 2000년에 한 쿠키 실험이 답을 줄지도 모르겠다. 이 실험은 대학생들을 여러 조로 나눠 토론을 시킨 뒤 접시에 쿠키를 내놓는다. 조장으로 선택된 사람이 다른 사람들에 비해서 더 게걸스럽게 먹는다는, 다시 말해서 사회적으로 뻔뻔해진다는 사실이 밝혀졌다. 이언 로버트슨은 "이러한 행동은 성장할 때 예절 교육을 제대로 받지 않았거나 혹은 성격이 칠칠치 못해서 나타나는 평소 습관과 아무런 관련이 없다"며 이 실험의 의미에 대해 다음과 같이 말한다.

"권력은 또한 권력을 가진 사람으로 하여금 다른 사람들이 어떻게 생각하든 신경을 쓰지 않게 만든다는 사실, 즉 다른 사람들에게 연민을 느끼지 못하고 이기적으로 행동하게 만든다는 사실을 보여준다. 아주 잠깐 동안 권력의 맛만 살짝 봤음에도 불구하고 사람들은 보다 이기적으로 바뀌고 다른 사람의 관점에 무심해진다."

이어 그는 "전용 제트기를 타고 다니던 CEO들도 워싱턴으로 날아갈 때 그와 비슷한 공감 능력 결핍 현상을 보였다. 엄청난 권력을 누리던 그 사람들의 뇌 상태는 권력에 의해 특정한 상태로 형성되어 있어서, 자기가 하는 행동이 다른 사람들에게 어떻게 비치는지 제대로 파악하기 어려웠다"고 말했다.[409]

권력자는 '후안무치厚顔無恥'해지기 쉽다는 것인데, 그래도 '자동차 빅3' CEO들은 엔론Enron CEO 제프리 스킬링Jeffrey K. Skilling에 비하면 후안무치의 정도가 훨씬 덜한 셈이었다. 7년 전인 2001년 12월 자산 규모 630억 달러로 미 최대의 에너지 유통회사이자 세계에서 16번째로 규모가 컸던 기업인 엔론이 파산하면서, 스킬링의 후안무치가 주목을 받았는데, 그 전말을 살펴보자.

엔론의 2000년 매출액은 1,000억 달러였다. 전년도인 1999년의 400억 달러와 비교하면 무려 250퍼센트나 증가한 액수였다. 이 덕분에

스킬링은 경제 잡지 『워스Worth』가 뽑은 2000년 최고의 CEO 50인 중 2위를 차지했다.[410] 그러나 영광의 순간은 짧았다. 그는 2001년 8월 14일 사임했는데, 엔론의 대차대조표에서 빚을 누락시킴으로써 수익이 화려할 정도로 높게 보이도록 만든 것으로 밝혀졌다. 그는 2006년에 엔론 붕괴와 관련된 연방 중죄 혐의로 24년의 징역형을 선고받았다. 장기간의 법정 투쟁 끝에 12년 형을 살고, 2019년 2월에 출소했지만, 그의 이름은 '후안무치 권력자'의 대명사로 역사에 길이 남게 되었다.

과연 무엇이 문제였던가? 엔론의 조직 문화는 치열한 경쟁을 숭배한 나머지 부정하고 비열한 방법을 취해도 회사 안에서는 별 문제가 되지 않았다. 엔론의 관리자들은 직원을 승진한 승자와 아무렇게나 내팽개쳐지는 패자라는 두 부류로 갈랐다.[411] 물론 이는 스킬링의 신념에서 비롯된 것이었는데, 그는 다른 사람들의 이름이 뭔지 전혀 신경 쓰지 않았으며 또한 자기 휘하의 직원을 인정사정없이 도태시켜야 한다는 신념의 소유자였다.

스킬링은 이른바 '등급 매겨 솎아내기rank and yank'라는 악명 높은 인사 제도를 엔론에 도입했다. 이 제도하에서는 모든 직원이 인트라넷을 통해서 감독자와 동료의 평가를 받는데, 하위 15퍼센트에 속하는 등급을 받은 직원은 자신이 실제로 거둔 성과와 전혀 상관없이 다른 부서로 쫓겨났다가 곧 해고의 길로 내몰렸다. 이에 대해 로버트슨은 다음과 같은 평가를 내렸다.

"그에게는 연민이나 동정심 따위는 손톱만큼도 없었다. 대학생 시절에는 수수한 성격이었다고 하는데, 이 사실을 고려한다면 그가 그처럼 무자비한 성격으로 바뀐 것은 무소불위의 권력이 그의 뇌에 영향을 끼쳤기 때문이라고 추정할 수 있다."[412]

미국의 리더십 전문가 진 립먼-블루먼Jean Lipman-Blumen은 "선택받은 사람들이 이 세상의 중심에 선다는 특별한 권한을 보호하고 유지해나가려면 온갖 종류의 고통을 다 참고 견뎌야 할 때가 종종 있다. 선택된 사람들 또한 그런 지위가 자신을 독특한 존재로 만들 뿐 아니라 자신을 성스러운 중심에 있게 해준다는 믿음에서 매우 강한 아집과 결단력을 이끌어낸다"며 다음과 같이 말했다.

"역사적으로 살펴보면, 선택받은 사람들이 그 특권을 위해 목숨까지 바치는 경우도 자주 있다. 그 중심에는 종종 못 보고 넘어가는 위험이 하나 존재하고 있다. 중심에 서 있는 사람들의 경우 자신이 무슨 짓을 하고 있는지 정확히 모를 때가 간혹 있다는 점이다. 그리고 배타적인 성향이 있어서 특권 계층 바깥에 있는 사람들에게서 조언이나 잘못되었다는 지적을 받아들이지 않을 가능성이 높다."[413]

진 립먼-블루먼이 지적한 '종종 못 보고 넘어가는 위험', 이언 로버트슨이 지적한 '권력이 그의 뇌에 미친 영향'의 핵심은 바로 후안무치다. 그런데 잘 살펴보면 우리는 권력자에게 '강한 멘털' 운운하면서 후안무치의 자질을 요구하고 있다. 스킬링은 극단을 치달은 것일 뿐, 결코 예외적인 인물은 아니다. 권력자는 비판에 의연할 필요가 있다는 점에서 후안무치는 어느 정도는 필요악이거나 미덕일 수도 있지만, 문제는 늘 과유불급過猶不及이다. 권력자가 어떤 비판이 쏟아지건 마이동풍馬耳東風식으로 넘겨버리는 건 의연한 것도 아니고 '강한 멘털'도 아니다. 파렴치한 후안무치임을 잊지 말아야겠다.

42

왜 5년짜리 정권은 '유랑 도적단'인가?

"유랑형 도적떼의 지도자가 한 지역을 점령하고 제대로 다스리면서 그 지역의 군주로서 행세할 때 무정부 상태에 비해 엄청난 이득이 발생한다."[414] (미국 경제학자 맨슈어 올슨)

* * *

사후 출간된 『지배 권력과 경제 번영: 공산주의와 자본주의 아우르기』(2000)에서 한 말이다. 그는 이 책에서 경제적 성공을 위한 필요조건 중의 하나로 '약탈의 부재'를 지적하면서, 이리저리 떠도는 '유랑 도적roving bandit'과 한곳에 머무르는 '정주 도적stationary bandit'의 비유를 들어 정권에 의한 약탈의 메커니즘을 실감나게 설명했다. 그는 유랑 도적은 시도 때도 없이 빼앗아가는 데 비해 정주 도적은 보호 자릿세 형식으로 빼앗아간다며 주민들에게 정주 도적이 유랑 도적에 비해 나은 이유를 다음과 같이 설명했다.

"한 지역을 계속적으로 다스리는 정주 도적의 경우 그는 절도 대상이 더 많이 생산하고 상호 이득이 되는 거래를 하도록 할 동기를 갖는다. 절도 대상자가 더 높은 소득을 창출하면 할수록 정주 도적은 더 많이 갈취할 수 있다. 절도 대상자의 생산의 일정 부분만을 마치 세금처럼 가져갈 것이라고 확신시켜줌으로써 정주 도적은 절도 대상자들로 하여금 더 많은 소득을 창출하도록 유인한다."[415]

이런 약탈 국가론은 보수의 논리인가? 그렇진 않다. 약탈 국가이기 때문에 어떻게 하자는 대안만 다를 뿐, 약탈 국가라는 진단은 정치 혐오가 극에 이른 일반 서민이 보는 시각과 같거니와 많은 진보주의자의 인식과도 통한다. 미국의 진보적 사회학자인 피터 에번스Peter B. Evans는 거의 절대적이라 할 만큼 강력한 자율성을 가지면서 독재자를 중심으로 소수 패거리 집단이 사회와 국민 대중을 약탈적 사익 추구 대상으로 삼고 국가 구조에 내적 일관성도 결여되어 있는 국가를 약탈 국가라 불렀다.[416]

그런가 하면 미국의 진보적 경제학자였던 존 케네스 갤브레이스John Kenneth Galbraith, 1908~2006의 아들로 텍사스대학 경제학자인 제임스 갤브레이스James K. Galbraith가 아버지의 조언에 따라 『약탈 국가The Predator State』(2008)라는 책을 쓴 걸 보더라도 그렇다. 이 책에서 주요 약탈자는 기업 엘리트와 공적 기관들이다. '자유 시장' 개념의 허구성을 지적하면서 신자유주의를 맹렬히 비판한 갤브레이스는 미국이 사실상 정부의 후원을 받는 '약탈 계급predatory class'의 먹잇감으로 전락했다고 주장했다.[417]

2015년 6월 서울대학교 사회학과 교수 장덕진은 「유능한 관료와 무능한 국가」라는 칼럼에서 맨슈어 올슨Mancur Olson, 1932~1998의 비유를 빌려 한국의 5년 단임 대통령제가 '유랑 도적단'에 가까워지는 것으로 보인다고 했다. 그는 "장기 집권하는 비민주적 정권은 '정주 도적단', 짧게 집권하고 떠나는 정권은 '유랑 도적단'이다. 어차피 성숙한 민주주의가 아닐 바에는 정주 도적단이 차라리 나은 면도 있다. 내년에도 수탈해야 하기 때문에 지속가능한 성장에 관심을 가지는 것이다. 반면 금방 떠날 유랑 도적단은 마을의 미래에 관심이 없다"며 다음과 같이 말했다.

"5년 단임제하의 대통령들이 국가의 미래보다는 자기 정권의 성과에만 관심을 갖는 것은 본인이 곧 떠날 것을 스스로 알기 때문이고, 집권 후반기에 되는 일이 없는 것은 그가 곧 떠날 것을 모두가 알기 때문이다.……유랑 도적단하에서는 일관된 정책을 추진하기 어려우니 보람을 찾기 힘들고, 관료 커리어의 정점인 정무직의 상당수를 정치인이나 깜짝 발탁 인사들이 채우니 명예를 찾기도 힘들다. 그렇다면 유능한 관료들의 마지막 인센티브는 부패가 되기 십상이다. 보람도 명예도 없다면 주머니나 채우자는 생각이 모락모락 들지 않겠는가."[418]

2016년 10월 이른바 '박근혜·최순실 게이트'가 터지면서 약탈국가를 비롯해 약탈이라는 단어의 사용이 부쩍 늘었다.[419] 약탈의 메커니즘은 의외로 복잡하다는 주장도 제기되었다. 사회디자인연구소 소장 김대호는 『2013년 이후: 희망 코리아 가는 길』(2011)에서 "유능한 개인과 사익 집단의 목적은 정치·경제·사회적 지대rent 혹은 거대한 불로소득이다. 이들은 예외 없이 정치적·이념적 과잉 대표성을 행사하면서 재정과 가계, 미래 세대의 몫을 소리 소문 없이 약탈해간다. 이들이 가져가는 잉여와 누리는 처우는 생산력(1인당 GDP) 수준에 비추어 세계 최고라고 해도 과언이 아니다"며 다음과 같이 말했다.

"당연히 한번 이곳에 들어오는 사람은 떠나지 않기에, 평균 연령은 급격히 상승하고, 해고는 일종의 살인이기에 구조조정이 거의 불가능하며, 신참자들의 진입(입시, 입사) 경쟁률은 살인적이다. 반면 힘없는 3비층(비경제활동인구, 비임금 근로자, 비정규직), 청년 세대, 하청 협력업체 등 대다수 비기득권층은 공적 규제(공정거래법, 소비자보호법 등)나 사회 안전망의 보호를 받지 못하고 엄청난 경쟁과 심각한 기회 부족에 신음한다. 저출산, 사교육 광풍, 각종 고시·공시 열풍, 대졸 청년 실업과 중소기업 인재 기근 문제 등의 뿌리는 바로 이것이다."[420]

사실 약탈은 우리의 일상적 삶의 도처에 흘러넘친다. 우리는 만인에 대한 만인의 약탈 시대에 살고 있다고 해도 과언이 아니다. 20여 년 전 서강대학교 사학과 교수 임상우가 지적한 '끼리끼리 뜯어먹자 판'은 여전히 유효할 뿐만 아니라 더욱 기승을 부리고 있다. 정치인만이 문제가 아니라, 지식인, 언론, 전문가 집단 모두 '끼리끼리 뜯어먹자판'의 공범이라는 게 그의 주장이다.

임상우는 "지식인의 일차적 자격 조건은 비판이기 때문에 지식계에서 비판의 제기는 필수적이다. 그러나 한국의 지식계에서는 그 비판의 수위마저 조절되고 있다. 즉 이익 유대 공동체의 안위를 해칠 수 없다는 것이 상한선이다. 그 결과 현실적 효과를 나타내지 못하는 도덕군자적으로 이상화된 추상적 비판만이 횡행한다. 언론의 추적-고발성 보도들도 근본적인 유대 구조를 다치지 않아야 한다. 여기에 크고 작은 사회 문제의 진단과 토론에 동원되는 전문가 집단도 마찬가지다"며 다음과 같이 말한다.

"부실 건설, 관료 부패, 금융 부조리, 교육계 부조리 등등 수많은 문제가 제기되고 비판되지만, 그러한 문제들에 관련된 구성원이 속해 있는 이익의 유대망은 다쳐서는 안 된다. 문제가 삐져나올 때는 전지가위로 정원수 다듬듯 위로 드러나는 부분만 살짝살짝 잘라주어야 한다. 뿌리와 줄기가 썩고 있는 것을 노출시켜서는 안 된다. 모두들 그 썩는 즙을 달게 핥아 먹고 살아야 하기 때문이다. 책임 있는 사람들은 광고 문안 같이 간결한 말의 유희로 문제의 핵심을 피해가고, 또한 광고 문안 같은 도발적 발언들은 광고 효과만큼 빠르게 대중 속으로 흡수되어 사라진다. 이제 이 사회에 책임질 사람은 아무도 없다. 다만 '우리'의 이익이 있을 뿐이다. 끼리끼리 뜯어먹자판이다."[421]

진보는 좀 다르지 않을까? 그것도 헛된 기대다. 여성학자 정희진은 2016년 11월 "살아온 이력 때문인지 내 주변에는 대개 진보 진영이나 여성주의자가 많다. 흔히 도덕적일 것이라고 기대 받는 사람들이다. 그러나 최근 몇 년간 내 경험으로는 전혀 그렇지 않다. 폐쇄성이 겹쳐서 그런지, 이 '판'도 만만치 않다. 규모가 작을 뿐 '우리 안의 최순실, 트럼프'가 한둘이 아니다"며 다음과 같이 말했다.

"성폭력은 기본이고, 사기, 표절, 계급주의, 학벌주의, 소비주의, 연줄 문화, 약자에 대한 모욕과 막말, 이중성……. 내가 페이스북 근처에 가지 않는 이유 중 하나는, 이런 사람들이 그곳에서 캐릭터 변신을 하고 자신을 미화하기 때문이다. 나는 겪었고 보았다. 진보 혹은 페미니스트라고 자처라는 이들이 사익을 위해서라면 무엇이든 한다는 것을. '상록수'는 극소수다.……이제 인간의 '본질'이 호모 사피엔스(생각하는 사람)냐, 호모 파베르(도구를 만드는 인간)냐, 호모 루덴스(놀이하는 인간)냐를 논할 시기는 지난 듯하다. '호모 쉐임리스(뻔뻔한 인간)'의 시대다."[422]

그렇다. 우리는 그런 '호모 쉐임리스'의 시대에 살고 있음을 인정해야 한다. 그게 세상을 바꾸려는 사람들의 출발점이 되어야 한다. 반대편 탓만 하다 보면, 개혁은 밥그릇 싸움으로 전락하고 만다. 약탈 정치는 좌우나 진보·보수의 문제가 아니라, 지난 반세기 넘는 세월 동안 누적되어온 우리의 경제발전 방식과 그것에 의해 형성된 삶의 방식에 녹아 있다고 보아야 할 것이다.

43

왜 권력을 쥐면 사람의 뇌가 바뀌는가?

"괜찮던 사람도 저어기(청와대)만 들어가면 바뀐다."[423] (정치인 김종필)

* * *

한국 정치판의 산전수전을 다 겪은 사람의 말이니 신뢰가 가지만, 굳이 그의 입을 빌리지 않더라도 그 사실은 거의 모든 사람이 알고 있는 상식이 되어버렸다. 왜 '저어기'만 들어가면 바뀌는 걸까? 수많은 이유가 있겠지만, 우선 아일랜드 신경심리학자 이언 로버트슨Ian Robertson의 『승자의 뇌』(2012)라는 책에 주목해보자.

로버트슨은 개코원숭이를 대상으로 한 실험에서 권력감은 코카인과 같은 중독성이 있다는 것을 밝혀냈다. 권력감은 도파민이라는 신경호르몬의 분비를 촉진해 뇌의 중독 중추를 활성화한다는 것이다. 집단의 하위에 있는 개코원숭이는 지위가 올라갈수록 도파민 분비량이 늘었다고 한다. 그럴수록 공격적이고 자신감이 넘치는 쪽으로 변모했다는 것이다. 로버트슨은 "권력이 강할수록 도파민이 많이 분비되고 자신의 정당성을 의심하지 않는 성격이 된다"며 "절대 권력의 속성을 생물학적으로 보여주는 것"이라고 말한다.[424]

로버트슨은 "권력은 매우 파워풀한 약물이다Power is a very powerful drug"며 "권력을 쥐면 사람의 뇌가 바뀐다"고 말한다. "다른 사람에게 공감하지 않고, 실패에 대해 걱정하지 않고, 터널처럼 아주 좁은 시야를 갖게 하며, 오직 목표 달성이란 열매를 향해서만 돌진하게 된다. 인간을 자기애에 빠지게 하고, 오만하게 만든다. 권력은 모든 상황을 자신이 통제할 수 있다는 환상에 빠지게 한다. 권력은 코카인, 섹스, 돈과 마찬가지로 도파민이라는 공동 통화를 사용한다."[425]

로버트슨이 처음으로 이 사실을 밝혀낸 건 아니다. 그간 많은 학자가 권력의 그런 효과 또는 속성을 지적해왔다. 미국 생물학자 H. G. 란다우H. G. Landau는 「동물사회의 지배 관계와 구조」(1951)라는 논문에서 어떤 동물이 다른 동물과 다퉈서 이기고 이 승리가 다음 대결에서도 이 동물이 승리를 거둘 가능성을 높여줄 때 위계 체계가 발생한다는 사실을 발견했다.[426] 이렇듯 승리가 승리를 낳는 걸 가리켜 '승자 효과winner effect'라고 한다. 로버트슨의 『승자의 뇌』라는 책의 원서 제목도 『승자 효과The Winner Effect』다.

심지어 곤충마저 그런다. 미국 텍사스대학 심리학자 데이비드 버스David M. Buss는 『진화심리학』(1999)에서 "귀뚜라미만 해도 연속으로 싸움에서 이기면 그다음 싸움에서 더욱더 공격적으로 변한다. 반면 싸움에서 여러 번 진 귀뚜라미는 점점 순종적인 태도를 보인다"고 했다.[427] 물론 이런 '법칙'은 인간 세계에서도 그대로 작동한다.

인간과 동물 행동 전문가인 미국 작가 리처드 코니프Richard Conniff는 『부자』(2002)라는 책에서 작은 시합에서 승리하는 것이야말로 큰 시합에서 승리하기 위해 거의 필수적으로 요구되는 것이며, 이것이 자수성가한 부자들이 때로는 가장 사소한 우대優待를 위해서까지 그처럼 결사적으로 경쟁하는 이유라고 주장한다. 그는 여기엔 충분한 생물학적 근거가 있다며 다음과 같이 말한다.

"그것은 적어도 부분적으로는 남성들의 경우 혈액 1리터당 10분의 1그램이라는 미미한 비율로 생성되는 남성 호르몬 테스토스테론testosterone과 관계가 있다(여성은 앞의 비율의 7분의 1에 불과하다).…… 남성들의 경우 럭비 경기나 체스 시합과 같은 지배력 경쟁으로 해석될 수 있는 거의 모든 것을 앞두고는 테스토스테론 수치가 상승한다.……테스토스테론이 증가된 개인은 똑바로 선 자세, 폼 재는 듯한 걸음걸이, 정면으로 마주보는 시선 따위의 지배 행동의 몸짓을 드러낸다. 이것은 후에 패권을 다툴 경우에 성공 가능성을 높이는 데에 기여할 것이다."[428]

즉, 승리는 높은 테스토스테론 반응을 불러오고, 이것은 다시 더욱 지배적인 행동을 낳고, 이는 더 많은 승리를 불러온다는 것이다. 미국 진화생물학자 로버트 트리버스Robert Trivers는 『우리는 왜 자신을 속이도록 진화했을까?』(2011)에서 권력이 인간, 특히 남성을 맹목적으로 만드는 사례는 1,000가지라도 들 수 있다며, 한 사례로 영국 정치가 윈스턴 처칠Winston Churchill, 1874~1965을 들었다.

"그는 인생의 달고 쓴맛을 다 맛보았고, 때로 거의 절대적인 존재로 군림하기도 했다. 제2차 세계대전 때는 영국 수상이었다가-가장 큰 권력을 행사한 수상에 속했다-물러난 뒤에는 거의 아무런 정치력도 발휘하지 못했다. 제1차 세계대전 때도 그는 비슷한 상황을 겪었다. 권력이 정점에 이르렀을 때 그는 독재적이고 오만하고 아량이 없는 등등 독재자의 면모를 여실히 드러냈다. 권력이 적을 때는 내성적이고 겸손해 보였다."[429]

영국 신경과학자 존 코츠John Coates도 "승자 효과의 위력은 놀라울 정도이다. 승자 효과를 이용하면 한 사람이 세계를 지배하는 것도 가능하다. 적어도 당사자는 그렇게 느낄 수 있다"며 이렇게 말한다.

"이런 피드백 루프는 얼마나 지속될까? 당연한 말이지만 영원히 지속될 수는 없다.……어느 시점에 이르면 테스토스테론이 쌓이기 시작하면서 자신감이 넘쳐, 리스크를 무릅쓰던 행동이 자만에 젖은 무분별한 행동으로 탈바꿈하는 것이다."[430]

괜찮던 사람도 '저어기'만 들어가면 바뀌는 이유는 굳이 신경심리학을 동원하지 않아도 상식적인 수준에서도 얼마든지 이해할 수 있는 일이다. 청와대 거주 기간 내내 하루 온종일 아부의 폭포수를 맞는다는 게 가장 중요하다. 또 대통령 행차 시 그 어마어마한 경호요원을 생각해보라. 우리는 대통령을 인간으로 알고 있지만, 실은 국가를 책임진 신神과 다를 바 없다. 이 나라의 내로라하는 모든 사람이 대통령 앞에만 가면 허리와 머리가 크게 유연해진다. 다른 신을 모시는 이교도들은 대통령을 비판하고 욕을 하기도 하지만, 대통령 주변에서 그런 법은 없다. 늘 용비어천가龍飛御天歌만 불려진다. 그런 환경에서 바뀌지 않고 견뎌낼 수 있는 사람은 없을 게다.

그렇다면 어떻게 해야 할까? 로버트슨은 "인류 문명의 발명품 가운데 하나인 민주주의는 권력이 뇌를 바꾸어놓는 화학작용 및 그 결과로부터 우리와 우리의 아이들을 보호한다는 가장 중요한 목적에 복무하도록 진화했다"고 말한다.[431] 결국 민주주의를 철저히 해야 한다는 이야기인데, 문제는 이런 권력 중독 현상이 권력자에게만 나타나는 게 아니라 권력자의 지지자들에게도 나타난다는 데에 있다. 이른바 '권력 리터러시' 또는 '정치 리터러시' 교육을 하면 좀 달라질 수 있을까? 이 책도 그런 리터러시를 위한 것이긴 하지만, 그들이 이런 책보다는 피를 끓게 만드는 선동을 선호하는 걸 어이하랴.

44

왜 권력이 권력을 죽이는 '권력의 역설'이 일어나는가?

"권력을 쥐었다는 느낌이 들면, 우리는 거리낌 없이 남을 깎아내리고 자기는 추켜세우며 비윤리적인 행위를 합리화하게 된다." (미국 사회심리학자 대커 켈트너)

* * *

『권력의 역설Power Paradox』(2016)에서 한 말이다. 그가 말하는 권력 역설의 골자는 이런 것이다. "우리로 하여금 권력을 잡을 수 있도록 해준 바로 그 행위가, 우리가 권력을 행사할 때는 가뭇없이 사라지는 것이다. 공감을 통해 우리는 권력을 얻고 그것을 유지했지만, 권력을 행사하면서 다른 사람에 대한 관심의 끈을 놓는다. 나눔을 통해 우리는 권력을 얻고 그것을 유지하였지만, 권력을 자각하면서 탐욕스러운 자기만족적 행위를 한다. 고마움을 표현하며 다른 사람을 존중하는 것은 권력을 유지하는 데 핵심이지만, 한 번 권력을 자각하면 무례하고 공격적이 된다."[432]

대커 켈트너Dacher Keltner는 권력을 "다른 사람에게 실질적인 영향을 미칠 수 있는 능력뿐만 아니라 심리 상태"로 정의하면서 이렇게 말한다.

"권력은 도파민 분비가 최고조에 이른 상태라고 할 수 있다. 이런 상태는 다른 사람과의 상호작용 방식에 깊은 영향을 미치는데, 그 모습은 조광증mania 증세와 비슷하다."[433](조광증은 지나치게 집중하고 열광하는 태도로 인해 조울증의 위험 요소 중 한 가지인 정신 상태로 빠져드는 걸 말한다.)

켈트너는 『권력의 역설』을 출간하기 오래전부터 권력을 집중적으로 연구해왔다. 그는 2003년에 발표한 「권력 접근과 금기」라는 논문에선 권력은 '접근'을 부르고 '금기'를 줄인다고 했다. 즉, 사람들은 이해관계 때문에 적극적으로 권력자에게 접근하고, 권력자에게는 행동을 제한하는 구속과 사회적 규범을 따르는 금지 규정이 줄어든다는 것이다.[434]

켈트너는 『근시 사회』(2014)의 저자인 폴 로버츠Paul Roberts와의 인터뷰에선 권력은 성욕, 사회적 인정, 주목 같은 기본 욕구뿐 아니라 돈처럼 학습된 욕구를 충족시키도록 자극하는 신경 기전neural mechanism인 '접근 체계'를 활성화한다고 말했다. 그는 일단 접근 체계에 발동이 걸리면 사람들은 "앞으로 전진하면서 그저 추구하기만 한다"며, 그래서 권력은 우리를 더욱 공격적으로 만들고 동시에 타인이나 사회규범에 대한 감수성을 떨어뜨린다고 했다. "무엇이든 보상이 따르고 좋아 보이는 것에서 권력을 느끼면, 사람들은 이를 그저 추구하려고 합니다. 그 대상이 공공재든 당신의 버스든 기타 무엇이든 간에 조금이라도 더 큰 조각을 차지하려고 합니다."[435]

다시 『권력의 역설』로 돌아가자. 켈트너는 "권력 역설에 사로잡힌 그들은 힘없고 가난하고 평등하지 못해서 생기는 문제에 대해 거의 무지한 상태다"고 했는데,[436] 이게 가장 중요한 문제다. 진보를 표방하는 권력 집단마저 그럴 수 있다는 점에서 말이다. 그는 "권력 역설은 어렴풋이 나타나 아무런 제지도 받지 않고 순식간에 일상의 상호작용 속으로 스며든다. 권력의 맛을 보면 다른 사람에 대한 관심은 줄고 금세 권력 남용으로 넘어간다"며 다음과 같이 말한다.

"다른 사람과 공감하지 못하며 사람들의 생각과 감정을 알 수 없게 된다. 나눠주기보다 자기가 먼저 취한다. 과할 때가 많고 굳이 필요하지 않는데도 취하고 본다. 고마움을 표현함으로써 다른 사람을 인정하기보다 무례함으로 다른 사람을 무력화시킨다. 보편적 인간성에 대한 스토리텔링으로 사람들과 하나가 되기보다 자기만 잘났다는 식의 거만한 서사를 통해 그들을 얕잡아보고 거리를 둔다."[437]

『권력의 역설』은 한국에선 『선한 권력의 탄생: 1%가 아닌 '우리 모두'를 위한 권력 사용법』이란 제목으로 번역·출간되었다. 켈트너는 『중앙일보』 인터뷰에서 "한글판 제목이 마음에 드는가"라는 질문에 이렇게 답했다.

"그렇다. 그런 한글판 제목을 뽑아준 한국 출판사에 감사한다. 나는 이 책에서 역사적으로 권력이 보다 '착한 권력'으로 서서히 움직이고 있다는 것을 논증하려고 시도했다."

'착한 권력'이란 무엇인가? 그는 이런 답을 내놓았다. "권력을 사람들의 복지, 경제적 여건과 건강 상태 개선을 위해 사용하는 게 착한 권력이다. 500년 전에 비하면 우리가 사는 세상은 훨씬 더 착한 권력 쪽으로 이동했다. 착한 권력은 트럼프·김정은·문재인만의 과제가 아니다. 우리 자식들과의 관계, 직장 동료들과의 관계에서도 착한 권력이 대세다."[438]

켈트너에겐 미안하지만, '긍정'을 사랑하는 미국인들의 전형적인 사고방식에 어울리는 말이 아닌가 싶다. 문명사적으론 착한 권력으로 이동하는 게 맞는 말일망정, '착한 권력이 대세'라는 말은 믿기 어렵다. 그가 책에서 지적한 다음과 같은 현실이 대세라고 보아야 하지 않을까?

"권력을 가진 이들은 자신이 남들과 다르다는, '내로남불'식 태도로 자신들은 일반인들을 위한 법의 적용을 받지 않으며, 자신들은 더 큰 몫의 파이를 가질 자격이 있다는 생각을 퍼뜨린다."[439]

'착한 권력'을 표방했거니와 자신들에겐 그런 DNA가 있다고까지 큰소리 친 권력 집단이 '내로남불'의 화신이 될 때엔 어찌해야 하는가? 나는 문재인 정권의 내로남불 사례들을 일일이 정리하다가 중도에 그만두고 말았다. 굳이 지적할 것도 없이 거의 모든 게 내로남불이었기 때문이다. 권력이 권력을 죽이는 '권력의 역설', 이게 지금 우리가 한국 사회에서 목도하고 있는 현실임을 어찌 부정할 수 있으랴.

45

왜 민주주의는 회사 문 앞에서 멈추는가?

"민주주의는 회사 문 앞에서 멈춘다." (경제학자 우석훈)

* * *

2018년 12월에 출간한 책 제목이다. 캐나다 작가 도널드 럼볼Donald Rumball은 "민주주의는 공장 문 앞에서 멈추지 않는다"고 했지만,[440] 그건 당위일 뿐 현실은 아니다. 우석훈의 말 그대로 "민주주의는 회사 문 앞에서 멈춘다". 미국 경제학자 리처드 울프Richard Wolff도 지적했듯이, "우리는 민주주의가 저절로 주어진다고 생각해서인지 상점, 공장, 사무실 등의 문턱을 넘어서는 순간 우리의 모든 민주적 권리와 책임을 포기하고 만다".[441]

우석훈은 수많은 사람이 럼볼의 글을 읽었지만, 그다음 문장을 중요하다고 생각한 사람은 그렇게 많지 않다고 말한다. 럼볼은 산업 민주주의 혹은 직장 민주주의는 군대 모델에서 벗어나는 것이라고 주장했는데, 우리는 이 군대 모델에 대해 별 문제의식을 갖고 있지 않다는 것이다. "군대식 모델의 상명하복을 극복하는 것, 그게 가장 간편하게 정의할 수 있는 직장 민주주의다."[442]

우석훈은 "우리처럼 낮은 노동조합 결성률로는 대한민국 모든 회사에서 동시에 뭔가를 추진하기 어렵다"며 이런 대안을 제시한다. "노조 없는 회사를 염두에 둔다면 직장 민주주의 위원회를 각 직장에 설치하게 하고, 보고서를 통해서 그 회사의 상황을 공개하는 것이 가장 부드럽고도 효과적인 수단일 것이다."[443]

우석훈은 "내가 직장 민주주의가 우리가 같이 일굴 수 있는 거의 유일하고 마지막인 희망이라고 생각하는 것은, 결국 일해야 먹고사는 다음 세대에게 남겨줄 수 있는 현실적인 대안이기 때문이다"며 이렇게 말한다.

"직장 민주주의, 혁명으로 하는 거 아니다. 제도로 하고, 대화로 하고, 분위기로 하는 거다. 한겨울 몇 달씩 광장을 채웠던 촛불 집회보다 쉽다. 승리라는 표현 뒤의 공허한 일상보다는, 뭐 하나라도 나아진 생활경제가 더 의미 있다."[444]

우석훈의 주장에 뜨거운 지지를 보내면서 직장 민주주의의 성공을 위해 '악마의 변호인' 노릇을 좀 해보련다. 나는 직장 민주주의가 한겨울 몇 달씩 광장을 채웠던 촛불 집회보다 훨씬 어렵다고 생각하기 때문에 '악마의 변호인' 이상의 역할이라고 해도 좋겠다. 다만, 어려움을 미리 알고 들어가야 성공에 조금이나마 더 근접할 수 있다는 뜻으로 이해해주면 좋겠다.

직장 민주주의는 여러 요소를 갖고 있지만, 나는 우선적으로 직장 내 권력 작용에서 비롯되는 갑을 관계와 그 관계에서 벌어지는 갑의 못된 횡포, 즉 '갑질'에 관심이 많다. 『경향신문』의 사설이 잘 지적했듯이, "지금 대한민국은 수많은 '을'의 눈물로 가득 찬 '갑질민국'",[445] 즉 '갑질 공화국'이다. 그런데 갑질은 결코 많은 권력을 가진 사람들만이 저지르는 게 아니다. 그건 상대적이거니와 다단계 먹이사슬 구조로 되어 있어 전 국민의 머리와 가슴속에 내면화되어 있는 삶의 기본 양식이다. 즉, '전위 공격성' 또는 '억압위양의 원리'에 따라, 상층부 갑질의 억압적 성격은 지위의 고저에 따라 낮은 쪽으로 이양되는 것이다.

전위 공격성displaced aggression은 공격성을 유발한 대상을 향한 보복이 불가능할 경우 그 대상에게는 공격성을 억제했다가 다른 무고한 대상에게 표출하는 것으로, 위계가 중시되는 집단주의 문화권에서 더 많이 나타난다. 전혀 관련이 없는 대상보다는 자신과 더 가깝고 친밀하게 느껴지는 대상에게 전위 공격성을 표출하는 경우도 많다. 최근 연구는 전위 공격성이 일차적인 분노 유발 사건에 이어서 분노를 유발하는 촉발 자극이 발생했을 때 주로 표출되는 점에 주목하면서, 유발된 공격성을 일차적인 분노 유발 대상에게 표출하지 못하고 촉발 자극을 제공한 이차적인 대상에게 표출하는 '촉발된 전위 공격성'에 초점을 맞추고 있다.[446]

'억압위양의 원리'는 일본 정치학자 마루야마 마사오丸山眞男, 1914~1996가 '전위 공격성'을 일본의 현실에 맞게 표현한 것이다. 그는 이 원리를 "일상생활에서의 상위자로부터의 억압을 하위자에게 순서대로 떠넘김으로써 전체의 정신적인 균형이 유지되고 있는 그런 체계"라고 정의하면서 이는 일본의 사회체제에 내재하는 정신 구조의 하나라고 말한다.[447]

전위 공격성을 잘 표현한 우리 속담이 있다. "종로에서 뺨 맞고 한강에 가서 눈 흘긴다." 눈을 흘기는 것까진 좋은데, 자신이 맞은 뺨의 몇 배에 해당하는 폭력을 엉뚱한 사람을 대상으로 행사하니, 참으로 기가 막힐 일이다. 영장류의 세계에선 서열을 둘러싸고 벌어지는 대결에서 패배하거나 서열이 높은 개체에게 공격을 받은 동물들은 곧바로 자신보다 지위가 낮은 동물들을 공격하는데, 인간도 원숭이와 같은 영장류에 속하다는 걸 확인하려는 걸까? 똑같은 짓을 하더라도 원숭이는 위선을 범하진 않는다는 점에서 인간은 원숭이보다 못하다고 보아야 하지 않을까?

영국 보건학자 리처드 윌킨슨Richard G. Wilkinson은 『평등해야 건강하다: 불평등은 어떻게 사회를 병들게 하는가?』(2005)에서 "전위 공격성은 할 수만 있다면 누구에게라도 자신의 지위와 권위를 확인받고

자 하는 우열 사회가 낳은 폐단이다"며 다음과 같이 말한다.

"테오도어 아도르노Theodor W. Adorno, 1903~1969는 나치의 희생양이 된 유대인들을 연구하면서 이런 부작용을 '자전거 타기 반응bicycling reaction'이라고 이름 붙였다. 왜냐하면 강력한 서열 체계를 가진 권위주의적인 사회구조에서 사람들은 마치 자전거를 탈 때의 자세처럼 윗사람에게는 머리를 조아리는 반면 아랫사람들은 발로 차서 뒤로 넘어뜨리기 때문이다. 이것은 불평등이 만연한 사회에서 왜 여성이나 종교적·인종적 소수자가 더 심한 차별을 당하게 되는지를 설명해준다."[448]

독일의 영장류 동물학자인 폴커 조머Volker Sommer는 전위 공격성의 연쇄반응 효과에 주목한다. "높은 서열의 개체에게 공격을 당하고는 서열이 낮은 동물에게 앙갚음을 하는 일이 영장류 사회에서는 매우 흔해요. 실제로 연쇄적인 반응이라고 봐야 해요. 갑에서 을에게로, 을에게서 병에게로, 병에게서 정에게로, 그리고 정에게서 애꿎은 구경꾼에게로 말이죠."[449]

한국 사회는 이런 전위 공격성의 전쟁터라고 해도 과언이 아니다. 전쟁터에선 오직 힘만이 정의다. 약육강식弱肉強食·우승열패優勝劣敗·적자생존適者生存의 원리에 근거한 '사회진화론Social Darwinism'에 따라 움직이는 사회적 전쟁이 역동적으로 전개되고 있다.

2018년 2월 어느 간호사의 자살 사건으로 드러난 '태움'은 우리 사회가 갑에게 당하는 약자들끼리도 서로 못 살게 구는 잔인한 사회라는 걸 웅변해주었다. '태움'은 주로 대형병원에서 선배 간호사들이 신입을 가르치거나 길들이는 방식 중 하나로 '영혼이 재가 되도록 태운다'는 뜻으로 사용되는 용어다. 처음엔 환자의 생명이 왔다 갔다 하는 병원 특성상 조금의 실수도 해선 안 된다는 좋은 뜻으로 시작된 것이었겠지만, 이젠 필요한 수준을 넘어서 위계질서에 따라 아래를 향해 직업적 스트레스를 푸는 가학적 수단으로 전락하고 말았다. 2018년 대한간호협회의 '간호사 인권침해 실태 조사' 결과에 따르면 태움 피해를 당한 간호사가 전체의 40.9퍼센트에 달하는 것으로 나타났다.[450]

이름만 다를 뿐 '태움'은 간호사들에게만 있는 게 아니다. 2015년 6월 노동자연구소가 민주노총 의뢰로 전국 8개 공단의 노동조건에 대한 실태 조사를 한 결과에 따르면, 공단 노동자의 40.6퍼센트가 '인권침해를 경험했다'고 응답했으며, 14.2퍼센트는 '거의 매일 인권침해를 경험하고 있다'고 털어놓았다. 유형별로는 '폭언·폭행'이 22.1퍼센트, '감시 단속을 당하고 있다'가 30.6퍼센트, '왕따 등 인간관계 파괴를 경험하고 있다'가 12.8퍼센트였다.[451]

2015년 11월 사무금융노동자 직장 내 괴롭힘 조사연구팀과 전국사무금융서비스노동조합은 국회에서 '전략적 성과 관리? 전략적 괴롭힘!'이란 주제로 실태 조사 결과 보고 대회를 열었다. 이 조사에서 금융 노동자들은 2명 중 1명(49퍼센트)꼴로 직장 내 괴롭힘을 경험했다고 답했다. 또한 "공개적인 회의 자리에서 저성과자들에게 밥을 축내는 '식충'이라는 말"을 하는 등 '언어폭력'(29퍼센트)도 빈번하게 이루어졌다고 말했다. 노동자들은 이런 문화를 '내리갈굼'이라고 표현했다. 심층 면접에 응한 한 응답자는 "임원들 가운데 '네가 싫어서 갈구는 줄 아냐. (나는) 위에서 죽어'라고 말하는 사람이 있다. 실적·성과를 강요하면 할수록 '내리갈굼'이 될 수밖에 없다"고 말했다.[452]

2018년 2월 발표된 국가인권위원회 조사를 보면 최근 1년 동안 상사의 갑질을 겪었다는 응답이 10명 중 7명을 넘었다.[453] 그래서 생겨난 게 '시발비용'이라는 신조어다. 욕설 '○발'을 순화시켜 '비용'과 합친 말로 홧김에 마신 술처럼 '스트레스를 받지 않았으면 쓰지 않아도 될 비용'이란 뜻이다. 박권일은 "실제로 많은 사람이 자신의 월급을 '한 달 동안 모멸을 견딘 대가'라고 생각한다"며 "이 말이 사람들에게 폭발적인 공감을 불러일으킨 건 오늘 우리의 노동이 그만큼 비참하다는 증거다"고 말한다.[454]

직장 내 괴롭힘이 심한 기업의 경영자들이 마음만 먹는다면 그런 비참함을 약화시키는 조치를 취할 수도 있겠건만, 그들은 그런 일에 전혀 관심이 없다. 왜 그럴까? 기업은 비민주적일 때 더 효율적이라는 미신을 믿으면서 직장 내 괴롭힘을 일종의 노무관리 기법으로 생각하기 때문이다. 더불어 그런 미신의 연장선상에서 '복종'과 '상명하복上命下服'을 자신의 지위를 만끽하는 기쁨으로 간주해 너무도 사랑하기 때문이다.

우리는 '태움'이나 '내리갈굼'을 견뎌내는 것마저 '스트레스 내성'으로 부르고 있지만, 너나 할 것 없이 자신이 스트레스에 강하다고 뽐내는 사회는 잔인한 사회일 뿐만 아니라 야비하고 미련한 사회다. 이는 스트레스에 약한 사람이 자책을 할 필요가 전혀 없다는 뜻이기도 하다. 자신이 잔인하지도 않고 야비하지도 않고 미련하지도 않은 게 왜 흉이 되어야 한단 말인가.[455]

왜 대한민국이 이런 미련하고 야비하고 잔인한 갑질 공화국이 되었을까? 우리는 사람들의 좋지 못한 의도와 행위의 결과로 갑질이 창궐한다고 믿는 경향이 있지만, 그건 결코 진실이 아니다. 갑질은 우리가 옳거니와 바람직하다고 여기는 것들의 '의도하지 않은 결과 unintended consequence'에 의해 생겨난다. 좋지 못한 의도와 행위도 그런 '의도하지 않은 결과'의 산물일 뿐이다. 이게 바로 '갑질 공화국'의 비밀이다.

그 비밀의 열쇠가 바로 한국적 삶의 최고 슬로건 중의 하나라 할 "개천에서 용 난다"라는 사고방식에 있다. 우리는 개천에서 난 용을 보면서 열광하는 동시에 꿈과 희망을 품는다. 계층 이동의 가능성을 보면서 이 세상이 살 만한 곳이라는 확신마저 갖는다. 나는 이런 문제의식으로 『개천에서 용 나면 안 된다: 갑질 공화국의 비밀』(2015)이라는 책을 출간했지만, 보수와 진보를 막론하고 "개천에서 용 나면 안 된다"는 말에 반감을 갖는 사람이 아주 많더라는 사실을 발견했다.

과연 무엇이 문제였을까? 나는 말도 안 되는 순진한 이상론을 역설한 걸까? 자신도 지키지 못할 파렴치한 위선을 저지른 걸까? 스스로 '현실주의자'라고 자부하는 내가 그럴 리가 있겠는가. 나는 "직장 민주주의……분위기로 하는 거다"는 우석훈의 말을 적극 지지한다. 용이 되고 싶은 사람은 각자 알아서 용이 되기 위해 애를 쓸 거다. 주변에 그런 사람이 있다면 잘 해보라고 격려해주면 되는 거다. 그러나 대통령을 비롯해 모든 잘난 사람이 나서서 '개천에서 용 나기'를 미화하고 예찬함으로써 모든 사람에게 다 용이 되라고 사회적 분위기를 몰아가선 안 된다는 게 내 주장의 핵심이다.

그건 용이 되지 못한 사람에게 열패감을 안겨주는 아주 못된 짓이다. 용이 된 사람은 '다른' 것이지 '옳은' 것이 아니다. 이런 용들이 자신은 다를 뿐이라고 생각하는 게 아니라 옳고 잘났고 승리했다고 생각하는 순간, 자신이 용이 되기 위해 쏟았던 피와 눈물과 땀에 대한 보상을 다른 사람들과의 관계에서 찾기 마련이고, 이런 행태들의 총합이 '갑질 공화국'의 토대가 된다는 게 내 주장이다. 달리 말하자면, "개천에서 용 난다"는 사회적 분위기 차원에서 미화하고 예찬하는 동시에 직장 민주주의를 부르짖는다는 건 사실상 사기극이라는 게 내 주장이다. 이 주장이 뭐가 그리 어렵단 말인가. 사람들의 의식을 바꾸는 것, 이건 그 어떤 제도 개혁보다도 어렵다는 걸 말해주는 게 아닌지 모르겠다.

46
왜 정치인은 권력이라는 마약 중독자인가?

"워싱턴의 최고 마약은 권력이다. 권력은 감각을 둔하게 하고 판단을 흐리게 한다."[456] (미국 제42대 대통령 빌 클린턴)

* * *

이미 우리는 권력의 마약 속성에 대해 많은 이야기를 해왔지만, 이번엔 최근 한국 정치 현장에서 나오는 이야기를 들어보자. "마약도 이런 마약이 없다. 한 번만 (국회의원) 하고 본업으로 돌아간다던 사람들이 돌아갈 마음이 전혀 없더라." 『중앙일보』(2019년 6월 17일)가 총선을 10개월 앞둔 시점에서 '굿바이 여의도'를 선언하고 정계 활동의 마무리 작업에 들어간 국회의원들을 대상으로 한 인터뷰에서 바른미래당

의원 이상돈이 한 말이다.

중앙대학교 법대 교수 시절부터 정치권에 쓴소리를 자주 던졌던 이상돈은 한국의 국회의원에 대해 "미국이나 일본을 제외하면 사회적 대우나 급여 등이 여전히 세계에서 가장 높은 수준"이라며 "여기저기서 대우받고 비서를 9명씩 두고 국비로 봉급을 받으면서도 심각하게 고민하는 사람이 별로 없다. 권력이 있다는 걸 재미로 여기는 사람도 있다. 구름 위에 사는 거라고 보면 된다"고 말했다.[457]

그러나 계속 구름 위에 살기 위해선 치러야 할 큰 비용이 있다. 자기 자신을 말소해야 한다. 당 또는 당을 지배하는 극렬 지지자들의 졸卒이 되어야만 한다. 2020년 7월 30일 주택임대차보호법 개정안의 국회 본회의 통과는 더불어민주당이 절차를 무시하고 힘으로 밀어붙인 '군사작전'식으로 이루어졌는데, 이때 일어난 한 사건을 음미해보자.

미래통합당은 '의회 독재'라며 펄펄 뛰었고, 8·29 전당대회 최고위원 선거에 출마한 더불어민주당 의원 노웅래마저 불교방송 라디오 〈박경수의 아침저널〉 인터뷰에서 "176석은 힘으로 밀어붙이라는 뜻이 아니라 야당의 협력을 이끌어 일하라는 뜻"이며 "지금의 상황은 결코 바람직한 것이 아니다"고 했다.[458]

나는 이 뉴스를 듣는 순간 노웅래에게 내심 뜨거운 박수를 보냈지만, 무슨 봉변을 당할지 걱정이 되기도 했다. 아니나 다를까, 다음 날 노웅래의 페이스북에는 온종일 '악플'이 쇄도했다. 더불어민주당 극렬 지지자들은 "내부 총질하려면 통합당으로 가라", "금태섭 전 의원이 공천 탈락한 이유를 생각하라” 등의 댓글을 남겼다. 노웅래는 결국 이날 오후 페이스북에 “중진으로서 끝까지 ‘협치’를 해보고자 노력했으나 상대를 너무 과소평가했다. 지금 하는 모습을 보니 단독으로 처리할 수밖에 없었음을 다시 한번 깨닫는다”고 적었다.

『중앙일보』는 “4선 의원이 강성 지지자들에게 하루 만에 백기 투항한 셈이다”며 더불어민주당의 한 보좌관의 발언을 소개했다. “야당과 협의하려고 할 때마다, 권리당원이나 지지자로부터 ‘국민이 180석이나 밀어줬는데 국민 명령에 따라 밀어붙이라’는 요구를 받는다. 이런 분위기에선 ‘협치’ 이야기를 꺼내는 게 쉽지 않다.”[459]

재미있다. 더불어민주당의 극렬 지지자들이 문재인의 뜻에 역행하는 짓을 저지르다니 말이다. 문재인은 7·16 국회 개원 연설에서 뭐라고 했던가? 그는 21대 국회의 화두로 협치를 강조했다. 『한겨레』는 「‘협치 실패’ 자성한 문 대통령, 21대 국회는 달라지길」이라는 사설에서 “국정의 최고 책임자로서 그동안 여야 협치를 이끌어내지 못한 데 대해 성찰하고 더 노력하겠다는 의지를 밝힌 것이다”고 했다.[460]

세상에 이런 코미디가 없다. ‘의회 독재’라는 말이 나올 정도로 국회를 그 모양으로 만들 걸 무엇 때문에 불과 보름 전인 7·16 국회 개원 연설에선 협치를 강조했던 걸까? 혹 문재인은 더불어민주당에 아무런 영향력도 행사할 수 없고 행사할 뜻도 없는 건가? 더불어민주당이 알아서 협치를 해주길 기대했던 건가? 그렇다면 더불어민주당의 ‘협치 유린’에 대해 ‘유감’의 뜻을 밝혀야 마땅하겠건만, 그렇게 하지 않았다.

그렇다면 문재인의 진심은 무엇이었을까? 문재인을 숭배하는 더불어민주당의 극렬 지지자들이 그 뜻을 제대로 읽은 것 같다. 그들은 문재인의 뜻에 역행하는 짓을 저지른 게 아니라 부합하는 짓을 저지른 셈이다. 협치를 강조한 대통령 취임사에서부터 7·16 국회 개원 연설에 이르기까지 왜 문재인은 자꾸 마음에도 없는 말을 하는 걸까? 지지자들에게 "우리 이니는 협치를 강조했는데, 수구 꼴통들 때문에 협치가 안 됐다"는 최소한의 알리바이라도 만들어주기 위한 걸까?

이 사건은 정치인은 권력이라는 마약 중독자이긴 하되, 그 상태를 유지하기 위해선 치러야 할 비용이 만만치 않다는 걸 말해준 것으로 이해하면 되겠다. 정치에 대해 말할 때 우리는 마약 중독자들을 대상으로 말을 하고 있다는 걸 늘 유념해야 한다. '마약'이란 말이 듣기에 너무 끔찍하면 '설탕'은 어떤가. 일본 경제학자 유아사 다케오湯淺赳男는 "권력은 설탕이다"고 말한다. 이 관점에 따르자면 권력의 상실은 '저혈당 쇼크' 상태와 비슷하다. 그는 체 게바라가 왜 스스로 권력을 떠나 게릴라 투쟁에 뛰어들었는지를 설명하면서 다음과 같이 말한다.

"권력은 설탕만큼이나 달콤한 것이다. 설탕에 수없이 많은 개미가 몰려들 듯 권력의 주변에는 인간이 몰려든다. 권력의 유혹을 뿌리칠 수 있는 인간은 흔하지 않다. 역사를 통해 권력을 추구한 인간의 종말이 어떠했는가를 수없이 학습한 인간이라 해도, 당장 눈앞에 권력이 맴돌게 되면 이성을 잃는 게 현실이다. 게바라는 그것이 꺼림칙해 견딜 수 없었다."[461]

그래서 오늘날 체 게바라는 이념의 좌우를 막론하고 많은 사람에게 호평을 받고 있지만, 그런 사람은 매우 희소하다. 대부분 권력이라는 설탕을 향해 몰려든다. 권력감정에 사로잡힌 '빠'들도 크게 다르지 않다. 그들이 내세우는 '순수'는 착각이다. 세상을 자기 뜻대로 바꿔보겠다는 열정도 권력욕이라는 걸 깨닫지 못하는 경우도 있지만, 그것보다는 자신에게 권력은 열정을 실현하기 위한 '도구'일 뿐 '목적'은 아니라는 생각이 그런 착각을 지속시킨다.

윤리와 염치가 실종되는 이유도 바로 여기에 있다. 자신을 정의로 간주하기 때문에 모든 걸 자기 위주로 생각하고 판단하기 쉽다. 모든 혁명과 개혁의 타락은 바로 그런 착각에서 연유한다. 권력의 마약 또는 설탕 속성은 사람이 모여 사는 어느 곳에서건 나타난다. 크고 작은 조직에서도 다를 게 없다. 공적 권력을 갖게 된 사람들은 집무실에 "권력은 마약이다" 혹은 "권력은 설탕이다"라는 표어를 써 붙이고 매일 큰소리로 낭독하는 성찰의 시간을 가져보는 건 어떨까?

47

왜 대통령을 보자마자 눈물이 나는가?

"대통령을 보자마자 많이 늙으신 것 같아 눈물이 났습니다." (어느 문재인 지지자)

* * *

문재인 대통령이 임기 반환점을 돈 지 열흘 만인 2019년 11월 19일 서울 마포구 상암동 MBC에서 열린 MBC 특집 〈국민이 묻는다-2019 국민과의 대화〉에서 한 시민이 대통령에게 한 말이다. 이에 대해 '이런 맹목적인 광신도' 운운하며 비난하는 험한 말도 나왔지만, 이게 그렇게 볼 일이 아니다. 한국 사회의 작동 방식에 대한 비밀이 이 시민의 눈물어린 말 한마디에 숨겨져 있다고 보는 게 옳겠다.

"한국 사회가 수평적 조정 능력은 부재하고, 수직적으로 해결하겠다는 위계적 사고가 강하다는 것을 다시 확인했다." 방송을 지켜본 한 청와대 관계자의 말이다. 검찰 개혁이나 남북 관계 등에 대해 대통령에게 따져 묻는 질문도 있었지만, 각자 해결 못한 민원들을 하소연한 경우가 꽤 보였다는 뜻으로 한 말이라고 한다. 이 말을 소개한 『한겨레』 정치팀 기자 이완은 「대통령이 절대군주인가」라는 칼럼에서 "대통령을 모든 문제를 해결해줄 수 있는 왕조시대 군주처럼 보는 시각이 여전하다는 얘기"라고 진단했다.[462]

그렇다. 그게 바로 우리가 처해 있는 현실이다. 이완은 "이 문제가 우리 사회의 '정치 부재' 상황과 무관하지 않다"고 했지만, '정치 부재'라는 말은 너무 점잖다. 대다수 국민에게 정치는 늘 속된 말로 '개판'으로 인식된다. 대통령만이 희망이다. 이는 진보와 보수를 막론하고 적용되는 한국 정치의 법칙이다. "대통령을 보자마자 많이 늙으신 것 같아 눈물이 났다"는 말은 그런 맥락에서 이해할 필요가 있다. 대통령을 보는 그런 시각이나 자세가 바람직하냐 하는 건 별도로 따져 볼 문제지만, 중요한 건 정도의 차이는 있을망정 그런 시각이나 자세를 가진 사람이 매우 많다는 점이다.

지도자 추종은 지도자 경배로 이어진다. 한번 지도자는 영원한 지도자다. 그걸 가리켜 '전관예우前官禮遇'라고도 한다. 관혼상제를 비롯한 대소사에서 조상님들께 면목을 세울 수 있는 건 바로 벼슬 기록이다. 입만 열면 정치에 침을 뱉는 보통 사람들도 개인 평가에선 전혀 다른 자세를 취한다. "아무나 장관 하고 국회의원 할 수 있나? 인물은 인물이지!"

전 국무총리 이홍구는 "대권병에 시달리는 한국의 정치 문화에선 대통령의 지위를 봉건 군주가 지녔던 보위寶位나 옥좌玉座의 연장으로 보려는 경향을 버리지 못하고 있다. 태조 왕건 신드롬은 아직도 강력히 작용하고 있다. 대통령을 선거로 뽑는 왕으로 여기는 정치 문화가 대권병을 조장하는 것이다"고 말한다.[463]

최장집은 "한국의 대통령을 둘러싸고 있는 물리적 환경이 보여주는 것은 그것이 권위주의와 매우 친화적이라는 것이다. 이러한 환경이 획기적으로 개혁되어 민주적으로 재편되지 않는 한 다른 것들이 모두 민주화된다 하더라도 대통령직의 민주화, 즉 국가의 민주화는 어려울 것이다"고 말한다.[464]

한국 대통령이 임기 말에 비난과 저주의 대상이 되는 것도 바로 그런 환경 탓이 크다. 임기 말이 될수록 자화자찬과 아첨을 하던 사람들도 다음 권력의 향방에 주목하게 되며, 그간 권력의 위세에 눌려 침묵하던 사람들도 비판의 목소리를 내게 된다. 즉, 그간 쌓인 것들이 한꺼번에 터져나오는 효과가 임기 말에 발생한다는 것이다. 그렇다면 한국 대통령이 말년에 비난과 저주의 대상이 되는 것은 대통령 탓도 크지만 권력에 굴종하는 풍토 때문이라고 볼 수 있겠다.

한국은 분권分權의 역사가 없고 너무 오랜 세월 강력한 중앙집중식 권력 구조가 유지되어왔기 때문에 대통령 권력은 대통령 개인이 어떤 자세를 취하건 여전히 막강한 지위를 누리고 있다. 한국은 명실상부한 '대통령 공화국'이다. 대통령이 탈권위의 화신을 자처하고 실천해도 '대통령 공화국'이라는 사실은 달라지지 않는다. 권력은 대중의 인지認知에서 나오는 것이기 때문이다.

노무현 정권 시절에 일어난 청와대 사칭 사기 사건이 역대 정권들의 그것과 다를 바 없다는 게 그걸 잘 말해주지 않는가. 게다가 대통령이 총리나 장관에게 위임하지 않고 배타적 권한으로 직접 임명하는 자리가 460개,[465] 대통령이 마음만 먹으면 제공할 수 있는 고급 일자리 수의 총합이 수천 개니, 대통령에게 충성하고 아첨하려는 사람들이 긴 줄을 서지 않겠는가.

한국은 '정당 민주주의' 국가인가? 아니다. '지도자 민주주의' 국가다. 지도자 민주주의 체제에선 지도자가 만기친람萬機親覽(모든 일을 샅샅이 보살핌)하는 가운데 지도자를 모시는 청와대가 정부여당을 지배한다. 그런 '청와대 정부'로 성공적인 국정 운영만 잘 해낸다면 문제될 게 없을지도 모르겠지만, 그럴 가능성은 매우 낮다. 지도자의 잘못된 판단을 견제하고 보완할 수 있는 시스템이 작동할 수 없기 때문이다.

역대 모든 정부에서 지도자를 맹목적으로 따르던 여당이 자기 목소리를 내기 시작한 건 지도자의 임기가 끝나갈 무렵이었다. 왜 여당은 그 이전엔 자기 목소리를 낼 수 없는가? 그 이유는 간단하다. 지도자는 사람이지만, 정당은 조직이기 때문이다. 지지자들의 열정과 숭배는 사람을 향할 뿐 조직을 향하는 법은 없다. 정당이라는 조직을 기반으로 활동하는 국회의원들은 그런 열정과 숭배에 숨 죽여 지내다가 지도자의 지지율이 크게 떨어지는 임기 말엔 자기 살 길을 찾기 위해서라도 비로소 왕성한 비판에 나서게 된다. 대통령이 이 오래된 시스템 또는 관행을 바로잡을 수 있을까?

임기 초기 문재인 대통령의 지지율은 한동안 80퍼센트대 중반까지 치솟을 정도로 높았다. "대통령이 잘하고 있다"며 지지를 보내는 국민이 80퍼센트를 넘은 것은 1993년 10월 김영삼 대통령(86퍼센트) 이후 24년 만이었다.[466] 이런 높은 지지율이 취임 100일까지 이어지자 지지자들은 열광하면서 "우리 이니 하고 싶은 거 다해"라고 외쳐댔으며, 당황한 보수 언론은 "지지율 독재로 가고 있다"고 한탄할 뿐이었다.[467]

지도자에 대한 과도한 열광은 결코 반길 일이 아니다. 그건 순식간에 과도한 비난으로 바뀔 수 있기 때문이다. 국민 모두가 자신이 발을 딛고 서 있는 삶의 현장에서 수평적 조정·해결 능력을 키워나가는 걸 우리 모두의 과제로 삼지 않는 한 대통령 1인에게 '감당해낼 수 없는 일과 책임과 압박'을 주면서 열광하거나 비난하는 악순환은 결코 멈추지 않을 것이다.

묘한 건 지도자들 스스로 국민은 늘 피해자라는 식의 국민 예찬론을 폄으로써 국민의 면책 심리를 강화하는 데에 일조하고 있다는 점이다. 한국 사회가 안고 있는 문제들을 엘리트만의 문제로 오인케 하는 건 일시적으론 국민을 열광하게 만들 수 있지만, 열광의 소재가 고갈되면 국민이 보내는 환멸의 부메랑을 맞는 비운에 처하게 된다. 언론과 국민도 지금과 같은 지도자 추종주의를 다시 생각해봐야 한다. 지도자에게 과부하를 거는 현 방식으론 답이 나오지 않기 때문이다. 지금 우리는 지도자 추종주의 자체를 문제 삼을 생각은 전혀 하지 못한 채 지도자만을 바라보고 평가하는 오류를 범하고 있다.

48

왜 의전 중독이 권력자들을 망치는가?

"의전을 내려놓자." (『경향신문』 경제부장 최민영)

* * *

2020년 7월 20일 『경향신문』 칼럼에서 한 말이다. 그는 "21세기 한국 사회에는 봉건주의의 흔적이 여전히 조류처럼 흐른다.……최근 물의를 빚은 지방자치단체장들이 직원에게 '요구'한 '의전' 내용을 보면……상사에게 걸려온 전화를 24시간 상시 받을 수 있도록 대기하고, 음주운전 때 대리기사 역할을 하는 등 집안의 자잘한 업무까지 도맡거나, 심지어 샤워 이후 입을 속옷까지 챙기라고 지시했다고 한다"며 다음과 같이 말했다.

"떼쓰는 아이의 요구를 죄다 수용하는 것이 좋은 양육법이 아니듯이 권력을 쥔 이들의 요구대로 의전이 굴러가는 조직은 결코 건강할 수 없다. 직원들 본연의 업무는 효율적인 업무로 행정을 매끄럽게 하는 것이지 '심기 경호'나 '욕구 충족'이 아니다. 인력을 그렇게 사적으로 부리라고 국민이 세금 내는 게 아니다. 게다가 시대착오적 의전은 공직자의 현실 감각을 마비시켜 결국엔 사회비용으로 돌아온다는 점에서도 문제가 된다.……추세에 맞춰 조직 단위나 국가의 공식 행사를 제외한 개인에 대한 의전을 최소화하는 것은 어떨까. 공직자들의 일상에서 봉건성을 걷어내 그들이 권력에 취할 가능성을 미리 방지하도록 하자."[468]

그렇다. 문제의 핵심을 제대로 찌른 명칼럼이다. 안희정(2018년 3월), 오거돈(2020년 4월), 박원순(2020년 7월) 등 잇따른 지방자치단체장 성폭력 사건들은 과도한 의전에서 비롯된 문제라고 해도 과언이 아니다. 더불어민주당 보좌진협의회장을 지낸 조현욱 보좌관(조응천 의원실)은 "초선 땐 안 그러다가 (의전 등에) 익숙해지면 벌어지는 일들"이라며 "특히 지자체장은 고립된 공간에서 국회의원 보좌진(9명)보다 훨씬 많은 수의 의전을 받다 보니 갑질에 취약하다"고 했다.[469]

나는 안희정의 성폭력을 고발한 전 수행비서 김지은의 책 『김지은입니다』를 읽고 깜짝 놀랐다. "아니 이 정도였단 말인가!"라는 놀라움 때문이었다. "안희정은 성 평등을 지지하는 진보적 지도자인 것처럼 알려져 있었지만 내가 본 그는 누구보다 자신의 권세를 잘 알고 누리는 사람이었다. '내 위치에 이런 것까지 해야 되겠느냐'며 일정을 당일에 취소하기도 했다. 국제 행사였던 한 토론회 참가 일정을 바로 전날 최소하기도 했는데, 패널들이 자신의 격에 맞지 않는다는 이유였다. 거기서 반문할 수 있는 이는 그의 주변에 없었다. 나를 포함해 그의 주변인들은 그가 원하는 것은 뭐든지 대령하기 위해 노력했다."[470]

의전엔 경계가 없다. 그러니 공사公私 구분도 없다. 안희정을 위한 의전의 핵심은 시종일관 '심기 경호'였다. 그래서 이런 일까지 벌어졌다. "안희정의 일부 측근들은 모임이 있을 때면 대부분 안희정의 좌석 옆에 여성들을 앉게 했다. '지사님은 여자밖에 몰라.' '지사님 가까이 여자가 있어야 분위기가 좋아져.' '지사님의 기쁨조가 되고 싶어도 우린 남자라서 못 하니까 너희가 최선을 다해.' 여성 참모들에게 그런 말을 아무런 거리낌 없이 했다."[471]

김지은은 "미투 이후 나는 '왜 네 번이나 지사의 방에 갔느냐'는 말을 수없이 들어야 했지만, 그날들은 사적 심부름 때문에 불려갔던 수백 번 중 아주 일부에 불과했다. 늦은 밤, 새벽, 퇴근 후, 휴일에도 몇 번이고 불려가 심부름을 했다. 담배나 라이터가 떨어지면 준비해 두지 않았다고 질책을 받았다"며 다음과 같이 말한다.

"맥주나 커피, 컵라면, 달걀, 우유, 빵, 잼, 버터, 시리얼, 김치, 속옷, 면도기, 치약, 칫솔, 휴대폰 케이스, 보조 배터리, 충전기 등을 밤낮 상관없이 공관으로, 외부 숙소로, 마포 오피스텔로 가져오라 사 오라 수시로 시켰다. 지인이 김장을 하는데 가뭄과 홍수로 고춧가루를 구하기 어렵다 하니 좋은 고춧가루 10근을 사서 보내라고 시켰고, 가족에게 줄 간식과 선물도 내가 사 오도록 했다. 그리고 이런 비용들은 수행비서의 사비로 내야 했다. 안희정의 부인이 빵을 먹고 싶다고 하면 나는 다른 사람들이 식사하는 시간에 그걸 사러 다녀왔다. 유명 빵집이 멀든 그래서 내 밥을 못 먹든 상관없이 말이다. 이런 구매에 들어가는 돈은 누구에게도 받을 수 없었다."[472]

2017년 10월 말 가족 여행에 합류한 날 밤 11시가 다 된 시간 안희정에게서 찾는 연락이 왔다. 서운해하는 엄마의 표정을 뒤로 한 채 달려간 그에게 내려진 업무는 대리운전이었다고 한다. "술을 마신 안희정 부부를 대신해서 안희정 부인의 차량을 운전하는 업무였다. 원래는 1박 2일 일정이었으나 마음이 바뀌어 빨리 집에 가고 싶다고 했다. 나는 당황했다. 나와 동시에 운전비서도 현장에 불려왔으며, 안희정 부부는 운전비서가 모는 관용 차량을 타고 먼저 갔고 나는 남은 사모의 차 운전을 맡았다. 혼자 시골의 초행길에 남겨져, 밤 12시가 넘은 한밤중에 덜덜 떨며 차를 몰았다. 차가 익숙지 않아 시동을 세 번이나 꺼트렸고, 도로에서 사고가 날 뻔하기도 했다. 지금 생각해도 소름 끼치는 암흑의 주행 길이었다. 겨우 공관에 도착해 주차해두고, 집으로 터덜터덜 걸어 돌아왔다."[473]

이럴 수가! 그간 안희정을 일정 부분 긍정 평가했던 나로서는 안희정 사건에 대해 도저히 이해할 수 없었던 의문들이 풀리기 시작했다. 그는 소왕국의 제왕이었던 것이다! 그 제왕을 모시는 측근들 간의

'심기 경호' 경쟁이 벌어지는 분위기 속에서 이성이 설 자리는 없었으리라.

박원순 사건은 어떤가. 『중앙일보』 논설위원 이정민은 "박원순 서울시장의 전 비서가 폭로한 '시장님 심기 관리 매뉴얼'은 충격적이다. 타임머신을 타고 몇 세기 전 왕조시대로 회귀한 착각이 들게 한다. 낮잠 주무시는 시장님을 깨우고, 벗어놓은 젖은 속옷을 정리하고, 혈압을 재고, 주말 새벽엔 같이 조깅을 하는 게 여성 비서가 해야 하는 업무였다니……"라며 다음과 같이 말했다.

"서울을 스마트 시티로 만들겠다며 인공지능·빅데이터·블록체인 팀까지 두며 IT 전도사를 자처해온 그가 왜 낮잠 자고 깨는 단순한 일을 스마트폰 알람 앱 대신 비서에게 의존해야 했을까. 한글만 읽을 줄 알면 혼자서도 간단히 할 수 있는 혈압 측정을 왜 비서에게 시켰을까. 집무실에 달린 침실과 샤워실은 또 뭔가. 막노동꾼도 아닌 그가 굳이 한낮에 샤워를 해야 했다면 10여 분 거리에 있는 시장 공관에 잠시 다녀오면 됐을 일 아닌가. 도무지 내 상식으론 납득이 가지 않는다."[474]

중앙 부처 장관 비서관을 지낸 현직 고위 공무원 K씨는 "재야 변호사일 때와 달리 서울시장이 되고 나서는 정치적 동지가 아니라 권력을 향해 불나방처럼 모인 사람들, 영혼 없는 공무원들에게 둘러싸이다 보니 누구도 직언하기란 쉽지 않았을 것"이라고 했다. 서울시장은 서울시 공무원 1만 7,000여 명의 인사권을 가질 뿐만 아니라 부시장·비서실장·각종 특보 등 정무직 공무원 20여 명을 쥐락펴락할 수 있다. 또 연봉 1억 원이 넘는 산하기관장 25명도 뜻대로 임명할 수 있다. K씨는 "자기 밥줄을 쥔 시장에게 '이러시면 안 됩니다'라는 쓴소리를 하기 어려웠을 테고, 결국 심기 보좌가 성공한 의전이라는 잘못된 시그널을 줬을 것"이라고 분석했다.[475]

국립중앙의료원 건강증진예방센터장 황세희는 「왜곡된 특권 의식의 폭주, 권력형 성범죄는 계속된다」는 칼럼에서 "권력형 성추문 사건이 불거질 때마다 가해자들은 한결같이 피해자에 대한 진심 어린 반성 대신 '가족에게 미안하다'는 말을 앞세운다. 왜 그럴까. 해답은 인간을 공격적이고 몰염치하게 만드는 권력의 속성에서 찾을 수 있다"며 다음과 같이 말한다.

"권력자가 되면 남의 눈치 안 보고 본인의 주장을 관철하는 일을 반복하기 쉽다. 이런 상황은 체내 호르몬을 변화시킨다. 공격성을 부추기는 테스토스테론 분비는 증가하고 스트레스에 반응하는 코르티솔 수치는 낮아진다. 또 뇌도 타인의 감정에 무신경해도 된다고 인식하는 순간 공감 능력을 담당하는 신경세포가 차츰 비활성화된다. 운동 안 하면 근육이 위축되듯, 사용이 뜸하거나 불필요한 기능은 퇴화하기 때문이다. 그 결과 권력자는 나날이 오만불손하고 뻔뻔스러운 사람으로 변모한다."[476]

의전은 그런 변질을 부추기고 스스로 깨닫지 못하게 만드는 '마약' 아니 '독약'으로 기능한다. 게다가 한국 전체가 '의전 사회'라고 불러야 할 만큼 의전에 목숨 거는 사회이니 "뭐가 문제야"라고 생각했을지도 모른다. 말이 좋아 '의전'이지 사실상 '권력 갑질'이다.

우리 정부 기구 중엔 외교통상부라는 게 있지만, 이는 '의전 접대부'로 이름을 바꾸는 게 좋을 정도로 외국을 방문하는 국내 권력 엘리트 수발드느라 바쁘다. 『중앙일보』 도쿄 특파원 이정헌은 「대사는 국회의원 의전 요원이 아니다」는 칼럼을 썼는데,[477] 이상한 말씀이 아닐 수 없다. 아니 대사가 국회의원 의전 요원이라는 건 국민 모두가 알고 있는 상식이 아닌가 말이다.

유럽 지역의 대사大使를 지낸 A씨는 공관장으로 지낸 2년여 동안 200여 차례 한국 손님을 맞았다고 했다. 1년에 100차례꼴이다. 자신이 직접 공항으로 영접을 나가는 경우도 종종 있었다. A씨는 "한국에서 공전(공식 전문)이 와 업무 차원에서 손님을 맞는 경우도 있지만 부부 동반 여행 등 개인 일정도 자주 있었다"고 말했다. 갑자기 전화가 와 "비행기 환승하기 위해 몇 시간 머무는데 얼굴을 보자"며 불러내거나, 개인 일정에 "대사관 차량을 지원해달라"는 국회의원도 있었다고 한다.[478]

국회의원이건 지방자치단체장이건 의전은 자신에 대한 의전만으로 끝나지 않는다. 배우자 의전까지 챙겨야 한다. 특히 단체장 부인들이 다음 선거를 의식해 광폭 내조 행보에 나서면서 사모님 수행에 공무원들이 동원되고 단체장 못지않은 의전으로 눈살을 찌푸리게 하는 일이 많이 벌어진다.

단체장 배우자들의 일탈 행위를 보다 못한 행정자치부에서 2016년

6월 초 '지방자치단체장 배우자의 사적 행위에 대한 지자체 준수 사항'을 마련해 지방자치단체에 통보했다. 이 준수 사항을 보면 인사 개입이나 사적 해외 출장 경비 지원 금지, 공용 차량 사적 이용 금지, 사적인 활동에 공무원 의전 활동 금지 등을 명시해놓고 있으며, 여기에 바자회와 봉사 활동 등 단체장 배우자의 사적인 행사에 지자체 간부나 간부의 배우자 등을 동원하는 것도 금지했다.[479] 그러나 이게 지켜질 것이라고 믿는 사람은 거의 없다. 권력 중독은 곧 의전 중독이기도 하니 말이다.

49

왜 공기처럼 존재하는 '위력'이 무서운가?

"공기처럼 존재하는 '위력'이 권력형 성폭력을 낳았다."(『한겨레』 2020년 7월 23일 1면 기사 제목)

* * *

이 기사는 상대를 압도할 만큼의 강력한 힘을 뜻하는 '위력威力'은 언론에선 2년여 전부터 자주 등장하기 시작했다며, 이렇게 말한다.

"지방자치단체장 성폭력 사건의 본질은 '위력'에 있다. 공직 사회라는 폐쇄적 조직 안에서 감시받거나 통제되지 않는 최고 지위에 있는 남성이 업무 위계상 가장 '약한 고리'에 해당하는 여성 비서(직원)에게 '제왕적 권력'을 성적인 폭력의 형태로 휘두른 사건들이기 때문이다.……'위력'은 공기처럼 존재한다. 폭행이나 협박처럼 소리 내지도, 눈에 보이지도 않는다."[480]

안희정 사건의 피해자인 김지은은 안희정 항소심 최후 진술서에서 이렇게 말했다.

"살아 있는 권력 앞에 '진실'을 말하기까지 오랜 시간 두려움에 떨었습니다. 안희정은 차기 대선 주자였고 미래 권력이었습니다. 미투는 가늠할 수 없는 힘과의 싸움을 시작하는 것이었습니다. 하지만 죽게 되더라도 그 소굴로 돌아가고 싶지 않았습니다. 아무리 힘센 권력자라도 자신이 가진 위력으로 인간이 인간을 착취하는 일이 두 번 다시 일어나지 않도록 해주십시오."[481]

김지은은 『김지은입니다』에선 "말할 수 없음. 문제 제기할 수 없음. 그것이 바로 위력"이라고 했다. "미투 이후 모든 과정은 위력 그 자체였다. 나는 사실을 밝히면, 물론 어렵고 시간이 걸린다 해도, 모든 것이 제자리를 찾을 줄 알았다. 그러나 현실은 달랐다. 내 생각은 순진했다. 내가 상대해야 할 가해자는 한 명이 아니었다. 여전히 살아 움직이는 권력 조직이었다."[482]

연세대학교 문화인류학과 교수 김현미는 한국 사회의 '권력형 성범죄'를 '권력 과시형 성폭력'과 약자의 모습을 흉내내는 형태로 이루어지는 '화간 판타지' 두 가지로 나누었다. 그는 "지위가 높은 남성이 젊은 여성을 옆에 두고 성적인 대상으로 삼으면서 자신의 영향력을 과시하고 남성적인 조직 위계를 확인하는 경우가 많다. 한편으로는 훌륭한 리더인 자신의 외로움을 호소하는 방식으로 피해자를 은밀하게 통제하는 모습도 나타난다"고 말했다. 둘 다 권력을 갖고 있어서, 위력이 작동해서 가능한 일이라는 것이다.[483]

7월 22일 박원순 성추행 피해자 쪽은 2차 기자회견에서 4년간 시장 비서실 관계자 20여 명에게 피해 사실을 알렸으나 묵살 또는 회유를 당했다고 밝혔다. 그러나 피해자의 호소에 돌아온 응답은 회유나 은폐 시도에 가까웠다. '남은 30년 공무원 생활 편하게 하도록 해줄 테니 다시 비서로 와달라', '(뭘) 몰라서 그래', '예뻐서 그랬겠지' 등의 반응을 보였다는 것이다. 피해자를 지원하는 여성단체들은 "이번 사건은 박 전 시장의 개인적 문제를 넘어 권력에 의해 은폐, 비호, 지속된 조직적 범죄"라고 규정했다.[484]

그럼에도 피해자에 대한 2차 가해가 광범위하게 저질러졌다. 2차 가해자들은 '위력' 개념을 이해할 수 없었던 걸까? "왜 그때 싫다고 말하지 못했죠?" "왜 이제야 나서는 거죠?" 따위의 '업무상 위력 등에 의한 추행'의 피해자들에게 언제나 따라붙는 질문이 이번에도 비난과 욕설의 형태로 어김없이 쏟아졌으니 말이다. 『한겨레』 기자 박윤경은 "이런 질문들은 '위력'의 속성을 이해하지 못한 우문이다. 단호히 거절할 수 있고, 언제든 공론화할 수 있다면 위력이 아니기 때문이다"며 다음과 같이 말했다.

"위력은 행사하지 않아도 존재 그 자체로 피해자들을 압박한다. 피해자들은 자신의 '낮은 지위'를 내면화해 가해자의 심기를 보좌하는 일에 익숙해지거나 피해를 입고도 직접적인 거절 의사를 밝히기 어렵다. 성폭력 피해를 공론화하고 재판에 임하는 과정에서조차 가해자를 의식해 진술에 소극적인 태도를 보일 정도다.……가해자가 피해자의 '밥벌이' 권한을 전적으로 쥐고 있는 상황에서 위력은 더욱 강력하게 작동한다. 고용 형태가 불안정한 노동자일수록 피해 앞에 속수무책일 가능성이 높다."[485]

권력은 공기다. 권력자들의 '심기 경호'에 발 벗고 나섰던 이들이 누구보다 잘 알 것이다. 그럼에도 과거의 민주화 운동가들은 자신들이 당했던 물리적 폭력을 모든 비교의 준거점으로 삼아 자신들이 행사하는 위력에 대해 둔감하다. 아니 편 가르기 이분법에 중독된 '의도적 눈감기'라고 보는 게 옳을 것이다. 물리적으로 폭력만 행사하지 않는다면, 그 어떤 위력의 행사도, 불공정 행위도 용인될 수 있다는 발상이야말로 진보 타락의 온상임을 그들은 깨닫지 못하거나 한사코 인정하려 들지 않는다.

어쩌겠는가. 정녕 그렇다면 그들과 결별하는 수 이외에 무슨 방법이 있겠는가. 재단법인 와글 이사장 이진순은 『한겨레』(2020년 8월 5일)에 기고한 「대전환의 시대, 새로운 진보의 출현」이라는 칼럼에서 "모든 결별은 쓰리고 아프다. 오랜 벗들과의 결별은 더욱 그렇다. 지난 몇 달간 예기치 않은 사건이 터질 때마다 커다란 빙벽이 쪼개지듯 깊은 인연에 균열과 박리가 일어났다"며 다음과 같이 말한다.

"조국과 윤미향과 박원순을 지키고자 하는 이들은 사방에서 날아오는 화살을 몸으로 받아내면서라도 본진을 수호해야 한다는 위기의식으로 불탄다. '보수 언론과 다를 바 없는 논리라서', '그분들이 해온 일, 하려고 하는 일의 역사적 의미를 부정하는 일이라서' 수호론자들은 비판을 이단시하고 음모론과 시기상조론을 외친다. 좁은 우물에서 메아리는 증폭되지만 우물 밖 세상은 다르다. 새로운 진보는 '인연'과 '의리'의 그물망으로부터도 자유롭다."[486]

신문 칼럼의 탐독자인 내게 8월 5일은 기쁜 날이었다. 이 칼럼과 더불어 여성학자 권김현영이 『한겨레』에 기고한 「왜 민주화 세대는 피해자를 비난할까」라는 칼럼은 내겐 그야말로 주옥같은 글이었기 때문이다. 권김현영은 "최근 안희정과 박원순을 고발한 피해자를 소위 민주화 세대라는 이들이 성별과 무관하게 앞에 나서서 집중적으로 비난하는 광경을 매우 자주 목격하고 있다. 세대 내 비균질성을 가장 잘 드러내는 성별이라는 변수까지 통하지 않은 이 상황을 보자니 확실히 민주화 세대는 역시 다른 어떤 세대보다도 세대로서의 공통성을 가지고 있다는 확신이 들 지경이었다"며 다음과 같이 말한다.

"이들은 자신들이 공정하고 정의롭다고 믿고 있을 뿐만 아니라, 그 믿음을 상호 강화해주는 강력한 인적 네트워크를 구성하고 있었다. 이 모습을 보면서 왜 민주화 세대가 오히려 더욱 피해자를 비난하는지 알게 되었다.……세상이 이만큼이나 좋아졌다고 믿는 민주화 세대는 더이상 진보가 아니다. 이들은 이미 세상은 진보했으며 그 진보를 만들어낸 것이 자신이라는 생각에 취해 사회의 진보를 가로막는

신보수주의자들과 완전히 똑같은 태도를 가지고 있다. 제발이지, 민주라는 이름에 그만 먹칠해줬으면 한다."[487]

생각해보면 참으로 묘한 일이었다. 안희정·조국·윤미향·박원순은 모두 진보의 실세이자 상징적 인물이었건만, 이들의 과오를 둘러싼 생각과 평가에서 진보 진영은 커다란 빙벽이 쪼개지듯 갈라졌으니 말이다. 물론 수적으론 안희정·조국·윤미향·박원순 지지파가 압도적 다수이긴 했지만, 세상이 옳은 방향으로 진보한다면 가까운 미래에도 그들이 다수파일지는 모를 일이다.

시인 김택근은 그렇게 갈라진 세상을 묘사하는 데에 '예초기刈草機'라는 비유를 동원했다. 양비론의 형식을 띠긴 했지만, 그가 겨냥하는 지점은 명확하다. 이른바 '개혁 상인들'이다. 김택근은 "예초기 굉음이 들려온다. 산과 들, 숲과 공원, 둑과 길가에 예초기 칼날이 번득인다. 한순간 풀밭은 사라지고 풀 비린내가 진동한다. 태양 아래 빛깔과 자태를 뽐내던 야생초들은 흔적도 없다. 예초기가 돌아가면 햇살이 튕겨나가고 여름마저 피멍이 든다"며 다음과 같이 말한다.

"우리 사회도 예초기가 돌아가고 있다. 진영 논리(논리 아닌 생떼라 하고 싶다)가 다양한 의견과 건전한 비판까지 밀어버리고 있다. '부대'와 '빠'들이 휘두르는 예초기에 금도와 상식이 찢기고 있다. 우리 편이 아니면 살피거나 따져보지 않는다. 결론을 미리 내고 논리는 나중에 세운다. 먹물들도 편싸움에 가담해 시류에 둥둥 떠다닌다. 사회관계망서비스SNS에는 악담이 서로를 저주하며 썩어가고 있다.……돌아보면 정치판은 여전히 바뀐 게 없는 것 같다. 개혁을 외치던 이들이 개혁 대상이 되어가고 있다."[488]

왜 개혁을 외치던 이들이 개혁 대상이 되어가고 있는가? 그 이유는 간단하다. 개혁을 편 가르기로 이해했기 때문이다. 적어도 박정희 시절 이래로 한 세대 이상에 걸쳐 진행되어온 반독재 투쟁의 습속을 고수한 채, 게다가 자신의 권력 밥그릇에 대한 욕심을 인정하지 않은 채, 개혁에 임했기 때문이다. 새로운 진보엔 절대적 내 편과 네 편이 없으며, 없어야 한다는 걸 그들은 과연 이해할 수 있을까?

50

왜 한국 대통령들의 임기 말은 늘 비극인가?

"폐하 스스로 먼저 일신하시옵소서. 폐하의 적은 백성이 아닌, 나라를 해치는 이념의 잔재와 백성을 탐하는 과거의 유령이며, 또한 복수에 눈이 멀고 간신에게 혼을 빼앗겨, 적군과 아군을 구분 못하는 폐하 그 자신이옵니다." (청와대 국민청원 게시판에 오른 상소문)

* * *

2020년 8월 12일 작성된 '진인塵人 조은산이 시무時務 7조를 주청하는 상소문을 올리니 삼가 굽어살펴 주시옵소서'라는 글의 일부다. 이 글은 보름여 비공개 상태에서도 큰 화제가 되었고, 청와대가 8월 27일에야 뒤늦게 이 글을 공식 게재한 지 하루 만에 30만 명 넘게 공감을 표시하는 등 '신드롬'에 가까운 큰 사회적 반향을 일으켰다.

'시무 7조 신드롬'에 이어 '영남만인소嶺南萬人疏' 형식을 차용한 또 다른 상소문 형태의 정부 비판 글이 청와대 국민청원 게시판에 올라 화제가 된 걸 어떻게 이해해야 할까? 왕정 시대도 아닌데 왜 상소문 형식의 글을 쓰고, 이게 먹혀들어간단 말인가? 『한겨레』 정치팀장 이세영은 "정작 내 눈길을 끈 것은 메시지보다 텍스트의 형식이었는데, 글쓴이가 의도한 것인지는 알 수 없지만, 글이 취한 '소疏(임금에게 올리는 글)'의 형식은 '선출제 군주정'을 닮아가는 한국 민주주의의 비루함을 그 자체로 겨냥한 게 아니었나 싶었다"고 말한다.[489]

그렇다. 상소문 형태의 비판은 '제왕적 대통령'을 전제로 한 정서 구조의 표현으로 이해하는 게 옳을 것 같다. 물론 이런 정서 구조는 그 나름의 튼튼한 근거를 갖고 있다. 서경대학교 석좌교수 이영작은 "1948년 대한민국 건국 이래 역대 모든 대통령이 제왕적 권력의 재앙을 피해가지 못하였다"는 사실에 주목한다. "차기 대통령도 제왕적 권력을 갖게 되면 그 또한 지난 대통령들과 같은 운명을 맞을 것이다. 모든 잠룡들이 '나는 다를 것'이라고 하겠지만 전철을 밟을 확률은 90%다(통계학적으로 9명이 모두 실패할 때 실패 확률을 보수적으로 10분의 9로 계산한다)."[490]

한국에서도 '제왕적 대통령'의 문제가 거론된 건 어제오늘의 이야기가 아니다. 제법 오랜 역사를 자랑한다. 그런데 흥미로운 건, '제왕적 대통령'이란 말이 정파적 용도로 사용되는 경우가 많다는 점이다. 보수 정권 시엔 진보파들이, 진보 정권 시엔 보수파들이 많이 사용하는 경향이 있다는 것이다. 즉, 이른바 '내로남불' 현상이 나타난 것이다.

제왕적 대통령제를 비판해온 문재인은 2016년 11월 17일 국회가 '박근혜 정부의 최순실 등 민간인에 의한 국정 농단 의혹 사건 규명을 위한 특별검사의 임명 등에 대한 법률안'을 통과시키면서 진보 집권의 가능성이 가시권에 들어온 이후엔 다른 자세를 취한다.

11월 23일 문재인은 "이번 (최순실) 사태를 두고 제왕적 대통령제의 폐단이라는 분도 있는데 헌법에 무슨 죄가 있느냐"고 했다. 이에 『조선일보』는 사설을 통해 "최순실 사태로 정권을 잡을 가능성이 높아졌다고 보고 말을 바꾸는 것 같다"고 했다.[491]

11월 25일 문재인은 "박 대통령이 헌법만 지켰다면 제왕적 대통령이 될 수 없다. 헌법에 무슨 죄가 있나. 헌법은 피해자"라고 했다. 그는 "지금 필요한 것은 개헌이 아니라 언론 개혁"이라며 "대통령을 감시·비판해야 할 언론이 제대로 했다면 어떻게 제왕적 대통령이 가능했겠나"라고 했다. 『조선일보』에 따르면, 이 같은 발언에 대해 개헌을 주장하는 더불어민주당 내 의원들은 "빨리 대선을 하는 게 본인 당선에 유리하다고 보는 것 아니냐"며 "대통령 다 됐다고 생각하는 상황이니까 대통령 권한을 줄이자는 개헌이 마음에 들지 않는 것"이라고 했다.[492]

진보 언론도 달라졌다. 박근혜 정권 때 『한겨레』는 다음과 같은 비판들을 내놓았다.

"야당은 아예 상대조차 하지 않으면서 주요 정책을 추진하겠다는 건 또다른 '제왕적 대통령'의 모습이다. 그러니 개헌론이 나오는 것 아닌가."[493] "대통령의 무지나 잘못된 소신에 의해 일방적으로 정책이 결정될 경우 국정 운영이 위태로워질 수 있다. 제왕적 대통령 아래서는 이를 제지할 수 있는 기제가 작동하지 않는다는 점도 그 위험성을 더 키운다."[494] "대통령 한 사람에게 지나치게 권한이 집중된 것이 우리나라 권력 구조의 가장 큰 문제라는 것은 초등학생들도 다 아는 사실이다. 제왕적 대통령이니, 거수기로 전락한 의회니 하는 말이 한 번도 사라진 적이 없다."[495]

그러나 『한겨레』는 2016년 12월 9일 국회에서 박근혜 탄핵소추안이 가결되면서 진보 집권의 가능성이 더욱 높아진 상황이 전개된 이후엔 다른 자세를 취한다.

"나는 이번 사태는 대통령제의 문제가 아니라 대통령의 문제, 즉 박근혜 개인의 문제가 결정적인 원인이라고 본다. 현행 대통령제에도 전혀 문제가 없는 것은 아니겠지만, 지금의 사태의 원인을 대통령제에서 찾는 것은 개인과 운영의 잘못을 제도의 흠결로 일반화함으로써 문제의 본질을 흐리고 책임의 소재를 물타기하는 것이다."[496] "'제왕적 대통령'이 절대 악은 아니다. 정부 역할을 확대하라는 시대적 요구에 따라 탄생한 게 제왕적 대통령이다.……중요한 건 대통령 의지다. 그런 의지를 가진 대통령을 뽑는 일이다."[497]

2017년 3월 10일 오전 11시에 시작한 헌법재판소의 탄핵 심판

선고는 22분 만에 "대통령을 파면한다"는 주문主文(결론)으로 끝났다. 8인 재판관 만장일치의 결과였다. 헌법재판소 안창호 재판관은 파면 결정 '보충 의견'에서 "정치적 폐습과 이전투구의 소모적 정쟁을 조장해온 제왕적 대통령제는 협치協治와 투명하고 공정한 권력 행사를 가능하게 하는 권력 공유형 분권제로 전환하는 권력 구조의 개혁이 필요하다"고 역설했다.[498]

2017년 5월 9일 대통령 선거로 문재인 정권이 탄생했다. 문재인은 취임사에서 "대통령의 제왕적 권력을 최대한 나누겠습니다"라고 했다. 하지만 이후 『한겨레』를 비롯한 진보 언론에서 '제왕적 대통령'이라는 말은 거의 사라지고, 이젠 주로 보수 언론이 '제왕적 대통령'의 폐해에 대해 열변을 토하게 된다.

집권 3개월 만인 2017년 8월 『조선일보』 논설위원 신정록은 "문 대통령은 지금 '국민'을 앞세운 '제왕적 대통령'이다.……몇 년 뒤가 걱정이다"고 했고,[499] 실제로 이후 '제왕적 대통령'에 대한 걱정이 쏟아지기 시작했다.

2019년 3월 한신대학교 철학과 교수 윤평중은 "문재인 정부의 최대 과오는 제왕적 대통령제와 적대 정치를 온존시킨 데 있다. 정권이 교체되었건만 소용돌이의 정치가 압축하는 청와대로의 권력 초超집중 현상은 전혀 달라지지 않았다. 대통령이라는 현대판 군주가 삼권분립과 법치주의의 위에 서서 사회적 적대와 갈등을 악화시키는 현실엔 변화가 없다"고 했다.[500]

2020년 1월 서울대학교 정치외교학부 교수 강원택은 "문재인 정부가 이른바 '적폐 청산'을 추진해왔지만, 이제 와 생각해보니 모든 적폐의 근원은 권력이 집중된 제왕적 대통령제였다. 그걸 그대로 두고는 누가 권력을 잡더라도 새로운 정치는 기대할 수 없다.……우리의 민주주의가 위험하다"고 했다.[501]

2020년 7월 『동아일보』 논설주간 박제균은 "'제왕적 대통령제 타파' 부르짖으며 권력을 잡은 문 대통령은 박근혜보다도 더 제왕적인 대통령이 돼버렸다. 단적으로 현 여권에서 대통령 비판은 사실상 금기다. 누구라도 공개적으로 대통령의 털끝이라도 건드렸다간 정치적으로 살아남기 어려운 숨 막히는 분위기다"고 했다.[502]

2020년 9월 『중앙일보』 대기자 김진국은 "탕평은 취임사와 함께 사라졌다. 철저하게 충성도 기준이다. 제왕적 대통령의 권한을 분산하자는 개헌 논의를 10여 년째 했지만, 오히려 권력은 더 집중되고 있다"고 했다.[503]

이렇듯 '제왕적 대통령'에 대한 비판의 목소리는 높지만, 일부 정치학자들은 '제왕적 대통령'의 문제를 이른바 '위임 민주주의delegative democracy'의 관점에서 접근해왔다. 대의 민주주의representative democracy에서 집권 정부는 의회, 사법부와 같은 또 다른 기구나 제도에 의해 항상적으로 견제되는 수평적 책임성의 제약하에 놓이지만, 위임 민주주의에서 대통령은 그 어떤 정당이나 조직화된 이해의 상위에 있으면서 의회·정당·법원은 대통령의 정책 의지를 방해하는 제도로 인식되거나 자주 이를 우회해 정책 결정과 변경이 이루어진다. 최장집은 위임 민주주의와 대의 민주주의의 가장 중요한 차이는 바로 그런 책임성의 원리에서 나타난다며 다음과 같이 말했다.

"따라서 대통령의 주도하에 정책의 수립과 변경이 쉽게 이루어지며, 집권 초 대통령의 정책은 사회의 조화로운 이익을 실현하는 것으로 환호되지만, 곧 정책 입안 과정에서 예상치 못한 비용의 문제가 발생하고 이를 둘러싼 반발과 저항에 직면하게 된다. 제도화의 수준이 낮음에 따라 정책의 실패는 대통령 개인에게 그 책임이 돌아가고 결과적으로 대통령은 집권 초 높은 대중적 인기를 향유하다가 집권 말에 이르러서는 저주에 가까운 비난의 대상이 되는 경우가 많다."[504]

문재인 정권은 어떨까? 『한겨레』 정치팀장 이세영은 "누군가는 '촛불 혁명' 이후 등장한 문재인 정부의 태생적 특수성을 이야기한다"며 이렇게 말한다.

"누적된 특권과 불의, 불공정과 불평등의 시스템을 혁파할 소명을 위임받았다는 점에서, '문재인 청와대'에는 처음부터 군주에 필적하는 주권자적 결단과 실행의 비르투Virtu(역능)가 운명적으로 요청되었다는 것이다. 돌이켜보면 집권 초 문 대통령 지지자들 사이에 돈 '이니 맘대로 해'라는 언설은 이러한 위임 민주주의적 현실 인식의 구어적 표현이었는지 모른다."[505]

실제로 그런 위임 민주주의적 정서 구조하에서 '제왕적 대통령'의 모습이 나타났다. 문재인으로선 "야당과 기득권 세력의 저항에 막혀

속 시원히 적폐 청산도 못하는 제가 왜 제왕적입니까?"라고 되물을 수도 있겠지만,[506] 자신의 뜻을 이루지 못한 건 '제왕적 대통령'이라는 말을 들은 역대 대통령들도 마찬가지였다. 그럼에도 '제왕적 대통령'이란 말이 보수·진보를 막론하고 널리 쓰인 건 이 개념이 결과나 효과 못지않게 과정과 행태도 가리키는 개념으로 인식되어왔기 때문이었을 게다. 이영작은 차기 대통령, 즉 문재인이 역대 대통령들의 전철을 밟을 확률은 90퍼센트라고 했는데, 문재인은 과연 그 90퍼센트의 확률을 넘어설 수 있을까? 문재인 역시 그 전철을 따르게 된다면, 문제의 근원은 '제왕적 대통령'보다는 시민사회까지 가세한 '내로남불'에 있는 게 아닐까?

맺는말

왜 정치에서 선의는 독약인가?

"(정치에서) 인간의 행위와 관련해 보면 선한 것이 선한 것을 낳고, 악한 것이 악한 것을 낳는다는 것은 사실이 아니다. 차라리 그 반대인 경우가 더 많다. 이를 인식하지 못하는 자는 실로 정치적 유아에 불과하다."[507] (독일 사회학자 막스 베버)

* * *

1919년에 행한 '직업(소명)으로서의 정치'라는 강연에서 한 말이다. 물론 앞서 살펴본 '책임 윤리'를 강조하는 취지에서 한 말이다. 유럽의 권력체제에서 이탈해 신생국가를 세운 미국인들은 그런 '선의의 위험성'을 막스 베버Max Weber, 1864~1920에 앞서 거의 본능적으로 알고 있었던 것 같다. 예컨대, 미국 정치가 대니얼 웹스터Daniel Webster, 1782~1852는 다음과 같이 말했다.

"권위의 모든 가정에는 언제나 선의가 이유로 내세워질 것이다. 그런 성향이 너무나 강하기 때문에 헌법이 제정된 것은 선의의 위험으로부터 국민을 지키기 위해서라고 말해도 좋을 정도이다. 어느 세대에나 통치를 잘할 뜻을 가진 사람은 있다. 그러나 그들은 통치할 뜻만 가졌을 뿐이다. 그들은 선한 주인을 약속하지만 그저 주인이 될 생각뿐이다."[508]

이후에도 '선의의 위험성'에 대한 경고는 끊임없이 이어졌지만, 비극적인 건 이 경고가 주로 보수 사상가들에 의해 이루어졌다는 점이다. 오스트리아 출신의 철학자 카를 포퍼Karl R. Popper, 1902~1994는 "추상적 선의 실현을 위해 애쓰기보다는 구체적인 악의 제거를 위해 애쓰라"고 했고, 미국 경제학자 밀턴 프리드먼Milton Friedman, 1912~2006은 "선한 의도는 결코 선한 결과를 내지 못한다"고 했다.[509]

왜 비극인가? 포퍼? 프리드먼? 이 글을 읽는 독자들 중 자신이 진보적이라고 생각하는 사람들은 당장 거부감부터 느낄 것이다. 오히려 보수주의자가 한 말과는 반대로 생각하고 행동하는 게 옳다고 생각할 사람마저 있을 것이다. 보수도 진보에 배울 건 배워야 하고 진보도 보수에 배울 건 배워야 마땅하겠건만, 그런 법은 없다. 특히 한국처럼 '편 가르기'가 범국민운동 차원에서 전개되는 나라에서는 더욱 그렇다. '선의의 위험성'은 진보주의자들이 가장 경계해야 할 것이건만,

그들은 '선의 만능주의'에 사로잡혀 있고, 보수의 경고를 오히려 '선의 만능주의'를 더 밀어붙여야 할 이유로 생각하니, 이 어찌 비극이 아니겠는가.

그럼에도 진보파의 '선의 만능주의'를 경계하는 목소리가 진보 진영 내에서 가끔 나오는 건 불행 중 다행이긴 하다. 예컨대, 두문정치전략연구소장 이철희는 2015년 2월 "유독 정치 문제와 연루되면 문재인 대표의 '선의'가 '패착'으로 귀결될 때가 많다. 문 대표는 의도의 선함만을 강조하는데, 당대표는 결과에 책임을 지는 자리"라고 말했다.[510]

문재인이 '선의 만능주의'에 가장 근접한 인물이며, 문재인 정권의 가장 큰 문제가 '선의 만능주의'라는 굳이 설명할 필요가 없을 것이다. 그간 '선의 만능주의'에 대한 경고를 많이 해온 정치 컨설턴트 박성민은 2020년 8월엔 그런 경고를 잘 표현한 진중권의 다음 말에도 귀를 기울여야 한다고 했다. 진중권은 한국 정치, 아니 한국 사회를 망치는 '파멸적 진영 논리'와 관련해 다음과 같이 말했다.

"자신의 '선의'를 믿으면 안 됩니다.……그래서 민주주의 국가라면 자신이 선의를 가졌다고 생각(혹은 착각)하는 사람들이 시스템 상으로 할 수 없는 일이 있어야 합니다. 균형과 견제, 대화와 타협을 통해서 문제를 해결하는 게 바로 민주주의 정신이니까요. 자신들이 정의롭다는 착각에 빠진 민주당 사람들의 '개혁' 시리즈가 파괴하는 게 바로 이 시스템입니다.……정당을 지지하더라도 진영에서 벗어나 맨

정신으로 합시다. 아군은 내가 생각하는 것만큼 착하지 않고, 적군은 내가 생각하는 것만큼 악하지 않습니다."[511]

아주 좋은 말이다. 아군은 내가 생각하는 것만큼 착하지 않고, 적군은 내가 생각하는 것만큼 악하지 않다는 걸 인식하지 못하는 자는 실로 정치적 유아에 불과하다고 말해도 무방하리라. 앞서 지적했듯이, 나는 문재인 정권에 대한 평가를 둘러싼 싸움의 뿌리가 상당 부분 권력의 선의를 어떻게 보느냐 하는 시각의 차이에 있다고 생각한다. 이른바 '선한 권력'을 어떻게 볼 것이냐는 문제다.

인간이 사회생활을 하는 이상 권력의 지배나 통치가 없는 세상은 존재하기 어렵다. 물론 그런 세상을 꿈꾸는 주장과 이론이 적잖이 나왔지만, 아직 꿈으로만 머물러 있을 뿐이다. 우리가 현실적으로 바라는 건 '선한 권력'이지만, 권력 주체가 스스로 '선한 권력'임을 내세우는 건 매우 위험하다. 이른바 '내로남불'과 '남탓'의 상례화를 낳을 수 있기 때문이다.

민주주의는 '악한 권력'을 전제로 해서 생겨난 시스템이다. 권력에 대해 끊임없이 의심할 것을 요구한다. 3권 분립을 통한 상호 견제와 감시가 바로 그런 '의심 시스템'이라고 할 수 있다. 물론 그런 절차로 인해 능률과 효율은 크게 떨어지지만, 그런 비용을 부담하는 게 권력의 오·남용이 대규모로 저질러지는 것보다는 훨씬 낫다는 게 민주주의 체제에 사는 사람들의 암묵적 합의다.

권력을 쥔 사람들이 악한 게 아니다. 인간인 이상 권력을 쓰는 사람 자체가 완벽할 수 없다는 점이 중요하다. 완벽하지 않아서 생기는 문제를 권력 스스로 단죄할 수 있을까? 어림도 없는 이야기다. 권력의 1차적 목적은 '자기 보호'다. 어디 그뿐인가. 본문에서 지적했듯이, "엘리트는 권력을 잡으면 그들이 이끄는 조직의 표면상 목적을 위해 일하기보다는 자신들의 지위를 유지하는 데에 전력하게 된다"는 것은 만고불변萬古不變의 진리에 가깝다.

그럼에도 '선한 권력'을 믿는 사람들은 자신들은 '선한 권력'이기 때문에 더 큰일을 하기 위해 '자기 보호'가 필요하며, 따라서 권력을 어느 정도 오·남용하는 건 불가피하다는 생각을 하기 마련이다. 바로 그런 생각 때문에 타락하고 몰락한 '선한 권력'이 인류 역사엔 무수히 많다. "권력을 쥐면 사람의 뇌가 바뀐다"는 말은 진실에 가깝다. "권력은 부패하며 절대 권력은 절대적으로 부패한다"는 말이 괜히 나온 게 아니다. 그런데 이런 부패의 과정은 권력자 스스로 알아차릴 수 없을 만큼 눈에 보이지 않게 은밀하게 이루어진다.

프랑스 철학자 앙리 르페브르Henri Lefebvre, 1901~1991는 "일상이야말로 그 모든 혁명이 실패하는 원인이다"고 했다.[512] 개혁도 다를 게 없다. 개혁을 위해선 '적폐 청산'을 해야 한다. 좋은 일이다. 그런데 치명적인 난관이 있다. 구조의 문제일 수 있는 적폐를 의인화·개인화해 사람 중심으로 청산하다 보면 일상의 영역에선 사실상 '우리 편 일자리 만들어주기'라는 '밥그릇 쟁탈전'으로 전락할 수밖에 없다는 점이다.

개혁을 추진하거나 지지하는 사람들은 그들이 개혁 대상으로 삼는 사람들보다 선하고 정의로운 세계관을 갖고 있는지는 몰라도 자녀 교육에서부터 부동산 문제에 이르기까지 일상에선 다를 게 전혀 없는 사람들이다. 바로 이런 이유 때문에 그들은 선과 정의에 목숨을 건 듯한 과장된 수사법을 구사하는데, 그럴수록 일상에서 그들이 보이는 행태와의 괴리만 커질 뿐이다.

'밥그릇 쟁탈전'의 의혹을 피해갈 수 있는 인사를 한다면 그 난관을 넘어설 수도 있겠지만, 그런 법은 없다. 개혁 세력은 선과 정의의 이름으로 인물의 과거와 코드를 따지면서 모든 걸 자기들끼리 독식해야만 직성이 풀린다. 서울대학교 정치외교학부 교수 강원택이 잘 지적했듯이, "보수 정치 세력의 무능과 지리멸렬 속에서 권력은 오만해졌고 예전보다 더 소수의 사람끼리 자리를 나누며 권력을 누리고 있다. 권력을 차지한 얼굴들이 달라졌다는 사실을 제외하면 아무것도 달라진 것이 없어 보인다".[513]

달라진 게 전혀 없진 않다. '정치 기술'이 현란해졌다. 정권 주요 인사들의 비루한 일상이 터져나올 때마다 그들은 자신들에게 유리하게끔 호전적인 '의제 재설정' 또는 '의제 바꿔치기' 총력전을 벌이고, 이게 제법 성공을 거두기도 한다. 하지만 이게 얼마나 오래갈까? 일시적 성공은 거둘망정 궁극적으론 '선한 권력'의 권모술수와 위선에 대한 환멸만 부추길 뿐이라고 보아야 하지 않을까?

정녕 '선한 권력'이 되고자 한다면, 무엇보다도 겸손해야 한다. 그래야 소통이 가능해진다. 이탈리아 정치가이자 사상가인 니콜로 마키아벨리Niccolò Machiavelli, 1469~1527는 "겸손은 무익할 뿐만 아니라 해롭기까지 하다"고 했지만,[514] 그건 500년 전 세상의 이야기다. 오늘날의 민주주의는 겸손을 먹고 산다. 호주 정치학자 존 킨John Keane이 『민주주의의 삶과 죽음』(2009)에서 역설한 다음 주장을 가슴속 깊이 새겨야 한다.

"민주주의는 겸손 위에서 번영한다. 겸손은 얌전하고 순한 성격 혹은 굴종과 절대로 혼동해서는 안 되는, 민주주의의 가장 기본적인 덕이며 오만한 자존심의 해독제이다. 이는 자기 자신과 타인의 한계를 알고 인정하는 능력이다."[515]

겸손을 잃은 오만한 권력에 선의는 그야말로 독약이 될 수 있다. 사회정의를 구현하기 위한 일을 할 때엔 겸손하지 않아도 되는 건 물론 오히려 큰소리로 호통을 쳐가면서 해야 한다고 생각하는 건 '자기 무덤 파기'임을 잊지 말아야 한다. 사회적으로 중요한 일을 맡은 사람들이 아무리 옳은 일을 한다 해도 자신의 '인정 욕구'나 '도덕적 우월감'을 자제하는 겸손을 보일 때에 비로소 자신의 소신을 실천할 가능성이 높아진다. 늘 다른 사람의 허물은 현미경으로 관찰하려 들면서 자신의 허물은 망원경으로도 보지 않으려는 독선과 오만이 문제라는 것이다.

아무리 옳은 말이라도, 말하는 이의 독선과 오만은 말을 죽이고야 만다. 겸손으로 무장할 때에 다른 사람들을 설득할 수 있다. 성실과 용기와 책임감도 같이 생겨난다. 겸손이 어렵다면 겸손한 척이라도 하면 좋겠다. 겸손한 척하다가 조금이나마 실제로 겸손해질 수 있는 가능성에 기대를 걸고 싶다는 뜻이다. 찬사를 받아 마땅한 '선의'가 이토록 경계 대상이 되어야 할 만큼 선의를 오·남용하는 사람이 많은 현실이 안타깝다.

나는 이 책에서 권력과 정치에 대해 너무 부정적인 시각을 보인 건 아닌가? 오히려 정반대라는 게 나의 생각이지만, 일단 그렇게 볼 수도 있겠다는 점을 인정한다. 나는 현 상황에선 권력과 정치에 대한 과도한 긍정이 오히려 문제라고 생각한다. 극렬한 정파 싸움과 권력투쟁이 바로 그런 긍정의 터전 위에서 일어나고 있기 때문이다. 그런 긍정은 환멸로 가는 지름길이지만, 적정 수준의 부정에서 출발한 권력관과 정치관은 타협과 상생으로 가는 유일한 길이라는 게 나의 생각이다.

민주주의를 하지 않겠다면 모를까 민주주의를 하겠다면 권력과 정치에 대한 끊임없는 의심이 필수인 걸 어이하랴. 우리가 정작 경계해야 할 것은 권력에 기생해 권력을 지키기 위한 목적으로 비판에 대한 의심과 더불어 음모론을 양산해내는 사람들이 아닐까? 양편의 강경 극렬파들끼리 서로 도우며 자신의 지위를 유지하는 이 지긋지긋한 '적대적 공생'에 이젠 정말 안녕을 고할 때가 되었다.

주

1 Peggy Anderson, ed., 『Great Quotes from Great Leaders』(Franklin Lakes, NJ: Career Press, 1997), p.24.

2 존 롤스(John Rawls), 장동진 옮김, 『정치적 자유주의』(동명사, 1993/1998), 58쪽.

3 니콜로 마키아벨리(Niccolò Machiavelli), 강정인·문지영 옮김, 『군주론』(까치, 1532/2003), 117~118쪽; 주경철, 『테이레시아스의 역사』(산처럼, 2002), 193~194쪽.

4 베른하르트 그림(Bernhard A. Grimm), 박규호 옮김, 『권력과 책임: 최고 리더십을 위한 반(反)마키아벨리즘』(청년정신, 1996/2002), 56쪽.

5 제프리 페퍼(Jeffrey Pfeffer), 이경남 옮김, 『권력의 기술: 조직에서 권력을 거머쥐기 위한 13가지 전략』(청림출판, 2010/2011), 132쪽.

6 제프리 페퍼(Jeffrey Pfeffer), 이경남 옮김, 『권력의 기술: 조직에서 권력을 거머쥐기 위한 13가지 전략』(청림출판, 2010/2011), 132~133쪽.

7 클라우스 뮬러(Claus Mueller), 정형수 옮김, 『정치와 커뮤니케이션』(일조각, 1973/1980), 4쪽.

8 조지프 나이(Joseph S. Nye), 홍수원 옮김, 『소프트 파워』(세종연구원, 2004), 23쪽.

9 조지프 나이(Joseph S. Nye), 홍수원 옮김, 『소프트 파워』(세종연구원, 2004), 67쪽.

10 니콜로 마키아벨리(Niccolò Machiavelli), 강정인·문지영 옮김, 『군주론』(까치, 1532/2003), 132쪽.

11 이 '강온 양면책'은 원래 경찰이 용의자를 취조할 때 자주 사용하는 방법 중 하나다. 먼저 '나쁜 경찰관(bad cop)'은 무거운 형량을 언급하며 공포 분위기를 조성하는 등의 방법으로 용의자를 압박한다. 다음에 '착한 경찰관(good cop)'은 정반대로 행동하면서 용의자의 편인 듯 착각마저 불러일으키게 만든다. 그러면 용의자는 나쁜 경찰관과 착한 경찰관을 비교하는 '인지적 대조 원리'에 따라 착한 경찰관에게 마음을 열고 범죄를 자백할 가능성이 높다는 것이다. 로버트 치알디니(Robert Cialdini), 황혜숙 옮김, 『설득의 심리학(개정5판)』(21세기북스, 2009/2013), 274쪽.

12 김정하, 「[김정하의 직격인터뷰] 원조 친노 유인태 "'소설 쓰시네' 기가 찼다…추미애, 정권 큰 부담"」, 『중앙일보』, 2020년 8월 21일, 26면.

13 김용환·토머스 홉스(Thomas Hobbes), 김용환 옮김, 『리바이어던: 국가라는 이름의 괴물』(살림, 2005), 79쪽.

14 프리드리히 니체(Friedrich Nietzsche), 장희창 옮김, 『차라투스트라는 이렇게 말했다』(민음사, 1885/2004), 201쪽.

15 베른하르트 그림(Bernhard A. Grimm), 박규호 옮김, 『권력과 책임: 최고 리더십을 위한 반(反)마키아벨리즘』(청년정신, 1996/2002), 15쪽.

16 베른하르트 그림(Bernhard A. Grimm), 박규호 옮김, 『권력과 책임: 최고 리더십을 위한 반(反)마키아벨리즘』(청년정신, 1996/2002), 254쪽.

17 윌 듀랜트(Will Durant), 이철민 옮김, 『철학 이야기』(청년사, 1926/1987), 236쪽.

18 Reinhold Niebuhr, 『Moral Man and Immoral Society: A Study in Ethics and Politics』(New York: Charles Scribner's Sons, 1932/1960), p.46.

19 버트런드 러셀(Bertrand Russell), 안정효 옮김, 『권력』(열린책들, 1938/2003), 113쪽.

20 랜들 콜린스(Randall Collins), 진수미 옮김, 『사회적 삶의 에너지: 상호작용 의례의 사슬』(한울아카데미, 2004/2009), 237쪽.

21 김영화, 「[지평선] '문빠' 정치 팬덤의 저주」, 『한국일보』, 2020년 2월 20일.

22 데이비드 L. 와이너(David L. Weiner), 임지원 옮김, 『권력 중독자』(이마고, 2002/2003), 105쪽.

23 데이비드 L. 와이너(David L. Weiner), 임지원 옮김, 『권력 중독자』(이마고, 2002/2003), 256쪽.

24 Thomas Carlyle, 『On Heroes, Hero-Worship and the Heroic in History』(New York: Charles Scribner's Sons, 1841/1901), p.13.

25 토머스 칼라일(Thomas Carlyle), 박상익 옮김, 『영웅의 역사』(소나무, 1841/1997), 33~34쪽.

26 Daniel J. Boorstin, 『The Seekers: The Story of Man's Continuing Quest to Understand His World』(New York: Vintage Books, 1998/1999), p.247.

27 강옥초, 「영웅: 낡은 용어, 새로운 접근」, 박지향 외, 『영웅 만들기: 신화와 역사의 갈림길』(휴머니스트, 2005), 15쪽.

28 토머스 칼라일(Thomas Carlyle), 박상익 옮김, 『영웅의 역사』(소나무, 1841/1997), 36쪽.

29 버트런드 러셀(Bertrand Russell), 송은경 옮김, 『게으름에 대한 찬양』(사회평론, 1935/1997), 147~148쪽.

30 월러 뉴웰(Waller R. Newell), 박수철 옮김, 『대통령은 없다: 대통령이 갖춰야 할 10가지 조건』(21세기북스, 2009/2012/2016), 46쪽.

31 박노자, 『나는 폭력의 세기를 고발한다: 박노자의 한국적 근대 만들기』(인물과 사상사, 2005), 74쪽.

32 박노자, 『나는 폭력의 세기를 고발한다: 박노자의 한국적 근대 만들기』(인물과 사상사, 2005), 74~75쪽.

33 필립 쇼트(Philip Short), 양현수 옮김, 『마오쩌둥: 혁명을 향한 대장정 1』(교양인, 1999/2019), 112~113쪽.

34 데이비드 거겐(David Gergen), 서율택 옮김, 『CEO 대통령의 7가지 리더십: 리처드 닉슨에서부터 빌 클린턴까지』(스테디북, 2000/2002), 110~111쪽; 월러 뉴웰(Waller R. Newell), 박수철 옮김, 『대통령은 없다: 대통령이 갖춰야 할 10가지 조건』(21세기북스, 2009/2012/2016), 93쪽.

35 Donald O. Bolander, ed., 『Instant Quotation Dictionary』(Little Falls, NJ: Career Publishing, 1981), p.138.

36 강옥초, 「영웅: 낡은 용어, 새로운 접근」, 박지향 외, 『영웅 만들기: 신화와 역사의 갈림길』(휴머니스트, 2005), 15쪽.

37 송충식, 「영웅의 몰락」, 『경향신문』, 2006년 1월 26일, 30면.

38 이상록, 「이순신: '민족의 수호신' 만들기와 박정희 체제의 대중 규율화」, 권형

진·이종훈 엮음, 『대중독재의 영웅 만들기』(휴머니스트, 2005), 357쪽.

39 시오노 나나미(鹽野七生) 엮음, 오정환 옮김, 『마키아벨리 어록』(한길사, 1988/1996), 84쪽.

40 Linda Picone, 『The Daily Book of Positive Quotations』(Minneapolis, MN: Fairview Press, 2009), p.126.

41 박성민, 「혁신 잃어버린 민주당이여, 2011년을 기억하라」, 『경향신문』, 2020년 8월 1일, 11면.

42 이용욱, 「5·31 지방선거 '총정리'-광역의원 與 52-한나라 557명」, 『경향신문』, 2006년 6월 2일, 6면.

43 김상협, 「"노 대통령 국정 잘못" 75.4%」, 『문화일보』, 2006년 8월 31일, 2면.

44 「[사설] '식물 정당'이 돼버린 열린우리당」, 『조선일보』, 2006년 10월 26일, A35면.

45 홍영림, 「여(與) 지지율 2주 연속 한 자릿수」, 『조선일보』, 2006년 12월 2일, A4면.

46 문재인, 『1219 끝이 시작이다』(바다출판사, 2013), 310쪽.

47 로버트 미지크(Robert Misik), 서경홍 옮김, 『좌파들의 반항: 마르크스에서 마이클 무어에 이르는 비판적 사고』(들녘, 2005/2010), 156쪽.

48 임지현, 「이념의 진보성과 삶의 보수성」, 『한국 좌파의 목소리』(민음사, 1998), 107쪽.

49 에리히 슈빙어(Erich Schwinge), 김삼룡 옮김, 『정치가란 무엇인가?』(유나이티드컨설팅그룹, 1983/1992), 290쪽.

50 한영익, 「진중권 "대깨문의 유사파시즘을 '양념'이라니…文이 결국 문제"」, 『중앙일보』, 2020년 8월 17일.

51 천규석, 『쌀과 민주주의』(녹색평론사, 2004), 240쪽.

52 홍수민, 「공지영, 진중권에 독설 "좋지 않은 머리…돈 주면 개자당 갈 듯"」, 『중앙일보』, 2019년 9월 24일.

53 전희경, 「가해자 중심 사회에서 성폭력 사건의 '해결'은 가능한가: KBS 노조 간부 성폭력 사건의 여성 인권 쟁점들」, 한국여성의전화연합 기획, 정희진 엮음, 『성폭력을 다시 쓴다: 객관성, 여성운동, 인권』(한울아카데미, 2003), 59쪽.

54 강준만, 「왜 극우와 극좌는 서로 돕고 사는 관계일까?: 적대적 공생」, 『우리는 왜 이렇게 사는 걸까?: 세상을 꿰뚫는 50가지 이론 2』(인물과사상사, 2014),

105~110쪽 참고.

55 에리히 슈빙어(Erich Schwinge), 김삼룡 옮김, 『정치가란 무엇인가?』(유나이티드컨설팅그룹, 1983/1992), 118~119쪽.

56 베른하르트 그림(Bernhard A. Grimm), 박규호 옮김, 『권력과 책임: 최고 리더십을 위한 반(反)마키아벨리즘』(청년정신, 1996/2002), 45쪽.

57 바버라 터크먼(Barbara W. Tuchman), 조민·조석현 옮김, 『독선과 아집의 역사 1: 권력에 눈먼 통치자들은 한 나라를 어떻게 망치는가』(자작나무, 1984/1997), 64쪽.

58 베른하르트 그림(Bernhard A. Grimm), 박규호 옮김, 『권력과 책임: 최고 리더십을 위한 반(反)마키아벨리즘』(청년정신, 1996/2002), 17, 220쪽.

59 마거릿 헤퍼넌(Margaret Heffernan), 김학영 옮김, 『의도적 눈감기: 비겁한 뇌와 어떻게 함께 살 것인가』(푸른숲, 2011/2013), 257~258쪽; 강준만, 「왜 한국은 '불감사회(不感社會)'가 되었는가?: 의도적 눈감기」, 『생각과 착각: 세상을 꿰뚫는 50가지 이론 5』(인물과사상사, 2016), 187~192쪽 참고.

60 이언 로버트슨(Ian Robertson), 이경식 옮김, 『승자의 뇌: 뇌는 승리의 쾌감을 기억한다』(알에이치코리아, 2012/2013), 265쪽.

61 William Safire, 『Safire's Political Dictionary』(New York: Random House, 1978), p.557.

62 솔 알린스키(Saul D. Alinsky), 박순성·박지우 옮김, 『급진주의자를 위한 규칙: 현실적 급진주의자를 위한 실천적 입문서』(아르케, 1971/2008), 97쪽.

63 버나드 리테어(Bernard A. Lietaer), 강남규 옮김, 『돈 그 영혼과 진실: 돈의 본질과 역사를 찾아서』(참솔, 2000/2004), 122쪽.

64 이사벨라 버드 비숍(Isabella Bird Bishop), 이인화 옮김, 『한국과 그 이웃 나라들』(살림, 1898/1994), 511~512쪽.

65 배경식, 「보릿고개를 넘어서」, 한국역사연구회, 『우리는 지난 100년 동안 어떻게 살았을까 3』(역사비평사, 1999), 219~222쪽.

66 김대호, 「한국 사회에 대한 새로운 통찰과 모색」, 사회디자인연구소 창립기념 심포지움 '한국사회를 다시 디자인한다', 2008년 7월 12일, 국회의원회관 1층 소회의실, 28~29쪽.

67 허미경, 「평민의 양반 되기 '성씨·족보를 내 품에'」, 『한겨레』, 2014년 9월 15일.

68 김영민, 「"판사면 뭐 하고 돈 잘 벌면 뭐 하노…"」, 『한겨레』, 2018년 1월 27일.

69 정용욱, 『존 하지와 미군 점령 통치 3년』(중심, 2003), 253쪽; 김창훈, 『한국 외교 어제와 오늘』(다락원, 2002), 26쪽; 김학준, 「해방 공간의 주역: 미 점령군 사령관 하지」, 『동아일보』, 1995년 9월 5일, 7면.

70 윌리엄 스툭(William Stueck), 김형인 외 옮김, 『한국전쟁의 국제사』(푸른역사, 1995/2001), 50쪽; 도진순, 『한국 민족주의와 남북관계: 이승만·김구 시대의 정치사』(서울대학교출판부, 1997), 25쪽.

71 정남구, 「[유레카] '왕'을 뽑았는가?」, 『한겨레』, 2008년 6월 11일.

72 김재영, 『한국 사상 오디세이』(인물과사상사, 2004), 312~313쪽.

73 도정일·최재천, 『대담: 인문학과 자연과학이 만나다』(휴머니스트, 2005), 107쪽.

74 이철승, 『불평등의 시대: 누가 한국 사회를 불평등하게 만들었는가?』(문학과지성사, 2019), 290~291쪽.

75 해나 아렌트(Hannah Arendt), 김정한 옮김, 『폭력의 세기』(이후, 1970/1999), 114쪽.

76 베른하르트 그림(Bernhard A. Grimm), 박규호 옮김, 『권력과 책임: 최고 리더십을 위한 반(反)마키아벨리즘』(청년정신, 1996/2002), 15쪽.

77 버트런드 러셀(Bertrand Russell), 안정효 옮김, 『권력』(열린책들, 1938/2003), 11~12쪽.

78 로베르트 미헬스(Robert Michels), 김학이 옮김, 『정당론』(한길사, 1911/1989/2015), 288쪽.

79 송영승, 「권력의 아우성, 와글와글」, 『경향신문』, 2005년 8월 24일.

80 로베르트 미헬스(Robert Michels), 김학이 옮김, 『정당론』(한길사, 1911/1989/2015), 292쪽.

81 문재인, 『문재인의 운명』(가교출판, 2011), 467쪽.

82 헬렌 토머스(Helen Thomas), 한국여성언론인연합 공역, 『백악관의 맨 앞줄에서』(답게, 1999/2000), 135쪽.

83 마이클 그린(Michael J. Green), 「한국엔 전임 대통령 성공 사례 배우는 전통이 없다」, 『중앙일보』, 2020년 8월 28일, 29면.

84 로베르트 미헬스(Robert Michels), 김학이 옮김, 『정당론』(한길사, 1911/1989/2015), 509쪽.

85 크리스토퍼 헤이즈(Christopher Hayes), 한진영 옮김, 『똑똑함의 숭배: 엘리

트주의는 어떻게 사회를 실패로 이끄는가』(갈라파고스, 2013/2017), 92쪽.

86 크리스토퍼 헤이즈(Christopher Hayes), 한진영 옮김, 『똑똑함의 숭배: 엘리트주의는 어떻게 사회를 실패로 이끄는가』(갈라파고스, 2013/2017), 93쪽.

87 크리스토퍼 헤이즈(Christopher Hayes), 한진영 옮김, 『똑똑함의 숭배: 엘리트주의는 어떻게 사회를 실패로 이끄는가』(갈라파고스, 2013/2017), 94쪽.

88 Martin N. Marger, 『Elites and Masses: An Introduction to Political Sociology』(New York: D. Van Nostrand, 1981), pp.70, 77.

89 로베르트 미헬스(Robert Michels), 김학이 옮김, 『정당론』(한길사, 1911/1989/2015), 120~121쪽.

90 Martin N. Marger, 『Elites and Masses: An Introduction to Political Sociology』(New York: D. Van Nostrand, 1981), pp.72, 77; Thomas R. Dye & L. Harmon Zeigler, 『The Irony of Democracy: Un Uncommon Introduction to American Politics』, 10th ed.(New York: Harcourt Brace, 1996), p.22.

91 엘리엇 애런슨(Elliot Aronson) · 캐럴 태브리스(Carol Tavris), 박웅희 옮김, 『거짓말의 진화: 자기정당화의 심리학』(추수밭, 2007), 302쪽.

92 유아사 다케오(湯淺赳男), 인트랜스 옮김, 『청소년을 위한 현대사상 길잡이: 헤겔에서 촘스키까지』(이른아침, 2003/2004), 38~39쪽.

93 로베르트 미헬스(Robert Michels), 김학이 옮김, 『정당론』(한길사, 1911/1989/2015), 516~517쪽.

94 셰리 버먼(Sheri Berman), 김유진 옮김, 『정치가 우선한다: 사회민주주의와 20세기 유럽의 형성』(후마니타스, 2006/2010), 119쪽.

95 볼프강 쉬벨부시(Wolfgang Schivelbusch), 차문석 옮김, 『뉴딜, 세 편의 드라마: 루스벨트의 뉴딜 · 무솔리니의 파시즘 · 히틀러의 나치즘』(지식의풍경, 2006/2009), 58~59쪽.

96 김덕영, 『막스 베버, 이 사람을 보라: 학문과 지식은 세계를 어떻게 바꾸는가?』(인물과사상사, 2008), 192쪽.

97 Martin N. Marger, 『Elites and Masses: An Introduction to Political Sociology』(New York: D. Van Nostrand, 1981), p.71.

98 Martin N. Marger, 『Elites and Masses: An Introduction to Political Sociology』(New York: D. Van Nostrand, 1981), p.209.

99 막스 베버(Max Weber), 이상률 옮김, 『직업으로서의 학문/직업으로서의 정치』(문예출판사, 1994), 151쪽.

100 김덕영, 『막스 베버, 이 사람을 보라: 학문과 지식은 세계를 어떻게 바꾸는가?』(인물과사상사, 2008), 192쪽.

101 막스 베버(Max Weber), 이상률 옮김, 『직업으로서의 학문/직업으로서의 정치』(문예출판사, 1994), 137쪽.

102 막스 베버(Max Weber), 이상률 옮김, 『직업으로서의 학문/직업으로서의 정치』(문예출판사, 1994), 137~138쪽.

103 막스 베버(Max Weber), 이상률 옮김, 『직업으로서의 학문/직업으로서의 정치』(문예출판사, 1994), 151쪽.

104 볼프강 슐루히터(Wolfgang Schluchter), 「부록: 가치 자유와 책임 윤리: 막스 베버에게 있어서의 학문과 정치의 관계에 대하여」, 막스 베버(Max Weber), 이상률 옮김, 『직업으로서의 학문/직업으로서의 정치』(문예출판사, 1994), 177~178쪽.

105 볼프강 슐루흐터(Wolfgang Schluchter), 「부록: 가치 자유와 책임 윤리: 막스 베버에게 있어서의 학문과 정치의 관계에 대하여」, 막스 베버(Max Weber), 이상률 옮김, 『직업으로서의 학문/직업으로서의 정치』(문예출판사, 1994), 179, 183쪽.

106 김덕영, 『막스 베버, 이 사람을 보라: 학문과 지식은 세계를 어떻게 바꾸는가?』(인물과사상사, 2008), 192~193쪽.

107 볼프강 슐루히터(Wolfgang Schluchter), 「부록: 가치 자유와 책임 윤리: 막스 베버에게 있어서의 학문과 정치의 관계에 대하여」, 막스 베버(Max Weber), 이상률 옮김, 『직업으로서의 학문/직업으로서의 정치』(문예출판사, 1994), 187쪽.

108 Otto Stammer, ed., 『Max Weber and Sociology Today』(New York: Harper and Row, 1972), p.138; 조지 카치아피카스(George Katsiaficas), 이재원·이종태 옮김, 『신좌파의 상상력: 세계적 차원에서 본 1968』(이후, 1987/1999), 501쪽에서 재인용.

109 에리히 슈빙어(Erich Schwinge), 김삼룡 옮김, 『정치가란 무엇인가?』(유나이티드컨설팅그룹, 1983/1992), 28쪽.

110 Daniel Yankelovich, 『Coming to Public Judgment: Making Democracy

Work in a Complex World』(Syracuse, NY: Syracuse University Press, 1991), p.30; Murray Edelman, 『The Symbolic Uses of Politics』(Urbana: University of Illinois Press, 1964), p.78.

111 한영익, 「가짜 뉴스는 마약이다」, 『중앙일보』, 2017년 2월 14일.

112 막스 베버(Max Weber), 이상률 옮김, 『직업으로서의 학문/직업으로서의 정치』(문예출판사, 1994), 127~128쪽.

113 구스타브 르봉(Gustave Le Bon), 정명진 옮김, 『혁명의 심리학』(부글, 1912/2013), 83~84쪽.

114 월러 뉴웰(Waller R. Newell), 박수철 옮김, 『대통령은 없다: 대통령이 갖춰야 할 10가지 조건』(21세기북스, 2009/2012/2016), 61~62, 65쪽.

115 존 우드퍼드(John Woodford), 여을환 옮김, 『허영의 역사』(세종서적, 1992/1998), 63쪽.

116 이철희, 『이철희의 정치 썰전: 보수와 진보를 향한 촌철살인 돌직구』(인물과사상사, 2015), 261, 263쪽.

117 이철희, 『이철희의 정치 썰전: 보수와 진보를 향한 촌철살인 돌직구』(인물과사상사, 2015), 303쪽.

118 막스 베버(Max Weber), 이상률 옮김, 『직업으로서의 학문/직업으로서의 정치』(문예출판사, 1994), 125쪽.

119 한스 모겐소(Hans Morgenthau), 이호재·엄태암 옮김, 『국가 간의 정치: 세계평화의 권력 이론적 접근 1』(김영사, 1948/2006/2013), 290쪽.

120 금태섭, 『이기는 야당을 갖고 싶다』(푸른숲, 2015), 192쪽.

121 소종섭, 「여의도에 불붙은 '첩보 대전': 국감 앞두고 대기업 관계자들 총출동… 질의 내용 캐내기 '007 작전'」, 『시사저널』, 2004년 9월 16일, 18~20면.

122 대니얼 핑크(Daniel H. Pink), 석기용 옮김, 『프리 에이전트의 시대가 오고 있다』(에코리브르, 2001), 147쪽.

123 박노자, 「병리가 되어버린 한국형 팬덤 정치 문화」, 『한겨레』, 2020년 7월 22일, 25면.

124 필립 쇼트(Philip Short), 양현수 옮김, 『마오쩌둥: 혁명을 향한 대장정 1』(교양인, 1999/2019), 350쪽.

125 모이제스 나임(Moises Naim), 김병순 옮김, 『권력의 종말: 다른 세상의 시작』(책읽는수요일, 2013/2015), 218쪽.

126 찰스 라이트 밀스(Charles Wright Mills), 진덕규 옮김, 『파워 엘리트』(한길사, 1956/1979), 244쪽.
127 엘리아스 카네티(Elias Canetti), 강두식 옮김, 『군중과 권력』(주우, 1960/1982), 278쪽.
128 셸던 월린(Sheldon S. Wolin), 「마키아벨리의 정치사상: 정치 그리고 폭력의 경제학」, 셀틴 스키너 외, 강정인 편역, 『마키아벨리의 이해』(문학과지성사, 1993), 151~223쪽.
129 해나 아렌트(Hannah Arendt), 김정한 옮김, 『폭력의 세기』(이후, 1970/1999), 86, 90쪽.
130 모이제스 나임(Moises Naim), 김병순 옮김, 『권력의 종말: 다른 세상의 시작』(책읽는수요일, 2013/2015), 218쪽.
131 조지프 나이(Joseph S. Nye), 양준희 옮김, 『국제분쟁의 이해: 이론과 역사』(한울아카데미, 2000), 98쪽.
132 조지프 나이(Joseph S. Nye), 홍수원 옮김, 『소프트 파워』(세종연구원, 2004), 8~9쪽.
133 조지프 나이(Joseph S. Nye), 홍수원 옮김, 『소프트 파워』(세종연구원, 2004), 31~32쪽.
134 마루야마 마사오(丸山眞男), 김석근 옮김, 『현대정치의 사상과 행동』(한길사, 1956/1997), 420~421쪽.
135 에리히 프롬(Erich Fromm), 이상두 옮김, 『자유에서의 도피』(범우사, 1988), 202쪽.
136 사사키 다케시(佐佐木毅) 외, 윤철규 옮김, 「정치권력: 찰스 에드워드 메리엄」, 『교양으로 읽어야 할 절대지식』(이다미디어, 2004), 121쪽.
137 마루야마 마사오(丸山眞男), 김석근 옮김, 『현대정치의 사상과 행동』(한길사, 1956/1997), 419쪽.
138 미국 정치학자 셸던 월린(Sheldon S. Wolin, 1922~2015)은 이런 운동들을 가리켜 '순간적 민주주의(fugitive democracy)'라고 불렀다. 애스트라 테일러(Astra Taylor), 이재경 옮김, 『민주주의는 없다: 민주주의의 8가지 모순과 우리가 추구해야 할 삶의 방식에 대하여』(반니, 2019/2020), 266~267쪽.
139 로버트 미지크(Robert Misik), 서경홍 옮김, 『좌파들의 반항: 마르크스에서 마이클 무어에 이르는 비판적 사고』(들녘, 2005/2010), 31쪽.

140 강다은, 「MBC, 허가 없이 드론 띄워 조국 집회 불법 촬영」, 『조선일보』, 2019년 10월 1일, A14면.
141 유성운·김민욱, 「與 "조국 집회 200만'…강남 3구 다 나와도 160만」, 『중앙일보』, 2019년 9월 30일, 5면.
142 김경필, 「MBC 보도국장 "조국 지지 집회 딱 보니 100만 명"」, 『조선일보』, 2019년 10월 2일, A4면.
143 「[사설] 검찰·국회, 100만 촛불 '검찰 개혁' 외침 직시해야」, 『한겨레』, 2019년 9월 30일, 27면.
144 「[사설] 검찰, 수사 관행 개혁하라는 '촛불 요구'에 답해야」, 『한겨레』, 2019년 10월 1일, 27면.
145 표태준·이세영, 「200만 모였다는 '조국 집회'…지하철 下車 인원은 10만 명」, 『조선일보』, 2019년 10월 1일, A14면.
146 이동훈, 「[만물상] '200만 명'」, 『조선일보』, 2019년 10월 2일, A34면.
147 「[사설] '서초동 대 광화문'식 세 대결은 안 된다」, 『한겨레』, 2019년 10월 4일, 23면.
148 「[사설] 파렴치 조국 지지 집회는 '민심', 퇴진 집회는 '폭력'이라니」, 『조선일보』, 2019년 10월 5일, A31면.
149 김동하, 「與 지도부 "서초동은 국민 집회, 광화문은 동원·폭력 집회"」, 『조선일보』, 2019년 10월 5일, A3면.
150 손덕호, 「文 대통령 지지율 39%…한 달 새 세 번째 40% 깨졌다」, 『조선일보』, 2019년 10월 18일, A34면.
151 박홍두, 「'조국 사퇴 잘한 결정' 62%…'잘못한 결정' 28%」, 『경향신문』, 2019년 10월 16일.
152 강병철, 「文 대통령 국정 지지도 39%…취임 후 처음 30%대 기록」, 『연합뉴스』, 2019년 10월 18일.
153 Robert W. Fuller, 『Somebodies and Nobodies: Overcoming the Abuse of Ranks』(Gabriola Island, Canada: New Society Publishers, 2003), p.40; 로버트 풀러(Robert W. Fuller), 안종설 옮김, 『신분의 종말: '특별한 자'와 '아무것도 아닌 자'의 경계를 넘어서』(열대림, 2003/2004), 97쪽.
154 윌리엄 브레이트(William Breit)·배리 허시(Barry T. Hirsch) 편, 김민주 옮김, 『경제학의 제국을 건설한 사람들: 노벨 경제학 강의』(미래의창, 2004),

123~124쪽.

155 미셸 투르니에(Michel Tournier), 김화영 옮김, 『외면일기: 미셸 투르니에 산문집』(현대문학, 2002/2004), 239~240쪽.

156 데이비드 L. 와이너(David L. Weiner), 임지원 옮김, 『권력 중독자』(이마고, 2002/2003), 141~142쪽.

157 이준희, 「"이념의 긴 터널서 방황 10여 년…새롭게 될 겁니다": 1990년 보안사 민간인 사찰 폭로 윤석양 씨」, 『한국일보』, 2004년 5월 17일, A19면.

158 문준식, 「"검찰총장 동기 옷 벗는 경직된 사회 극복해야"」, 『세계일보』, 2005년 4월 29일, A10면.

159 오찬호, 『우리는 차별에 찬성합니다: 괴물이 된 이십대의 자화상』(개마고원, 2013), 232쪽.

160 윤여준 외, 『IVE: Individual Visionary Entrepreneur』(IVE Magazine, 2019), 65쪽.

161 Peter Archer, ed., 『Quotable Intellectual』(Avon, MA: Adams Media, 2010), p.143.

162 제임스 흄스(James C. Humes), 이채진 옮김, 『링컨처럼 서서 처칠처럼 말하라: 성공한 리더의 화술 법칙』(시아출판사, 2002/2003), 18~19쪽.

163 엘리아스 카네티(Elias Canetti), 강두식 옮김, 『군중과 권력』(주우, 1960/1982), 288~289쪽.

164 김지은, 『김지은입니다: 안희정 성폭력 고발 554일간의 기록』(봄알람, 2020), 90~91쪽.

165 마이클 베슐로스(Michael R. Beschloss), 「아이젠하워와 케네디: 두 권력의 비교연구」, 로버트 윌슨(Robert Wilson) 편, 허용범 옮김, 『대통령과 권력』(나남, 1999/2002), 74~75쪽.

166 마거릿 헤퍼넌(Margaret Heffernon), 김성훈 옮김, 『경쟁의 배신: 경쟁은 누구도 승자로 만들지 않는다』(알에이치코리아, 2014), 164쪽.

167 김지아, 「'안희정 유죄' 그 후 1년…'퇴장당한' 김지은 측 증인들」, 『JTBC』, 2020년 8월 31일.

168 이새누리, 「진보 교육감, 김지은에 성금 보냈다가 "배신자" 낙인」, 『JTBC』, 2020년 8월 31일.

169 손국희, 「"왜 박원순 문제에 입 꾹 닫나" CNN도 꼬집은 '文의 침묵'」, 『중앙일

보』, 2020년 7월 17일.

170 백승찬, 「침묵할 때와 말할 때」, 『경향신문』, 2020년 7월 29일, 24면.

171 고대훈, 「문 대통령의 비정한 침묵」, 『중앙일보』, 2020년 7월 24일, 31면.

172 주희연, 「정의당, 박원순 사건 침묵하는 文에 "누구 곁에 설 거냐"」, 『조선일보』, 2020년 7월 24일.

173 백승찬, 「침묵할 때와 말할 때」, 『경향신문』, 2020년 7월 29일, 24면.

174 Martin N. Marger, 『Elites and Masses: An Introduction to Political Sociology』(New York: D. Van Nostrand, 1981), p.75.

175 Richard H. Hall, 「The Concept of Bureaucracy: An Empirical Assessment」, 『The American Journal of Sociology』, 69:1(July 1963), pp.32~40.

176 서규환, 『현대성의 정치적 상상력』(민음사, 1993), 46~47쪽.

177 에이프릴 카터(April Carter), 조효제 옮김, 『직접행동: 21세기 민주주의, 거인과 싸우다』(교양인, 2005/2007), 140쪽.

178 울리히 벡(Ulrich Beck), 정일준 옮김, 『적이 사라진 민주주의』(새물결, 1995/2000), 62~63쪽.

179 김광웅, 『한국의 관료제 연구: 이해를 위한 국가론적 접근』(대영문화사, 1991), 15쪽.

180 딕 모리스(Dick Morris), 홍대운 옮김, 『신군주론』(아르케, 1999/2002), 107, 110쪽.

181 '피포위 의식'은 영국의 대표 시사주간지 『이코노미스트』가 2020년 8월 22일 문재인 정부의 내로남불 행태를 비판하면서 한 말이다. 이 주간지는 "정부 안에 있는 좌파들은 약자라는 자신들의 자아상을 버리지 않았다"며 "특정 언론들을 (상대편) 정당의 무기로 여기면서 그들로부터 비판이 나오면 '피포위 의식(siege mentality)'을 가진다"고 했다. 손진석, 「"세종대왕 말 생각해보라" 文 내로남불 비판한 英 이코노미스트」, 『조선일보』, 2020년 8월 23일.

182 박상훈, 『청와대 정부: '민주정부란 무엇인가'를 생각하다』(후마니타스, 2018).

183 리처드 닉슨(Richard Nixon), 박정기 옮김, 『20세기를 움직인 지도자들』(을지서적, 1982/1998), 87쪽.

184 리처드 닉슨(Richard Nixon), 박정기 옮김, 『20세기를 움직인 지도자들』(을지

서적, 1982/1998), 88~90쪽.

185 박제균, 「정치가 뭐기에」, 『동아일보』, 2008년 3월 5일.

186 이승철, 「블랙홀 여의도의 이면」, 『경향신문』, 2008년 2월 19일.

187 정시행, 「[Why] "안 해보곤 모르는 쏠쏠한 재미": 국회의원 뭐가 좋기에」, 『조선일보』, 2008년 2월 16일.

188 이승철, 「블랙홀 여의도의 이면」, 『경향신문』, 2008년 2월 19일.

189 김민배, 「신권력자들」, 『조선일보』, 2007년 12월 29일.

190 찰스 라이트 밀스(Charles Wright Mills), 진덕규 옮김, 『파워 엘리트』(한길사, 1956 /1979), 24~25쪽.

191 해나 아렌트(Hannah Arendt), 이진우 · 태정호 옮김, 『인간의 조건』(한길사, 1958/1996), 262~263쪽.

192 해나 아렌트(Hannah Arendt), 김정한 옮김, 『폭력의 세기』(이후, 1970/1999), 74쪽.

193 강준만, 「왜 일부 사람들은 '세월호 참사'에 냉담한 반응을 보였을까?: 공포 관리 이론」, 『생각과 착각: 세상을 꿰뚫는 50가지 이론 5』(인물과사상사, 2016), 193~205쪽 참고.

194 이어 최상연은 이렇게 말했다. "공수처 법안에 기권표를 던졌다고 전직 의원까지 보복성으로 징계한 집권당이다. 찬성 당론을 어겼다고 시원하게 패대기를 쳤다. '인민의 대표'가 그렇다. '닥치고 당론'이 헌법이나 법률보다 우선이다. 문제는 국회 개원부터 당론이란 완력으로 힘 자랑인 초거대 여당이 브레이크 없는 졸속, 과잉, 편향 당론을 마구 쏟아내고 있다는 점이다." 최상연, 「당론 없애는 당론이 먼저다」, 『중앙일보』, 2020년 6월 26일, 30면.

195 서영지, 「'친문' 표심 족쇄…입조심 · 몸조심에 3인 차별성 없어」, 『한겨레』, 2020년 8월 8일, 5면; 어수웅, 「항상 기뻐하라고 윽박지르는 기둥서방」, 『조선일보』, 2020년 8월 17일, A27면; 박상기, 「與 당권 주자 李·金·朴 눈엔 親文만 보인다」, 『조선일보』, 2020년 8월 21일, A6면; 박상기, 「'친문 파워' 재확인…최고위원 5명 중 4명 배출」, 『조선일보』, 2020년 8월 31일, A5면; 김형규, 「민주당 최고위원 선거, 친문 권리당원이 당락 갈랐다」, 『경향신문』, 2020년 8월 31일, 2면; 노지원, 「'친문' 권리당원의 '막강한 힘' 민주 최고위원 당락 바꿨다」, 『한겨레』, 2020년 8월 31일, 6면.

196 Peter Bachrach & Morton S. Baratz, 「Two Faces of Power」, 『American

Political Science Review)』, 56:4(December 1962), pp.947~952; 제프리 페퍼(Jeffrey Pfeffer), 배현 옮김, 『권력의 경영: 탁월한 경영자가 되려면 먼저 유능한 정치가가 되라』(지식노마드, 1992/2008), 349쪽.

197 Peter Bachrach & Morton S. Baratz, 「Two Faces of Power」, 『American Political Science Review』, 56:4(December 1962), p.949; E. E. Schattschneider, 『The Semi-Sovereign People: A Realist's View of Democracy in America』(New York: Holt, Rinehart and Winston, 1960), p.71.

198 찰스 라이트 밀스(Charles Wright Mills), 진덕규 옮김, 『파워 엘리트』(한길사, 1956/1979), 16쪽; 필립 짐바르도(Philip Zimbardo), 이충호·임지원 옮김, 『루시퍼 이펙트: 무엇이 선량한 사람을 악하게 만드는가』(웅진지식하우스, 2007), 33쪽.

199 스티븐 룩스(Steven Lukes), 서규환 옮김, 『3차원적 권력론』(나남, 1974/1992), 37쪽.

200 키스 바셋(Keith Basset)·존 쇼트(John Short), 윤인숙 옮김, 『도시주택연구』(한울, 1980/1994), 164~165쪽.

201 Warren K. Agee, Philip H. Ault, Edwin Emery, 『Perspectives on Mass Communications』(New York: Harper & Row, 1982), p.22.

202 스티븐 리틀존(Stephen W. Littlejohn), 김흥규 옮김, 『커뮤니케이션 이론』(나남, 1992/1993), 619쪽; 강준만, 「왜 지방 주민들이 서울의 문제들을 걱정하는가?: 의제 설정 이론」, 『우리는 왜 이렇게 사는 걸까?: 세상을 꿰뚫는 50가지 이론 2』(인물과사상사, 2014), 278~283쪽 참고.

203 강준만, 『부동산 약탈 국가』(인물과사상사, 2020) 참고.

204 해나 아렌트(Hannah Arendt), 김선욱 옮김, 『예루살렘의 아이히만: 악의 평범성에 대한 보고서』(한길사, 1963/1965/2006), 349쪽.

205 이진우, 「근본악과 세계애의 사상」, 해나 아렌트(Hannah Arendt), 이진우·태정호 옮김, 『인간의 조건』(한길사, 1958/1996), 29쪽.

206 김선욱, 『정치와 진리』(책세상, 2001), 113쪽.

207 해나 아렌트(Hannah Arendt), 김선욱 옮김, 『예루살렘의 아이히만: 악의 평범성에 대한 보고서』(한길사, 1963/1965/2006), 97쪽. 나치 친위대 사령관으로 유대인 대학살을 지휘했던 하인리히 힘러(Heinrich Himmler,

1900~1945)도 2014년 1월 공개된, 아내에게 보낸 편지에서 "히틀러가 내 어머니를 쏘라고 하면 난 그렇게 할 것이오"라고 말했다. 김성현, 「"히틀러가 내 어머니를 쏘라고 하면 난 그렇게 할 것"」, 『조선일보』, 2014년 1월 28일.

208 김선욱, 『한나 아렌트 정치 판단 이론: 우리 시대의 소통과 정치윤리』(푸른숲, 2002), 35쪽.

209 필립 짐바르도(Philip Zimbardo), 이충호·임지원 옮김, 『루시퍼 이펙트: 무엇이 선량한 사람을 악하게 만드는가』(웅진지식하우스, 2007), 443~444쪽.

210 에리히 프롬(Erich Fromm), 오제운 옮김, 『To Have or to Be?(소유냐 존재냐?)』(YBM Si-sa, 1976/1986), 199쪽.

211 닐 포스트먼(Neil Postman), 김균 옮김, 『테크노폴리: 기술에 정복당한 오늘의 문화』(민음사, 1992/2001), 126쪽.

212 로랑 베그(Laurent Bègue), 이세진 옮김, 『도덕적 인간은 왜 나쁜 사회를 만드는가』(부키, 2011/2013), 258~259쪽.

213 데이비드 매컬러(David McCullough), 「권력과 대통령: 본질적인 것은 보이지 않는다」, 로버트 윌슨(Robert Wilson) 편, 허용범 옮김, 『대통령과 권력』(나남, 1999/2002), 24쪽.

214 Arthur M. Schlesinger, Jr., 『The Imperial Presidency』(New York: A Mariner Book, 1973/2004), p.424.

215 에리히 슈빙어(Erich Schwinge), 김삼룡 옮김, 『정치가란 무엇인가?』(유나이티드컨설팅그룹, 1983/1992), 318쪽.

216 데이비드 매컬러(David McCullough), 「권력과 대통령: 본질적인 것은 보이지 않는다」, 로버트 윌슨(Robert Wilson) 편, 허용범 옮김, 『대통령과 권력』(나남, 1999/2002), 23쪽.

217 딕 모리스(Dick Morris), 홍대운 옮김, 『신군주론』(아르케, 1999/2002), 204쪽.

218 하워드 진(Howard Zinn), 이아정 옮김, 『오만한 제국: 미국의 이데올로기로부터 독립』(당대, 1991/2001), 111쪽.

219 Thedore H. White, 『The Making of the President 1960』(New York: Mentor Book, 1961/1967).

220 Evan Thomas, 「A Reporter in Search of History: Theodore H. White 1915~1986」, 『Time』, May 26, 1986, p.62; Jerry Adler, 「The Man Behind the Scenes」, 『Newsweek』, May 26, 1986, p.64.

221 Amitai Etzioni, 「The Grand Shaman」, 『Psychology Today』, 6(November 1972), pp.89~91; 강준만, 「왜 정치는 '상징조작의 예술'인가?: 머리 에델먼」, 『커뮤니케이션 사상가들(개정판)』(인물과사상사, 2017), 185~213쪽 참고.

222 놈 촘스키(Noam Chomsky), 강주헌 옮김, 『촘스키, 누가 무엇으로 세상을 지배하는가』(시대의창, 2001/2002), 190~191쪽.

223 케빈 필립스(Kevin P. Phillips), 오삼교·정하용 옮김, 『부와 민주주의: 미국의 금권정치와 거대 부호들의 정치사』(중심, 2002/2004), 499쪽.

224 데이비드 거겐(David Gergen), 서울택 옮김, 『CEO 대통령의 7가지 리더십: 리처드 닉슨에서부터 빌 클린턴까지』(스테디북, 2000/2002), 117쪽. 거겐은 닉슨 · 포드 · 레이건 공화당 행정부에 이어 클린턴 민주당 행정부에서도 백악관 공보 참모로 일한 독특한 경력의 소유자다. 그가 닉슨에 우호적 편향성을 갖고 있을 가능성을 염두에 두어야 하겠지만, 다음과 같은 말도 닉슨이 받았을 '상처'를 이해하는 데엔 도움이 된다. "닉슨은 기회가 있을 때마다 기득권층과 대화를 시도했지만, 그때마다 부당한 대접을 받았다는 느낌으로 끝이 났다. 특별한 이유는 없었다. 한번은 인권 문제에 관해 지도급 인사들을 초청해 대화를 나누면서, 자신의 진보적인 견해를 피력한 적이 있었다. 그러나 그들은 백악관 잔디밭을 나서면서 카메라 앞에서 대통령에게 비난을 퍼부었다. 언젠가는 대학 총장들에게 조언을 청했던 적이 있지만, 머리를 발로 걷어차이는 듯한 굴욕감을 느꼈다. 그리하여 그는 언론과 시위대, 반전운동가 등 소위 '기득권층'이라고 보았던 모든 무정형적인 악의 산물들에 대해 넌더리를 냈던 것이다"(118쪽).

225 벤저민 브래들리(Benjamin C. Bradlee), 「리처드 닉슨: "나는 그들에게 칼을 쥐어주었다"」, 로버트 윌슨(Robert A. Wilson) 편, 허용범 옮김, 『대통령과 권력』(나남, 1999/2002), 111~129쪽.

226 데이비드 브룩스(David Brooks), 형선호 옮김, 『보보스: 디지털 시대의 엘리트』(동방미디어, 2000/2001), 23쪽. 린든 존슨의 전기를 쓴 도리스 컨스(Doris Kearns)에 따르면, 학벌도 변변치 않은데다 남부 출신이었던 존슨은 동부 기득권층과 그들의 영향력하에 있는 미디어와 지식인들의 지지를 확보하는 것이 그에게 얼마나 중요한 일인지 반추했다고 한다. 왜냐하면 "그러한 지지 없이는 국가를 통치할 수 있는 기회를 결코 가질 수 없었기 때문이었다". 새뮤얼 헌팅턴(Samuel P. Huntington), 장원석 옮김, 『미국 정치론: 부조화

의 패러다임』(오름, 1981/1999), 283쪽.

227 마이클 매클리어(Michael Maclear), 유경찬 옮김, 『베트남: 10,000일의 전쟁』(을유문화사, 1981/2002), 517쪽.

228 C. Wright Mills, 『The Power Elite』(New York: Oxford University Press, 1956), pp.62~68, 104~107.

229 Andrew Gelman et al., 『Red State, Blue State, Rich State, Poor State: Why Americans Vote the Way They Do』(Princeton, NJ: Princeton University Press, 2008), p.183.

230 오창민, 「'진보 어용 언론'은 없다」, 『경향신문』, 2017년 5월 11일. 이 칼럼에 달린 댓글이다.

231 솔 알린스키(Saul D. Alinsky), 박순성·박지우 옮김, 『급진주의자를 위한 규칙: 현실적 급진주의자를 위한 실천적 입문서』(아르케, 1971/2008), 41~42쪽.

232 솔 알린스키(Saul D. Alinsky), 박순성·박지우 옮김, 『급진주의자를 위한 규칙: 현실적 급진주의자를 위한 실천적 입문서』(아르케, 1971/2008), 27쪽.

233 솔 알린스키(Saul D. Alinsky), 박순성·박지우 옮김, 『급진주의자를 위한 규칙: 현실적 급진주의자를 위한 실천적 입문서』(아르케, 1971/2008), 42쪽.

234 솔 알린스키(Saul D. Alinsky), 박순성·박지우 옮김, 『급진주의자를 위한 규칙: 현실적 급진주의자를 위한 실천적 입문서』(아르케, 1971/2008), 42쪽.

235 솔 알린스키(Saul D. Alinsky), 박순성 · 박지우 옮김, 『급진주의자를 위한 규칙: 현실적 급진주의자를 위한 실천적 입문서』(아르케, 1971/2008), 49~50쪽.

236 솔 알린스키(Saul D. Alinsky), 박순성·박지우 옮김, 『급진주의자를 위한 규칙: 현실적 급진주의자를 위한 실천적 입문서』(아르케, 1971/2008), 125~126쪽.

237 김작가, 「홍준표라는 거울」, 『경향신문』, 2017년 4월 27일.

238 김현, 「'문빠'의 정의(正義)와 여성주의적 장소성」, 『한국여성철학』, 29권(2018년 5월), 221~222쪽.

239 「[사설] 조국 옹호 변호사 공천 시도, 끝까지 국민과 싸우려 드나」, 『조선일보』, 2020년 2월 19일, A35면.

240 금태섭, 「리더십의 부재」, 『한겨레』, 2020년 8월 6일, 20면.

241 백윤미, 「'원조 친문'의 작심 비판 "대깨문은 민주주의 부적격자…언론 자유 무너져"」, 『조선일보』, 2020년 8월 20일.

242 솔 알린스키(Saul D. Alinsky), 박순성·박지우 옮김, 『급진주의자를 위한 규칙: 현실적 급진주의자를 위한 실천적 입문서』(아르케, 1971/2008), 107쪽.

243 Saul D. Alinsky, 「Afterword to the Vintage Edition」, 『Reveille for Radicals』(New York: Vintage Books, 1946/1989), pp.224~225.

244 솔 알린스키(Saul D. Alinsky), 박순성 · 박지우 옮김, 『급진주의자를 위한 규칙: 현실적 급진주의자를 위한 실천적 입문서』(아르케, 1971/2008), 54~55, 58쪽.

245 솔 알린스키(Saul D. Alinsky), 박순성 · 박지우 옮김, 『급진주의자를 위한 규칙: 현실적 급진주의자를 위한 실천적 입문서』(아르케, 1971/2008), 132~133쪽.

246 솔 알린스키(Saul D. Alinsky), 박순성 · 박지우 옮김, 『급진주의자를 위한 규칙: 현실적 급진주의자를 위한 실천적 입문서』(아르케, 1971/2008), 107~108쪽.

247 장달중, 「노무현 레거시와 문재인 대통령의 새로운 정치 실험」, 『조선일보』, 2017년 6월 5일.

248 문재인, 『대한민국이 묻는다: 완전히 새로운 나라, 문재인이 답하다』(21세기북스, 2017), 239쪽.

249 최장집, 「다시 한국 민주주의를 생각한다: 위기와 대안」, 『한국정치연구』, 29권 2호(2020년 6월), 7쪽.

250 Arthur M. Schlesinger, Jr., 『The Imperial Presidency』(New York: A Mariner Book, 1973/2004); 새뮤얼 헌팅턴(Samuel P. Huntington), 장원석 옮김, 『미국 정치론: 부조화의 패러다임』(오름, 1981/1999), 106~107쪽.

251 에리히 슈빙어(Erich Schwinge), 김삼룡 옮김, 『정치가란 무엇인가?』(유나이티드컨설팅그룹, 1983/1992), 152, 230쪽.

252 슐레진저는 닉슨의 권력 모델이 프랑스의 나폴레옹 보나파르트(Napoleon Bonaparte, 1769~1821)와 샤를 드골(Charles De Gaulle, 1890~1970)을 지향하고 있다고 주장한다. Arthur M. Schlesinger, Jr., 『The Imperial Presidency』(New York: A Mariner Book, 1973/2004), p.254.

253 Arthur M. Schlesinger, Jr., 『The Imperial Presidency』(New York: A Mariner Book, 1973/2004), p.425.

254 새뮤얼 헌팅턴(Samuel P. Huntington), 장원석 옮김, 『미국 정치론: 부조화의

패러다임』(오름, 1981/1999), 107~108쪽.

255 Robert A. Dahl, 『Dilemmas of Pluralist Democracy: Autonomy vs. Control』(New Haven: Yale University Press, 1982), p.106.

256 Theodore J. Lowi, 『The Personal President: Power Invested Promise Unfulfilled』(Ithaca: Cornell University Press, 1985), pp.178~180.

257 Gene Healy, 『The Cult of the Presidency: America's Dangerous Devotion to Executive Power』(Washington, D.C.: Cato Institute, 2008), pp.122, 198~200.

258 House Committee on the Judiciary Majority Staff Report, 『Reigning in the Imperial Presidency: Lessons and Recommendations Relating to the Presidency of George W. Bush(House Committee on the Judiciary Majority Staff Report to Chairman John C. Conyers, Jr.)』(New York: Skyhorse Publishing, 2009), p.9.

259 로버트 새뮤얼슨(Robert Samuelson), 「대통령 능력에 대한 환상」, 『뉴스위크 한국판』, 2004년 9월 15일.

260 에리히 슈빙어(Erich Schwinge), 김삼룡 옮김, 『정치가란 무엇인가?』(유나이티드컨설팅그룹, 1983/1992), 152, 230쪽.

261 마이클 캐플런(Michael Kaplan)·엘런 캐플런(Ellen Kaplan), 이지선 옮김, 『뇌의 거짓말: 무엇이 우리의 판단을 조작하는가?』(이상, 2009/2010), 364쪽; 리처드 윌킨슨(Richard G. Wilkinson)·케이트 피킷(Kate Pickett), 전재웅 옮김, 『평등이 답이다: 왜 평등한 사회는 늘 바람직한가?』(이후, 2010/2012), 257쪽; 크레이그 램버트(Craig Lambert), 이현주 옮김, 『그림자 노동의 역습: 대가 없이 당신에게 떠넘겨진 보이지 않는 일들』(민음사, 2015/2016), 244쪽.

262 헬렌 피셔(Helen E. Fisher), 정명진 옮김, 『제1의 성』(생각의나무, 1999/2000), 85쪽.

263 이언 로버트슨(Ian Robertson), 이경식 옮김, 『승자의 뇌: 뇌는 승리의 쾌감을 기억한다』(알에이치코리아, 2012/2013), 263쪽.

264 이언 로버트슨(Ian Robertson), 이경식 옮김, 『승자의 뇌: 뇌는 승리의 쾌감을 기억한다』(알에이치코리아, 2012/2013), 263~264쪽.

265 마광수, 『마광쉬즘: 마광수 아포리즘』(인물과사상사, 2006), 199쪽.

266 데이비드 L. 와이너(David L. Weiner), 임지원 옮김, 『권력 중독자』(이마고, 2002/2003), 83, 85쪽.

267 이언 로버트슨(Ian Robertson), 이경식 옮김, 『승자의 뇌: 뇌는 승리의 쾌감을 기억한다』(알에이치코리아, 2012/2013), 263쪽.

268 정희진, 『페미니즘의 도전: 한국 사회 일상의 성정치학』(교양인, 2005), 95쪽.

269 스탠리 밀그램(Stanley Milgram), 정태연 옮김, 『권위에 대한 복종』(에코리브르, 1974/2009), 195~196쪽; 마크 뷰캐넌(Mark Buchanan), 강수정 옮김, 『넥서스: 여섯 개의 고리로 읽는 세상』(세종연구원, 2002/2003), 326~327쪽.

270 김재휘, 『설득 심리 이론』(커뮤니케이션북스, 2013), 20~21쪽; 김경일, 「권위와 복종: 왜 불공정함도 따를까」, 『네이버캐스트』, 2011년 10월 24일.

271 스탠리 밀그램(Stanley Milgram), 정태연 옮김, 『권위에 대한 복종』(에코리브르, 1974/2009), 31, 36쪽.

272 티머시 스나이더(Timothy Snyder), 조행복 옮김, 『폭정: 20세기의 스무 가지 교훈』(열린책들, 2017), 25~26쪽.

273 스탠리 밀그램(Stanley Milgram), 정태연 옮김, 『권위에 대한 복종』(에코리브르, 1974/2009), 31, 36쪽.

274 강준만, 「왜 우리는 '조폭 문화'에 쉽게 빠져드는가?: 권위에 대한 복종」, 『우리는 왜 이렇게 사는 걸까?: 세상을 꿰뚫는 50가지 이론 2』(인물과사상사, 2014), 259~264쪽 참고.

275 마이클 가자니가(Michael Gazzaniga), 박인균 옮김, 『왜 인간인가?: 인류가 밝혀낸 인간에 대한 모든 착각과 진실』(추수밭, 2008/2009), 195쪽.

276 버트런드 러셀(Bertrand Russell), 안정효 옮김, 『권력』(열린책들, 1938/2003), 214~215쪽.

277 스탠리 코언(Stanley Cohen), 조효제 옮김, 『잔인한 국가 외면하는 대중: 왜 국가와 사회는 인권침해를 부인하는가』(창비, 2001/2009), 210쪽.

278 Bob Woodward & Carl Bernstein, 『The Final Days』(New York: Simon and Schuster, 1976), p.423; 데이비드 L. 와이너(David L. Weiner), 임지원 옮김, 『권력 중독자』(이마고, 2002/2003), 147쪽.

279 Bob Woodward & Carl Bernstein, 『The Final Days』(New York: Simon and Schuster, 1976), p.423

280 알리샤 C. 셰퍼드(Alicia C. Shepard), 차미례 옮김, 『권력과 싸우는 기자들:

대통령을 권좌에서 끌어내린 두 기자, 그들의 진실을 향한 집요한 탐색』(프레시안북, 2007/2009), 256~277쪽.

281 케네스 데이비스(Kenneth C. Davis), 이순호 옮김, 『미국에 대해 알아야 할 모든 것, 미국사』(책과함께, 2003/2004), 545쪽.

282 박영석, 「길라드(前 호주 총리) "권력 잃는 건 주먹으로 강타당하는 느낌"」, 『조선일보』, 2013년 9월 16일.

283 옌자치(嚴家其), 한인희 옮김, 『수뇌론』(희성출판사, 1987/1990), 339~341쪽.

284 김영국, 『마키아벨리와 군주론』(서울대학교출판부, 1995), 38~39쪽.

285 데이비드 L. 와이너(David L. Weiner), 임지원 옮김, 『권력 중독자』(이마고, 2002/2003), 147~148쪽.

286 콜린 고든(Colin Gordon) 편, 홍성민 옮김, 『권력과 지식: 미셸 푸코와의 대담』(나남, 1980/1991), 89~90쪽.

287 에이프릴 카터(April Carter), 조효제 옮김, 『직접행동: 21세기 민주주의, 거인과 싸우다』(교양인, 2005/2007), 142쪽.

288 에이프릴 카터(April Carter), 조효제 옮김, 『직접행동: 21세기 민주주의, 거인과 싸우다』(교양인, 2005/2007), 143~144쪽.

289 에이프릴 카터(April Carter), 조효제 옮김, 『직접행동: 21세기 민주주의, 거인과 싸우다』(교양인, 2005/2007), 144쪽.

290 임지현, 「일상적 파시즘의 코드 읽기」, 『당대비평』, 1999년 가을호, 32~33쪽.

291 Axel Honneth, 「The Fragmented World of Symbolic Forms: Reflections on Pierre Bourdieu's Sociology of Culture」, 『Theory, Culture and Society』, 3:3(1986), p.61.

292 미셸 푸코(Michel Foucault), 이승철 옮김, 『푸코의 맑스: 듯치오 뜨롬바도리와의 대담』(갈무리, 1991/2004), 170쪽.

293 베른하르트 그림(Bernhard A. Grimm), 박규호 옮김, 『권력과 책임: 최고 리더십을 위한 반(反)마키아벨리즘』(청년정신, 1996/2002), 14쪽.

294 파리 리뷰(Paris Review), 권승혁 · 김진아 옮김, 『작가란 무엇인가: 소설가들의 소설가를 인터뷰하다 1』(다른, 2014), 372쪽.

295 제프리 페퍼(Jeffrey Pfeffer), 이경남 옮김, 『권력의 기술: 조직에서 권력을 거머쥐기 위한 13가지 전략』(청림출판, 2010/2011), 274쪽.

296 제프리 페퍼(Jeffrey Pfeffer), 이경남 옮김, 『권력의 기술: 조직에서 권력을 거

머쥐기 위한 13가지 전략』(청림출판, 2010/2011), 275쪽.

297 랜들 콜린스(Randall Collins), 진수미 옮김, 『사회적 삶의 에너지: 상호작용 의례의 사슬』(한울아카데미, 2004/2009), 379~384쪽.

298 수 거하트(Sue Gerhardt), 김미정 옮김, 『이기적인 사회』(다산북스, 2010/2011), 68쪽.

299 이은영, 「워커힐 억센 기운에 맞선 최종현, '명당' 아니면 공장 부지도 바꾸는 이건희: '풍수박사' 최창조가 들려주는 재벌과 풍수」, 『신동아』, 2007년 7월, 255면.

300 고정애, 「청와대 공간을 다시 생각함」, 『중앙일보』, 2012년 6월 28일.

301 백영철, 「'청와대 터가 안 좋다?' 역대 대통령 모두…」, 『세계일보』, 2012년 7월 10일.

302 김진국, 「구중궁궐에 갇힌 대통령」, 『중앙일보』, 2012년 7월 27일.

303 나는 '원조 친노'로 국회 사무총장을 지낸 유인태가 인터뷰에서 "문 대통령과 개인적 인연이 오래됐는데 현 정부에서 따로 만난 적은"이라는 기자의 질문에 이렇게 답하는 걸 보고 깜짝 놀랐다. "전화통화 한 번 없었다. 대통령 시정연설 하러 국회 왔을 때 내가 국회 사무총장이니까 공적인 자리에서 본 게 전부다. 2015년 말에 민주당에서 안철수 의원이 탈당한다고 했을 때 나를 비롯한 중진들이 문재인 대표를 만나 '양보를 해서라도 안 의원 탈당을 막아야 한다'고 종용했는데 그게 문 대통령 입장에선 별로 아름답지 않은 추억으로 남아 있는 게 아닐까.(웃음)" 김정하, 「[김정하의 직격인터뷰] 원조 친노 유인태 "'소설 쓰시네' 기가 찼다…추미애, 정권 큰 부담"」, 『중앙일보』, 2020년 8월 21일, 26면.

304 Henry F. Graff, 「Presidents Are Not Pastors」, 『New York Times』, May 27, 1987, p.21.

305 Lance Morrow, et al., 「Why Is This Man So Popular(Cover Story)」, 『Time』, July 7, 1986, pp.12～16.

306 Jeff Greenfield, 『The Real Campaign』(New York: Summit Books, 1982); 데이비드 마크(David Mark), 양원보·박찬현 옮김, 『네거티브 전쟁: 진흙탕 선거의 전략과 기술』(커뮤니케이션북스, 2006/2009), 7~8쪽.

307 김민아, 「[여적] 우윤근의 눈물」, 『경향신문』, 2015년 2월 26일.

308 김민아, 「[여적] 우윤근의 눈물」, 『경향신문』, 2015년 2월 26일.

309 이하원, 「눈물 한 방울, 지지율 2배」, 『조선일보』, 2020년 9월 5일, A17면.

310 안용현, 「[만물상] 두 종류의 인권과 생명」, 『조선일보』, 2019년 11월 16일, A30면.

311 황필규, 「대통령령의 '클라쓰'」, 『한겨레』, 2020년 8월 28일, 23면.

312 헨드릭 허츠버그(Hendrik Hertzberg), 「기독교 가치관에 준거한 도덕 우선의 통치력」, 로버트 윌슨(Robert A. Wilson) 외, 형선호 옮김, 『국민을 살리는 대통령 죽이는 대통령』(중앙M&B, 1995/1997), 253쪽.

313 헨드릭 허츠버그(Hendrik Hertzberg), 「기독교 가치관에 준거한 도덕 우선의 통치력」, 로버트 윌슨(Robert A. Wilson) 외, 형선호 옮김, 『국민을 살리는 대통령 죽이는 대통령』(중앙M&B, 1995/1997), 253~254쪽.

314 Robert Dallek, 『Ronald Reagan: The Politics of Symbolism』(Cambridge, Mass: Harvard University of California Press, 1984); 캐슬린 홀 재미슨(Kathleen Hall Jamieson), 원혜영 옮김, 『대통령 만들기: 미국 대선의 선거 전략과 이미지 메이킹』(백산서당, 1996/2002), 369~370쪽.

315 헨드릭 허츠버그(Hendrik Hertzberg), 「기독교 가치관에 준거한 도덕 우선의 통치력」, 로버트 윌슨(Robert A. Wilson) 외, 형선호 옮김, 『국민을 살리는 대통령 죽이는 대통령』(중앙M&B, 1995/1997), 248~252쪽. 카터가 외국의 독재자들에게 잘해줄 뿐만 아니라 아부성 태도를 보였다는 주장은 꽤 널리 퍼져 있다. 조슈아 무라프치크(Joshua Muravchik), 「39대 제임스 얼 카터」, 제임스 터랜토(James Taranto)·레너드 레오(Leonard Leo) 편저, 최광열 옮김, 『미국의 대통령』(바움, 2004/2008), 279~286쪽; 레너드 버나도(Leonard Bernardo)·제니퍼 와이스(Jennifer Weiss), 이종인 옮김, 『미국 대통령의 역사』(시대의창, 2009/2012), 22~23쪽.

316 헨드릭 허츠버그(Hendrik Hertzberg), 「기독교 가치관에 준거한 도덕 우선의 통치력」, 로버트 윌슨(Robert A. Wilson) 외, 형선호 옮김, 『국민을 살리는 대통령 죽이는 대통령』(중앙M&B, 1995/1997), 248~252쪽.

317 헨드릭 허츠버그(Hendrik Hertzberg), 「기독교 가치관에 준거한 도덕 우선의 통치력」, 로버트 윌슨(Robert A. Wilson) 외, 형선호 옮김, 『국민을 살리는 대통령 죽이는 대통령』(중앙M&B, 1995/1997), 252~253쪽.

318 어느 인터뷰의 표현인데, 강양구가 인용한 것이다. 박성민·강양구, 『정치의 몰락: 보수 시대의 종언과 새로운 권력의 탄생』(민음사, 2012), 169쪽.

319 이재덕 · 김지환, 「문재인 '문자 폭탄 양념 발언'에…안희정 측 박영선 "상처에 소금 뿌려"」, 『경향신문』, 2017년 4월 4일.
320 이민석, 「"문자 폭탄이 양념? 상처에 소금 뿌리나"」, 『조선일보』, 2017년 4월 5일.
321 추병완, 「사이버공간의 도덕적 이탈」, 조화순 엮음, 『사이버공간의 문화코드』(한울아카데미, 2015), 60~61쪽.
322 허태균, 「대의를 위해 18원을?」, 『중앙일보』, 2017년 1월 18일.
323 윌리엄 맥어스킬(William MacAskill), 전미영 옮김, 『냉정한 이타주의자: 세상을 바꾸는 건 열정이 아닌 냉정이다』(부키, 2015/2017), 201쪽.
324 조크 로터러(Jock Lauterer), 장호순 옮김, 『지역공동체 신문』(커뮤니케이션북스, 2006/2008), 18쪽.
325 조크 로터러(Jock Lauterer), 장호순 옮김, 『지역공동체 신문』(커뮤니케이션북스, 2006/2008), 280쪽.
326 윌 듀랜트(Will Durant), 이철민 옮김, 『철학 이야기』(청년사, 1926/1987), 236쪽.
327 오민석, 「유쾌한 상대성을 위하여」, 『중앙일보』, 2017년 10월 21일.
328 에이미 커디(Amy Cuddy), 이경식 옮김, 『프레즌스』(알에이치코리아, 2015/2016), 215~216쪽.
329 크리스토퍼 헤이즈(Christopher Hayes), 한진영 옮김, 『똑똑함의 숭배: 엘리트주의는 어떻게 사회를 실패로 이끄는가』(갈라파고스, 2013/2017), 290쪽.
330 라이언 홀리데이(Ryan Holiday) · 스티븐 핸슬먼(Stephen Hanselman), 장원철 옮김, 『하루 10분, 내 인생의 재발견: 그리스 · 로마의 현자들에게 배우는 삶의 지혜』(스몰빅라이프, 2016/2018), 24쪽.
331 데이비드 L. 와이너(David L. Weiner), 임지원 옮김, 『권력 중독자』(이마고, 2002/2003), 121쪽.
332 데이비드 L. 와이너(David L. Weiner), 임지원 옮김, 『권력 중독자』(이마고, 2002/2003), 44쪽.
333 데이비드 L. 와이너(David L. Weiner), 임지원 옮김, 『권력 중독자』(이마고, 2002/2003), 25~26쪽.
334 데이비드 L. 와이너(David L. Weiner), 임지원 옮김, 『권력 중독자』(이마고, 2002/2003), 159~160쪽.

335 데이비드 L. 와이너(David L. Weiner), 임지원 옮김, 『권력 중독자』(이마고, 2002/2003), 26쪽.

336 데이비드 L. 와이너(David L. Weiner), 임지원 옮김, 『권력 중독자』((이마고, 2002/2003), 258쪽.

337 데이비드 L. 와이너(David L. Weiner), 임지원 옮김, 『권력 중독자』(이마고, 2002/2003), 26~27쪽.

338 데이비드 L. 와이너(David L. Weiner), 임지원 옮김, 『권력 중독자』(이마고, 2002/2003), 140쪽.

339 데이비드 L. 와이너(David L. Weiner), 임지원 옮김, 『권력 중독자』(이마고, 2002/2003), 156쪽.

340 로버트 레프턴(Robert E. Lefton), 「추천의 글: 학문적 · 교육적 가치와 함께 재미와 실용성을 갖춘 조직심리학 책」, 데이비드 L. 와이너(David L. Weiner), 임지원 옮김, 『권력 중독자』(이마고, 2002/2003), 147~148쪽.

341 데이비드 L. 와이너(David L. Weiner), 임지원 옮김, 『권력 중독자』(이마고, 2002/2003), 233~234쪽.

342 Gene Healy, 『The Cult of the Presidency: America's Dangerous Devotion to Executive Power』(Washington, D.C.: Cato Institute, 2008), p.255.

343 존 홀러웨이(John Holloway), 조정환 옮김, 『권력으로 세상을 바꿀 수 있는가』(갈무리, 2002), 39~40쪽.

344 존 홀러웨이(John Holloway), 조정환 옮김, 『권력으로 세상을 바꿀 수 있는가』(갈무리, 2002), 327~328쪽.

345 로베르트 미헬스(Robert Michels), 김학이 옮김, 『정당론』(한길사, 1911/1989/2015), 465쪽.

346 코린 맥러플린(Corinne McLaughlin) · 고든 데이비드슨(Gordon Davidson), 황대권 옮김, 『새벽의 건설자들: 더 나은 미래를 위한 생태 공동체 만들기』(한겨레신문사, 1985/2005), 240쪽.

347 프랜시스 무어 라페(Frances Moore Lappé), 우석영 옮김, 『살아 있는 민주주의』(이후, 2007/2008), 113~114쪽.

348 프랜시스 무어 라페(Frances Moore Lappé), 우석영 옮김, 『살아 있는 민주주의』(이후, 2007/2008), 63~64쪽.

349 김효성, 「시민운동하다 정 · 관계 발탁…NGO와 여권 '회전문 공생'」, 『중앙일보』, 2020년 6월 10일, 3면.

350 최장집, 「다시 한국 민주주의를 생각한다: 위기와 대안」, 『한국정치연구』, 29권 2호(2020년 6월), 1~26쪽; 주희연, 「최장집 "공수처법 매우 위험, 대통령에 엄청난 권력 줘"」, 『조선일보』, 2020년 7월 20일, A8면.

351 로베르트 미헬스(Robert Michels), 김학이 옮김, 『정당론』(한길사, 1911/1989/2015), 466쪽.

352 채인택, 「이창동 문화 "장관에 90도 절…부동자세 관료 사회서 조폭 문화 연상"」, 『중앙일보』, 2003년 3월 17일, 4면.

353 김용택, 「너는 나다」, 『서울신문』, 2005년 12월 29일, 26면.

354 소중한, 「전국교수 · 연구자네트워크, 국정원 선거 개입 규탄 시국대회 열어」, 『오마이뉴스』, 2013년 8월 30일.

355 금원섭, 「[기자수첩] 조폭 연상시키는 새누리당의 '형님 문화'」, 『조선일보』, 2013년 6월 29일.

356 김승섭, 「정우택 "'채동욱 호위무사'…조폭 문화에서나 나오는 말"」, 『뉴스1』, 2013년 9월 16일.

357 성한용, 「박근혜 정권의 조폭 문화」, 『한겨레』, 2013년 10월 1일.

358 안용성, 「개그계 '곪은 종기' 이제야 터졌다」, 『세계일보』, 2005년 5월 12일, A27면.

359 헤이르트 호프스테더(Geert Hofstede), 차재호 · 나은영 옮김, 『세계의 문화와 조직』(학지사, 1991/ 1995), 49~54, 91쪽.

360 헤이르트 호프스테더(Geert Hofstede), 차재호 · 나은영 옮김, 『세계의 문화와 조직』(학지사, 1991/1995), 80쪽.

361 맬컴 글래드웰(Malcolm Gladwell), 노정태 옮김, 『아웃라이어』(김영사, 2008/2009).

362 15년 전인 1982년 1월 13일 미국에서도 이와 비슷한 사건이 있었다. 에어플로리다 소속 보잉 737기의 추락 사고로 78명이 사망했는데, 이 사건은 '기장의 언어적 지배와 부기장의 언어적 복종이 일으킨 참사'였다. 비키 쿤켈(Vicki Kunkel), 박혜원 옮김, 『본능의 경제학: 본능 속에 숨겨진 인간 행동과 경제학의 비밀』(사이, 2009), 100~109쪽.

363 이위재, 「"No!"를 제도화하라」, 『조선일보』, 2017년 1월 27일.

364 김철훈, 「"국회의원 배지는 한·일밖에 없어" 일 자민당 폐지 추진」, 『한국일보』, 2006년 1월 28일, 2면; 김현기, 「"일본 국회의원 배지 없애자"」, 『중앙일보』, 2006년 1월 28일, 6면.

365 이승철, 「블랙홀 여의도의 이면」, 『경향신문』, 2008년 2월 19일.

366 국회의원은 세비(歲費)를 받는 독립된 헌법기관으로서 선출직으로 임기가 보장되어 있고, 국회 내에서 불체포특권과 면책특권이 있다. 국회의원 연봉은 장관과 비슷한 1억 2,000만 원(세전) 수준이며, 매달 지급되는 670만 원 상당의 활동 지원비를 합칠 경우 국회의원이 매월 수령하는 실제 금액은 1,619만 원에 이른다. 활동 지원비엔 차량 유지비(125만 원), 통신 요금(91만 원), 입법·정책 개발비(233만 원) 등이 포함되어 있다. 여기에 후원금이 의원 평균 연 1억 5,000여만 원쯤 들어온다. 또 연 두 차례 국고로 지원되는 해외시찰, KTX 등 국유 철도와 선박, 비행기 무료 이용 등 각종 공식 혜택이 주어진다. 여기에 사설 골프장의 관행으로 자리 잡은 부킹 편의와 할인, 해외 출장 시 항공사의 일등석 제공과 재외공관의 의전 등 품위 유지에 부족함 없는 생활을 할 수 있다. 국회의원은 이와 함께 10여 명의 보좌진을 꾸릴 수 있다. 기본적으로 4급 보좌관 2명(연봉 6,400만 원), 5급 비서관 1명(연봉 5,300만 원), 6급 비서 1명(연봉 3,600만 원), 7급 비서 1명(연봉 3,100만 원), 9급 비서 1명(연봉 2,400만 원) 등을 채용해 업무 보좌를 받는다. 여기에다 인턴 직원을 수시로 뽑을 수도 있다. 또 의원에겐 82.5제곱미터(25평) 규모의 별도 사무실이 제공된다. 이 중 절반은 화장실이 딸린 의원 개인용 업무 공간으로 사용한다. 정시행, 「[Why] "안 해보곤 모르는 쏠쏠한 재미": 국회의원 뭐가 좋기에」, 『조선일보』, 2008년 2월 16일; 정강현, 「299명만 가질 수 있는 '특별한 직업' 국회의원 자리는」, 『중앙일보』, 2008년 5월 7일.

367 이현종, 「오후여담: 배지」, 『문화일보』, 2012년 5월 21일.

368 박제균, 「정치가 뭐기에」, 『동아일보』, 2008년 3월 5일.

369 이덕훈, 「"민원 폭주…술집 외상값까지 받아 달래" "확 달라진 대접에 사람 버리겠다 싶어": 관전자에서 '선수'로…초선들이 겪은 한 달」, 『조선일보』, 2008년 5월 16일.

370 김정욱, 「[취재일기] 중진 의원 되면 왜 뒷자리에 숨나」, 『중앙일보』, 2012년 7월 11일.

371 김정욱, 「[취재일기] 중진 의원 되면 왜 뒷자리에 숨나」, 『중앙일보』, 2012년

7월 11일.

372 조현석, 「공직 문화를 바꾸자: "낮 시간 회의 · 대기로 허송세월"」, 『서울신문』, 2004년 10월 29일, 8면.

373 사카이야 다이치(堺屋太一), 김순호 옮김, 『조직의 성쇠: 무엇이 기업의 운명을 결정하는가?』(위즈덤하우스, 2002).

374 재키 휴바(Jackie Huba), 이예진 옮김, 『광팬은 어떻게 만들어지는가: 레이디 가가에게 배우는 진심의 비즈니스』(처음북스, 2013/2014), 37쪽; 「1% rule(Internet culture)」, 『Wikipedia』; 나심 니콜라스 탈레브(Nassim Nicholas Taleb), 안세민 옮김, 『안티프래질: 불확실성과 충격을 성장으로 이끄는 힘』(와이즈베리, 2012/2013), 472쪽; 제프 자비스(Jeff Jarvis), 이진원 옮김, 『구글노믹스: 미래 경제는 구글 방식이 지배한다』(21세기북스, 2009/2010), 104쪽.

375 켄 닥터(Ken Doctor), 유영희 옮김, 『뉴스의 종말: 경제의 눈으로 본 미디어의 미래』(21세기북스, 2010), 191~192쪽.

376 윤진호 외, 「네티즌 0.3%가 '막장 댓글'…여론 왜곡」, 『매일경제』, 2014년 3월 26일.

377 박준우, 「무시 못 할 댓글 영향력에 '조작 유혹'도 ↑…해결책 있나」, 『JTBC』, 2018년 4월 24일.

378 원문은 "사회주의의 문제는 너무 많은 저녁을 빼앗아간다는 것이다(The trouble with socialism is that it would take too many evenings)"이다. 참여와 토론을 중시하는 사회주의가 당원들의 시간을 너무 많이 요구한다는 뜻이기에 원문을 조금 바꿔 표현했다. Robert D. Putnam. 『Bowling Alone: The Collapse and Revival of American Community』(New York: Touchstone Book, 2000), p.336.

379 Morris P. Fiorina et al., 『Culture War?: The Myth of a Polarized America』, 3rd ed.(New York: Longman, 2011), pp.188~192.

380 David Horowitz, 『The Art of Political War and Other Radical Pursuits』(Dallas: Spence Publishing Co., 2000), p.47.

381 Ronald Brownstein, 『The Second Civil War: How Extreme Partisanship Has Paralyzed Washington and Polarized America』(New York: Penguin Books, 2007), pp.377~378.

382 John F. Bibby & Brian F. Schaffner, 『Politics, Parties, Elections in America』, 6th ed.(Boston, MA: Thompson Wadsworth, 2008), pp.157~158.

383 Francisco Panizza, 「Introduction: Populism and the Mirror of Democracy」, Francisco Panizza, ed., 『Populism and the Mirror of Democracy』(New York: Verso, 2005), p.22.

384 그러다가 티파티의 횡포에 견디다 못한 공화당의 존 베이너(John A. Boehner) 하원의장이 2013년 12월 드디어 불만의 목소리를 터트렸다. 그는 공화당 의원들과의 비공개 회의에서 "그들(티파티)은 보수당의 원칙을 위해 싸우는 게 아니다. 더 많은 모금을 하고 조직을 확장하려고 당신들을 이용하는 것이다. 웃기는 일이다"라고 말했다. 이에 대해 유력 티파티 단체인 '티파티 패트리어츠'는 회원들에게 보낸 이메일에서 "베이너 하원의장이 티파티에 대해 선전포고를 했다"며 베이너를 '지배계급 정치인'으로 규정하는 등 맹비난을 퍼부었다. 강남규, 「럭비공 공화당, 미국 디폴트 뇌관 건드리나」, 『중앙일보』, 2013년 10월 8일; 박현, 「미 공화당 지도부-티파티 분열 조짐」, 『한겨레』, 2013년 12월 16일.

385 배성규, 「"당게파 140명이 야당 흔들어": 중진들 "더이상 못 참아" 대응 모임 추진」, 『조선일보』, 2005년 5월 18일, A6면.

386 금준경, 「유튜브 '태극기 민심'은 보수의 여론이 아니었다」, 『미디어오늘』, 2019년 2월 20일.

387 김형원, 「"全大, 과격분자 놀이터 전락" 한국당의 탄식」, 『조선일보』, 2019년 2월 20일.

388 「[사설] 국민 혀 차게 만드는 한국당 전당대회」, 『조선일보』, 2019년 2월 20일.

389 이훈범, 「자유한국당은 역시 폐업이 답이다」, 『중앙선데이』, 2019년 2월 23일.

390 권호, 「진중권·안철수 "이낙연, 친문 얹혀갈 것…문재인 시즌2 된다"」, 『중앙일보』, 2020년 8월 30일.

391 존 팰프리(John Palfrey)·우르스 가서(Urs Gasser), 송연석·최완규 옮김, 『그들이 위험하다: 왜 하버드는 디지털 세대를 걱정하는가?』(갤리온, 2008/2010), 27쪽.

392 박은하, 「[생활정치로 길 찾는 청년들] 유럽·미국 정당 '정치 후속세대' 양성에 적극…한국 정당은 '영입'만 하고 육성 외면」, 『경향신문』, 2015년 7월 18일.

393 필립 짐바르도(Philip Zimbardo), 이충호 · 임지원 옮김, 『루시퍼 이펙트: 무엇이 선량한 사람을 악하게 만드는가』(웅진지식하우스, 2007), 633쪽.

394 엘리엇 애런슨(Elliot Aronson), 윤진 · 최상진 옮김, 『사회심리학(개정5판)』(탐구당, 1988/1991), 37쪽; 황상민, 『사이버공간에 또다른 내가 있다: 인터넷세계의 인간심리와 행동』(김영사, 2000), 147~149쪽; 리처드 와이즈먼(Richard Wiseman), 박세연 옮김, 『립잇업: 멋진 결과를 만드는 작은 행동들』(웅진지식하우스, 2012/2013), 305~310쪽; 폴 에얼릭(Paul R. Ehrlich) · 로버트 온스타인(Robert Ornstein), 고기탁 옮김, 『공감의 진화: '우리' 대 '타인'을 넘어선 공감의 진화인류학』(에이도스, 2010/2012), 188~189쪽.

395 필립 짐바르도(Philip Zimbardo), 이충호 · 임지원 옮김, 『루시퍼 이펙트: 무엇이 선량한 사람을 악하게 만드는가』(웅진지식하우스, 2007), 489쪽.

396 주성하, 「인성(人性) 말살하는 교도소」, 『동아일보』, 2004년 5월 8일, A10면; 홍성태, 「전쟁 국가 미국, 잔악한 미군」, 『황해문화』, 제44호(2004년 가을), 321~331쪽; Mohammad A. Auwal, 「The Bush Team's Moral Ethos: An Ethical Critique of the Iraq War」, Steve May, ed., 『Case Studies in Organizational Communication: Ethical Perspectives and Practices』(Thousand Oaks, CA: Sage, 2006), pp.99~100.

397 필립 짐바르도(Philip Zimbardo), 이충호 · 임지원 옮김, 『루시퍼 이펙트: 무엇이 선량한 사람을 악하게 만드는가』(웅진지식하우스, 2007), 636~643쪽.

398 필립 짐바르도(Philip Zimbardo), 이충호 · 임지원 옮김, 『루시퍼 이펙트: 무엇이 선량한 사람을 악하게 만드는가』(웅진지식하우스, 2007), 673~674쪽.

399 로런 슬레이터(Lauren Slater), 조증열 옮김, 『스키너의 심리상자 열기』(에코의서재, 2004/2005), 70쪽; 「Situationism(psychology)」, 『Wikipedia』; 마이클 셔머(Michael Shermer), 박종성 옮김, 『경제학이 풀지 못한 시장의 비밀』(한국경제신문, 2008/2013), 371쪽.

400 박건형, 「잔인한 짓이라도 지시 따를 땐 뇌에서 책임감 느끼지 않아」, 『조선일보』, 2016년 2월 25일.

401 콰메 앤서니 아피아(Kwame Anthony Appiah), 이은주 옮김, 『윤리학의 배신』(바이북스, 2008/2011), 85쪽.

402 필립 짐바르도(Philip Zimbardo), 이충호 · 임지원 옮김, 『루시퍼 이펙트: 무엇이 선량한 사람을 악하게 만드는가』(웅진지식하우스, 2007), 14쪽.

403 황상민, 『사이버공간에 또다른 내가 있다: 인터넷세계의 인간심리와 행동』(김영사, 2000), 150쪽.

404 필립 짐바르도(Philip Zimbardo), 이충호·임지원 옮김, 『루시퍼 이펙트: 무엇이 선량한 사람을 악하게 만드는가』(웅진지식하우스, 2007), 677쪽.

405 이언 로버트슨(Ian Robertson), 이경식 옮김, 『승자의 뇌: 뇌는 승리의 쾌감을 기억한다』(알에이치코리아, 2012/2013), 244쪽.

406 이언 로버트슨(Ian Robertson), 이경식 옮김, 『승자의 뇌: 뇌는 승리의 쾌감을 기억한다』(알에이치코리아, 2012/2013), 243~244쪽.

407 이언 로버트슨(Ian Robertson), 이경식 옮김, 『승자의 뇌: 뇌는 승리의 쾌감을 기억한다』(알에이치코리아, 2012/2013), 243~244쪽.

408 황유석, 「"10시간 차 몰고 온 것도 쇼" 조롱 · 질책만: 美 '車 빅3 구제금융 청문회' 첫날」, 『한국일보』, 2008년 12월 6일.

409 이언 로버트슨(Ian Robertson), 이경식 옮김, 『승자의 뇌: 뇌는 승리의 쾌감을 기억한다』(알에이치코리아, 2012/2013), 276~277쪽.

410 이언 로버트슨(Ian Robertson), 이경식 옮김, 『승자의 뇌: 뇌는 승리의 쾌감을 기억한다』(알에이치코리아, 2012/2013), 245~246쪽.

411 진 립먼-블루먼(Jean Lipman-Blumen), 정명진 옮김, 『부도덕한 카리스마의 매혹』(부글북스, 2004/2005), 133~134쪽.

412 이언 로버트슨(Ian Robertson), 이경식 옮김, 『승자의 뇌: 뇌는 승리의 쾌감을 기억한다』(알에이치코리아, 2012/2013), 283~284쪽.

413 진 립먼-블루먼(Jean Lipman-Blumen), 정명진 옮김, 『부도덕한 카리스마의 매혹』(부글북스, 2004/2005), 134쪽.

414 멘슈어 올슨(Mancur Olson), 최광 옮김, 『지배 권력과 경제 번영: 공산주의와 자본주의 아우르기』(나남, 2000/2010), 87쪽.

415 멘슈어 올슨(Mancur Olson), 최광 옮김, 『지배 권력과 경제 번영: 공산주의와 자본주의 아우르기』(나남, 2000/2010), 66~67쪽.

416 이병천, 「"대한민국은 '약탈적 포획 국가'"」, 『프레시안』, 2016년 11월 28일.

417 「The Predator State」, 『Wikipedia』; 「James K. Galbraith」, 『Wikipedia』.

418 장덕진, 「유능한 관료와 무능한 국가」, 『경향신문』, 2015년 6월 5일. 장덕진은 2016년 2월 『허핑턴포스트코리아』 인터뷰에서도 이 유랑 도적단론을 다시 역설했다. 황세원, 「"남은 시간은 7~8년뿐, 그 뒤엔 어떤 정책도 소용없

다"」, 『허핑턴포스트코리아』, 2016년 2월 2일.

419 박근혜, 「[사설] 기업 상대 협박과 갈취 박근혜 정권은 '약탈 국가'였나」, 『경향신문』, 2016년 10월 29일; 이병천, 「"대한민국은 '약탈적 포획 국가'"」, 『프레시안』, 2016년 11월 28일.

420 김대호, 『2013년 이후: 희망 코리아 가는 길』(백산서당, 2011), 276쪽.

421 임상우, 「비판적 지성과 책임의 윤리」, 『문학과사회』, 1994년 겨울, 1461~1471쪽.

422 정희진, 「트럼프, 캐릭터의 승리」, 『경향신문』, 2016년 11월 14일.

423 송영승, 「권력의 아우성, 와글와글」, 『경향신문』, 2005년 8월 24일.

424 이길성, 「남에겐 엄격한 권력, 내 잘못엔 관대…뇌물도 둔감」, 『조선일보』, 2012년 7월 3일; 이언 로버트슨(Ian Robertson), 이경식 옮김, 『승자의 뇌: 뇌는 승리의 쾌감을 기억한다』(알에이치코리아, 2012/2013), 192~207쪽.

425 최원석, 「[Weekly BIZ] [7 Questions] "권력 잡으면 腦가 변해…터널처럼 시야 좁아져 獨走할 가능성 커져"」, 『조선일보』, 2014년 7월 5일.

426 이언 로버트슨(Ian Robertson), 이경식 옮김, 『승자의 뇌: 뇌는 승리의 쾌감을 기억한다』(알에이치코리아, 2012/2013), 85쪽.

427 데이비드 L. 와이너(David L. Weiner), 임지원 옮김, 『권력 중독자』(이마고, 2002/2003), 143쪽.

428 리처드 코니프(Richard Conniff), 이상근 옮김, 『부자』(까치, 2002/2003), 110~111쪽.

429 로버트 트리버스(Robert Trivers), 이한음 옮김, 『우리는 왜 자신을 속이도록 진화했을까?: 진화생물학의 눈으로 본 속임수와 자기기만의 메커니즘』(살림, 2011/2013), 48~49쪽.

430 존 코츠(John Coates), 문수민 옮김, 『리스크 판단력』(책읽는수요일, 2012/2013), 250~251쪽.

431 이언 로버트슨(Ian Robertson), 이경식 옮김, 『승자의 뇌: 뇌는 승리의 쾌감을 기억한다』(알에이치코리아, 2012/2013), 173쪽.

432 대커 켈트너(Dacher Keltner), 장석훈 옮김, 『선한 권력의 탄생: 1%가 아닌 '우리 모두'를 위한 권력 사용법』(프런티어, 2016/2018), 143쪽.

433 대커 켈트너(Dacher Keltner), 장석훈 옮김, 『선한 권력의 탄생: 1%가 아닌 '우리 모두'를 위한 권력 사용법』(프런티어, 2016/2018), 16쪽.

434 제프리 페퍼(Jeffrey Pfeffer), 이경남 옮김, 『권력의 기술: 조직에서 권력을 거머쥐기 위한 13가지 전략』(청림출판, 2010/2011), 290쪽.

435 폴 로버츠(Paul Roberts), 김선영 옮김, 『근시 사회: 내일을 팔아 오늘을 사는 충동 인류의 미래』(민음사, 2014/2016), 110~111쪽.

436 대커 켈트너(Dacher Keltner), 장석훈 옮김, 『선한 권력의 탄생: 1%가 아닌 '우리 모두'를 위한 권력 사용법』(프런티어, 2016/2018), 19쪽.

437 대커 켈트너(Dacher Keltner), 장석훈 옮김, 『선한 권력의 탄생: 1%가 아닌 '우리 모두'를 위한 권력 사용법』(프런티어, 2016/2018), 139쪽.

438 김환영, 「마키아벨리는 더이상 설 곳 없다」, 『중앙선데이』, 2018년 6월 9일.

439 대커 켈트너(Dacher Keltner), 장석훈 옮김, 『선한 권력의 탄생: 1%가 아닌 '우리 모두'를 위한 권력 사용법』(프런티어, 2016/2018), 147쪽.

440 우석훈, 『민주주의는 회사 문 앞에서 멈춘다』(한겨레출판, 2018), 27쪽.

441 류동민, 『일하기 전엔 몰랐던 것들: 가장 절실하지만 한번도 배우지 못했던 일의 경제학』(웅진지식하우스, 2013), 191쪽.

442 우석훈, 『민주주의는 회사 문 앞에서 멈춘다』(한겨레출판, 2018), 30~31, 48쪽.

443 우석훈, 『민주주의는 회사 문 앞에서 멈춘다』(한겨레출판, 2018), 156~157쪽.

444 우석훈, 『민주주의는 회사 문 앞에서 멈춘다』(한겨레출판, 2018), 240~241쪽.

445 「[사설] 조현아 기소, '갑질 한국' 뜯어고치는 계기 돼야」, 『경향신문』, 2015년 1월 8일.

446 박기환·서민재, 「전위 공격성과 심리적 안녕감, 자아존중감, 신체화 및 우울의 관계」, 『한국심리학회지: 건강』, 18권 1호(2013년 3월), 163~181쪽; 황지연·연규진, 「내면화된 수치심과 전위 공격성의 관계: 역기능적 분노 표현양식의 이중 매개효과」, 『한국심리학회지: 건강』, 23권 1호(2018년 3월), 147~166쪽.

447 마루야마 마사오(丸山眞男), 김석근 옮김, 『현대정치의 사상과 행동』(한길사, 1956/1997), 158쪽.

448 리처드 윌킨슨(Richard G. Wilkinson), 김홍수영 옮김, 『평등해야 건강하다: 불평등은 어떻게 사회를 병들게 하는가?』(후마니타스, 2005/2008), 42~43쪽.

449 리처드 윌킨슨(Richard G. Wilkinson), 김홍수영 옮김, 『평등해야 건강하다: 불평등은 어떻게 사회를 병들게 하는가?』(후마니타스, 2005/2008), 250쪽.

450 강진구·한소범, 「신입 간호사 길들이기 '태움 문화'가 비극 불렀나」, 『한국일

보』, 2018년 2월 19일; 홍상지, 「'태움 금지' 배지에 담긴 뜻」, 『중앙일보』, 2018년 3월 16일.

451 강진구, 「[전국 8개 산업단지 첫 노동실태조사] "기업들, 폭언·폭행을 노무관리기법으로 생각"」, 『경향신문』, 2015년 6월 17일.

452 박태우, 「협박 면담으로 '찍퇴'…실적 따져 '내리갈굼'」, 『한겨레』, 2015년 11월 26일.

453 신예리, 「혹시 당신도 독재자?」, 『중앙일보』, 2018년 11월 20일.

454 박권일, 「혼자 존엄할 수는 없다」, 『한겨레』, 2017년 2월 2일.

455 강준만, 『평온의 기술』(인물과사상사, 2018), 185~188쪽.

456 송영승, 「권력의 아우성, 와글와글」, 『경향신문』, 2005년 8월 24일, 26면.

457 유성운, 「"마약도 이런 마약 없다" 조훈현·제윤경·이상돈 여의도서 짐 싸는 이유」, 『중앙일보』, 2019년 6월 17일, 4면.

458 박홍두, 「노웅래 "'야당 밀어붙이기'가 능사는 아니다…다수결 폭력도 문제"」, 『경향신문』, 2020년 7월 30일.

459 오현석, 「4선 노웅래도 하루 만에 백기투항…與 폭주 뒤엔 그들 있다」, 『중앙일보』, 2020년 8월 1일.

460 「[사설] '협치 실패' 자성한 문 대통령, 21대 국회는 달라지길」, 『한겨레』, 2020년 7월 17일, 23면.

461 유아사 다케오(湯淺赳男), 인트랜스 옮김, 『청소년을 위한 현대사상 길잡이: 헤겔에서 촘스키까지』(이른아침, 2003/2004), 198쪽.

462 이완, 「대통령이 절대군주인가」, 『한겨레』, 2019년 11월 25일, 26면.

463 이홍구, 「올해를 '대권' 추방의 해로」, 『중앙일보』, 2005년 1월 14일, 31면.

464 최장집, 『민주화 이후의 민주주의: 한국 민주주의의 보수적 기원과 위기』(후마니타스, 2002), 143쪽.

465 정찬용, 「정찬용 전 청와대 인사수석이 말한다」, 『월간중앙』, 2005년 5월, 152~159쪽.

466 홍영림, 「대통령 지지율 80%의 앞날」, 『조선일보』, 2017년 6월 16일.

467 신정록, 「지지율 독재로 가고 있다」, 『조선일보』, 2017년 8월 25일.

468 최민영, 「의전을 내려놓자」, 『경향신문』, 2020년 7월 20일, 26면.

469 안혜리, 「안희정 · 박원순은 왜 '임금님 놀이'에 빠졌나」, 『중앙일보』, 2020년 8월 6일, 23면.

470 김지은, 『김지은입니다: 안희정 성폭력 고발 554일간의 기록』(봄알람, 2020), 105쪽.
471 김지은, 『김지은입니다: 안희정 성폭력 고발 554일간의 기록』(봄알람, 2020), 107쪽.
472 김지은, 『김지은입니다: 안희정 성폭력 고발 554일간의 기록』(봄알람, 2020), 100~101쪽.
473 김지은, 『김지은입니다: 안희정 성폭력 고발 554일간의 기록』(봄알람, 2020), 102~103쪽.
474 이정민, 「절대 권력은 절대 타락한다」, 『중앙일보』, 2020년 7월 23일, 28면.
475 곽창렬, 「폐쇄성이 빚은 참극…'6층 사람들'은 왜 의전에 실패했나」, 『조선일보』, 2020년 7월 25일, B3면.
476 황세희, 「왜곡된 특권 의식의 폭주, 권력형 성범죄는 계속된다」, 『중앙선데이』, 2020년 7월 25일, 28면.
477 이정헌, 「대사는 국회의원 의전 요원이 아니다」, 『중앙일보』, 2015년 7월 25일.
478 이성훈, 「本國 손님 1년에 100차례 맞는 大使들…개인 일에 "대사관 車 내달라"는 의원도」, 『조선일보』, 2013년 5월 23일.
479 권순택, 「단체장 배우자 의전」, 『전북일보』, 2016년 7월 13일.
480 황예랑, 「공기처럼 존재하는 '위력'이 권력형 성폭력을 낳았다」, 『한겨레』, 2020년 7월 23일, 1면.
481 김민아, 「박원순 사후, 이제 피해자에 귀 기울일 때」, 『경향신문』, 2020년 7월 28일, 26면.
482 김지은, 『김지은입니다: 안희정 성폭력 고발 554일간의 기록』(봄알람, 2020), 116~117쪽.
483 황예랑, 「공기처럼 존재하는 '위력'이 권력형 성폭력을 낳았다」, 『한겨레』, 2020년 7월 23일, 1면.
484 오연서·서혜미, 「"4년간 비서실 등 20명에 피해 알렸지만 묵살·회유"」, 『한겨레』, 2020년 7월 23일, 5면.
485 박윤경, 「"왜 그때 싫다고 말하지 못했죠?" 우문을 거둘 때」, 『한겨레』, 2020년 7월 27일, 1면.
486 이진순, 「대전환의 시대, 새로운 진보의 출현」, 『한겨레』, 2020년 8월 5일, 26면.
487 권김현영, 「왜 민주화 세대는 피해자를 비난할까」, 『한겨레』, 2020년 8월 5일,

27면.

488 김택근, 「'예초기 세상'에 김해영을 보다」, 『경향신문』, 2020년 7월 25일, 22면.

489 이세영, 「대통령의 시간은 다시 오지 않는다」, 『한겨레』, 2020년 9월 7일, 26면.

490 이영작, 「대한민국은 改憲으로 다시 태어나야 한다」, 『조선일보』, 2016년 11월 15일.

491 「[사설] 이 희생 치르고도 기형적 권력 구조 못 바꾸나」, 『조선일보』, 2016년 11월 25일.

492 박국희, 「제왕적 대통령이 언론 탓? 文 "개헌보다 언론 개혁 급해"」, 『조선일보』, 2016년 11월 26일.

493 「[사설] 당청 갈등 속 '제왕적 대통령'의 그림자」, 『한겨레』, 2014년 10월 22일.

494 정석구, 「오만한 청와대, 비겁한 대통령」, 『한겨레』, 2014년 10월 30일.

495 「[사설] '제왕적 대통령'이 삼권분립 걱정이라니」, 『한겨레』, 2015년 6월 1일.

496 오태규, 「'개헌'이 아니라 '혁검'이다」, 『한겨레』, 2016년 12월 22일.

497 박찬수, 「'제왕적 대통령'을 위한 변명」, 『한겨레』, 2017년 3월 30일.

498 「[사설] 분열 대립 멈추고 나라를 생각해야 한다」, 『조선일보』, 2017년 3월 11일.

499 신정록, 「지지율 독재로 가고 있다」, 『조선일보』, 2017년 8월 25일.

500 윤평중, 「[월간중앙] 직접 민주주의의 부활인가, 포퓰리즘의 대두인가」, 『중앙일보』, 2019년 3월 30일.

501 강원택, 「대통령制 권력에 취했다」, 『조선일보』, 2020년 1월 20일, A34면.

502 박제균, 「文 정권의 숨 막히는 좌파 권위주의」, 『동아일보』, 2020년 7월 13일.

503 김진국, 「민주화 운동권 정부에서 왜 민주주의 위기가 거론되나」, 『중앙일보』, 2020년 9월 3일, 24면.

504 최장집, 『민주화 이후의 민주주의: 한국 민주주의의 보수적 기원과 위기』(후마니타스, 2002), 134~135쪽.

505 이세영, 「대통령의 시간은 다시 오지 않는다」, 『한겨레』, 2020년 9월 7일, 26면.

506 이는 이세영이 그렇게 항변할 수도 있을 것이라고 쓴 걸 그대로 가져온 것이다. 이세영, 「대통령의 시간은 다시 오지 않는다」, 『한겨레』, 2020년 9월 7일, 26면.

507 최장집 엮음, 박상훈 옮김, 『막스 베버: 소명으로서의 정치』(폴리테이아, 2011), 217쪽.

508 진 립먼-블루먼(Jean Lipman-Blumen), 정명진 옮김, 『부도덕한 카리스마의 매혹』(부글북스, 2004/2005), 215쪽.

509 박성민·강양구, 『정치의 몰락: 보수 시대의 종언과 새로운 권력의 탄생』(민음사, 2012), 189, 191쪽.

510 이세영, 「'비노' 의원들도 박하지 않은 평가…정무 판단 능력엔 '물음표'」, 『한겨레』, 2015년 2월 16일.

511 박성민, 「혁신 잃어버린 민주당이여, 2011년을 기억하라」, 『경향신문』, 2020년 8월 1일, 11면.

512 김영민, 『산책과 자본주의』(늘봄, 2007), 119~121쪽.

513 강원택, 「'촛불 2년', 무엇이 바뀌었을까」, 『조선일보』, 2018년 11월 5일.

514 김욱, 『마키아벨리즘으로 읽는 한국 헌정사』(책세상, 2003), 68쪽.

515 존 킨(John Keane), 양현수 옮김, 『민주주의의 삶과 죽음: 대의 민주주의에서 파수꾼 민주주의로』(교양인, 2009/2017), 1065~1066쪽.

권력은 사람의 뇌를 바꾼다

초판 1쇄 2020년 10월 20일 찍음
초판 1쇄 2020년 10월 26일 펴냄

지은이 | 강준만
펴낸이 | 강준우
기획 · 편집 | 박상문, 박효주, 김환표
디자인 | 최진영, 홍성권
마케팅 | 이태준
관리 | 최수향
인쇄 · 제본 | ㈜삼신문화

펴낸곳 | 인물과사상사
출판등록 | 제17-204호 1998년 3월 11일

주소 | (04037) 서울시 마포구 양화로7길 6-16 서교제일빌딩 3층
전화 | 02-325-6364
팩스 | 02-474-1413

www.inmul.co.kr | insa@inmul.co.kr

ISBN 978-89-5906-585-1 03300

값 17,000원

이 도서의 국립중앙도서관 출판예정도서목록(CIP)은 서지정보유통지원시스템 홈페이지(http://seoji.nl.go.kr)와 국가자료공동목록시스템(http://www.nl.go.kr/kolisnet)에서 이용하실 수 있습니다. (CIP제어번호: CIP2020043723)